PIERRE
BONAPARTE

IMPRIMERIE GÉNÉRALE DE CH LAHURE
Rué de Fleurus, 9, à Paris

LES GRANDS PROCÈS POLITIQUES

PIERRE BONAPARTE

MEURTRE DE VICTOR NOIR

Seul compte rendu revu par les défenseurs
de la famille Noir

PRIX : 1 FR. 50

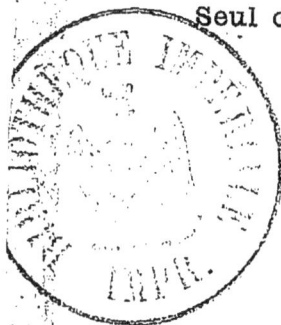

PARIS

ARMAND LE CHEVALIER, ÉDITEUR

61, RUE DE RICHELIEU, 61

1870

PIERRE

BONAPARTE.

Le 10 janvier 1870, un peu après deux heures de relevée, un jeune homme, sortant, son chapeau à la main, de la maison n° 59, rue d'Auteuil, à Auteuil, tombait sur le trottoir. Deux personnes s'approchent, croyant à une chute accidentelle, puis, s'apercevant que le jeune homme est blessé, le relèvent, avec l'aide d'autres personnes, et le portent à la pharmacie la plus voisine.

Le blessé était Victor Noir; la maison d'où il sortait est celle qu'habite le prince Pierre Bonaparte; les deux personnes qui ont relevé le blessé étaient MM. Paschal Grousset et Sauton, deux de ses amis; la pharmacie est celle de M. Mortreux.

Un médecin, habitant la maison du pharmacien, le docteur Samazeuilh, appelé sur-le-champ, ne peut que constater la mort déjà survenue.

Un autre médecin, le docteur Pinel, chargé, en ce quartier, des constatations médico-légales, examine le corps et reconnaît, sur la poitrine, au niveau du cœur, une perforation qui a dû pénétrer jusqu'au cœur et causer un épanchement qui a amené la mort.

Presque au même moment où Victor Noir tombait au seuil de la maison n° 59, un autre homme sortait, sans chapeau, un revolver à la main, de cette même maison, c'était M. Ulric

1

de Fonvielle. Lui aussi avait failli être tué; il était passé sous le feu de deux coups de revolver, dont l'un avait envoyé une balle dans le collet de son paletot.

MM. Ulric de Fonvielle et Victor Noir, tous deux rédacteurs à la *Marseillaise*, avaient été chargés de porter au prince Pierre Bonaparte une provocation de M. Paschal Grousset. Cette provocation venait à la suite des incidents dont voici le résumé.

Deux journaux corses, l'*Avenir de la Corse* et la *Revanche*, dirigés, le premier par M. Della Rocca, le second par M. Tommasi, bâtonnier de l'ordre des avocats de Bastia, représentaient les deux partis qui divisent la Corse, celui-là soutenant à outrance tout ce qui se rattache à Napoléon, celui-ci attaquant avec vigueur la légende napoléonienne.

Les articles de la *Revanche* déplurent à Pierre Bonaparte qui adressa à M. Della Rocca une lettre que ce dernier publia dans l'*Avenir* du 30 décembre, et dont voici le texte :

Je pourrais multiplier les faits propres à faire battre le cœur de tous les enfants de la vieille Cirnos, ce *nido d'allori*, nid de lauriers, comme on l'a dit justement; mais, pour quelques malheureux *furdani* de Bastia, à qui les *niolini* du marché devraient se charger d'appliquer une leçon *touchante;* pour quelques lâches Judas, traîtres à leur pays et que leurs propres parents eussent autrefois jetés à la mer dans un sac; pour deux ou trois nullités, irritées d'avoir inutilement sollicité des places, que de vaillants soldats, d'adroits chasseurs, de hardis marins, de laborieux agriculteurs la Corse ne compte-t-elle pas qui abominent les sacriléges et qui leur eussent déjà mis « *le stentine per le porrette,* » LES TRIPES AUX CHAMPS, si on ne les avait retenus.

Laissons ces *vittoli* à l'opprobre de leur trahison; et qu'il me soit permis de rappeler un mot d'un diplomate américain qui, à propos des ordures que certains journaux et pamphlets ont jetées à la colonne, disait que la France elle-même, ce grand pays, est plus connue dans l'univers par Napoléon que Napoléon par la France.

Napoléon n'a fait que son devoir quand il a mis son génie et toutes ses facultés au service de la France, qui l'en a largement récompensé par le culte voué à sa mémoire, culte dont le vote du 10 décembre a été la sublime manifestation; mais, je le dis, pour répondre aux ignorants et aux libellistes de mauvaise foi, il n'est pas moins vrai que tous les écrivains militaires, français et étrangers, faisant autorité, conviennent qu'en 1796 la France était définitivement vaincue sans Bonaparte.

Malgré *les escargots* rampant sur le bronze pour le *rayer de leur bave*, l'auréole du grand homme ne sera point ternie, et s'il était possible de supposer un instant qu'elle le fût, ses détracteurs, mauvais patriotes, ne seraient parvenus qu'à amoindrir la France de sa plus glorieuse illustration.

Que les Corses ne se préoccupent donc pas du disparate que d'infimes folliculaires de Bastia tentent vainement d'établir dans des sentiments unanimes qui ont atteint le niveau d'une religion nationale.

Que le pouvoir n'amène pas son pavillon, en consentant à des combinaisons qui confieraient les affaires du pays à ceux qui ne professent pas sincèrement cette religion.

Que Dieu inspire ceux qui, d'une main ferme, élèveront nos aigles au-dessus des empiétements étrangers et des discordes intestines, — et que notre chère Corse soit toujours fière de sa solidarité avec la France et avec son élu. — *Evviva li Nostri!*

Je vous serre la main et je suis votre affectionné,

P.-N. BONAPARTE.

À cette lettre, M. Tommasi fit la réponse suivante :

La renommée aux mille voix nous avait appris déjà les brillants faits et gestes de M. Pierre-Napoléon Bonaparte; mais nous n'avions jamais pu apprécier, comme aujourd'hui, les fleurs de sa rhétorique, l'aménité de son style, la noblesse de ses pensées, la générosité de ses sentiments.

Non, cet aigle n'est pas né, il n'a pas grandi dans un nid de lauriers!

Non, ce prince n'est pas Corse!

Il traite de mendiants *(furdani)* des hommes qui n'ont jamais frappé ni à sa porte ni à celle d'aucun Bonaparte; il qualifie de traîtres *(vittoli)* des citoyens indépendants qui pourraient lui donner des leçons de patriotisme.

Non, ce furibond n'est pas un brave, puisqu'il injurie des adversaires politiques qui ont au moins le mérite de la sincérité, puisqu'il invective des citoyens qui n'ont aucun compte à lui rendre et ne lui reconnaissent aucune supériorité.

Prince Pierre-Napoléon Bonaparte, avez-vous oublié ce que vous écriviez aux citoyens de la Corse le 12 mars 1848 [1]. — Alors, vous étiez aussi pauvre que nous et vous veniez mendier nos suffrages ; alors vous étiez plus républicain que nous, car vous voyiez dans le gouvernement de la république le moyen de faire fortune.

Nous sommes des Judas, nous qui restons fidèles à notre passé, à notre drapeau, à nos serments, à notre religion politique.

Nous sommes des traîtres à notre pays, nous qui, en 1848, avons eu la naïveté de croire à la sincérité des professions de foi des Bonaparte !

Nous sommes des nullités irritées d'avoir inutilement sollicité des places !

Prince Pierre-Napoléon Bonaparte, si cela est vrai, vous devez en produire la preuve ; sinon, savez-vous comment s'appellent ceux qui disent le contraire de la vérité?

Prince Pierre-Napoléon Bonaparte, nous sommes des ignorants, mais quand vous voudrez recevoir une leçon d'histoire et de droit, nous vous prouverons, le *Bulletin des lois* à la main, que Napoléon Bonaparte, premier consul, que Napoléon Ier, empereur, a commis des actes de tyrannie atroce.

. . . .

Au surplus, nous prenons acte des extravagantes menaces que nous adresse M. Pierre-Napoléon Bonaparte. — Nous prenons la France à témoin de cette provocation insolente, et nous en laissons à notre adversaire toute la responsabilité.

Louis Tommasi,

Bâtonnier de l'ordre des avocats près la Cour
de Bastia.

Cette lettre de M. Tommasi amena, de la part de Pierre Bonaparte, une provocation que lui-même formula ainsi :

Je prie mes témoins, MM. Paul de Cassagnac et Jean della Rocca, de faire savoir directement à M. Tommasi :

Que je crois trop au-dessous de moi d'engager une polémique quelconque avec un individu de son espèce.

---

1. On trouvera plus loin cet écrit.

Cependant que je suis *bon prince*, et que M. Tommasi, parlant de son courage, je suis prêt pour le mettre à l'épreuve, de faire la moitié du chemin d'ici à Bastia, et que *je compte lui faire une boutonnière* que Versini, malgré tout son talent, ne pourra pas raccommoder.

A propos d'Arena, j'ajoute que la cause de la haine de ce grand coupable pour le grand homme, était que celui-ci avait passé un marché frauduleux de 600 000 francs, par lequel Arena voulait fournir à nos soldats des chaussures à semelles de carton.

P.-N. BONAPARTE.

Paris, 8 janvier 1870.

Tandis que Pierre Bonaparte provoquait ainsi M. Tommasi en Corse, à Paris *la Marseillaise*, prenant parti pour son collaborateur, M. Paschal Grousset, un des fondateurs de *La Revanche*, publiait l'article que voici :

Il y a dans la famille Bonaparte de singuliers personnages dont l'ambition enragée n'a pu être satisfaite, et qui, se voyant relégués systématiquement dans l'ombre, sèchent de dépit de n'être rien et de n'avoir jamais touché au pouvoir. Ils ressemblent à ces vieilles filles qui n'ont pu trouver de mari et pleurent tous les amants qu'elles n'ont pas eus.

Rangeons dans cette catégorie de malheureux éclopés le prince Pierre-Napoléon Bonaparte qui se mêle d'écrire et de faire du journalisme à ses heures. Il habite en Corse, où il fait la guerre à la démocratie radicale; mais il y remporte plus de Waterloo que d'Austerlitz. *La Revanche*, journal démocratique de la Corse, nous initie à ces défaites et nous donne un échantillon des articles du soi-disant prince.

Irrité de voir les idées républicaines envahir le sol natal de sa famille, le prince a publié dans un journal traitant de matières politiques sans en avoir le droit, une lettre longue de deux toises, où il menace ses adversaires de les faire éventrer :

« Que de vaillants soldats, d'adroits chasseurs, de hardis marins, de laborieux agriculteurs, la Corse ne compte-t-elle pas, qui abominent les sacrilèges et qui leur eussent déjà mis « *le stentine per le porrette* » les tripes aux champs, si on ne les avait retenus. »

Comme on voit, le prince n'y va pas de main morte. Grattez un Bonaparte, vous verrez apparaître la bête féroce.

Non contents de nous blesser dans notre conscience, dans nos souvenirs, de nous diminuer dans nos biens, ces gens-là nous insultent et se flattent de retenir leurs *bravi* prêts à nous éventrer!

Le vote du Dix Décembre paraît au prince Pierre-Napoléon Bonaparte une sublime manifestation. La manifestation de la lassitude et de la peur, qui... — mais les temps sont changés, avouons-le; nous sommes loin d'être las. C'est ce que le rédacteur en chef de *la Revanche*, M. Louis Tommasi, bâtonnier des avocats près la Cour de Bastia, a très-bien répondu à ce fanfaron de la famille impériale, qui se croit encore sous le régime du bon plaisir, comme sous Napoléon Ier.

Menacer quelqu'un de lui arracher les tripes, ce n'est pas prouver qu'il a tort : les bons arguments sont toujours préférables aux actes de violence et de brutalité.

Au surplus, nous prenons acte des extravagantes menaces que nous adresse M. Pierre-Napoléon Bonaparte. Nous prenons la France à témoin de cette provocation insolente, et nous en laissons à notre adversaire toute la responsabilité.

La nation est juge, en effet, dans de pareils procès. Que pensera-t-elle de ce qui précède quand elle saura que ce Pierre-Napoléon Bonaparte est le même qui, en 1848, adressait aux Corses une proclamation républicaine où nous trouvons des protestations, des offres, des serments comme on n'en peut trouver que dans les proclamations de celui qui est Napoléon III par la grâce de ses serments violés et de ses coups d'État?

Tout habitué qu'on soit aux palinodies, on peut trouver étrange qu'un homme ait dit il y a vingt ans : « *Mon père était un républicain; je le suis par conviction, par instinct, par tradition,* » et que ce même homme traite, aujourd'hui, de traîtres « que leurs parents eussent autrefois jetés à la mer dans un sac » les citoyens qui sont restés fidèles, eux, à leurs convictions, à leurs instincts, à leurs traditions!

Par bonheur, la cruelle expérience du passé nous donne pour l'avenir des règles de conduite. Que la future République se garde de tout ce qui porte le nom de Bonaparte, de tout ce qui touche de près ou de loin aux princes, aux rois, aux empereurs! Et que la Corse continue sa vaillante propagande démocratique. La France, sa mère adoptive, ne lui en voudra plus d'avoir produit les Napoléon,

ERNEST LAVIGNE.

A la lecture de cet article, M. Pierre Bonaparte envoy?, non pas à l'écrivain qui l'avait signé, mais au rédacteur ..i chef du journal, à M. Henri Rochefort, la missive suivan : :

Monsieur,

Après avoir outragé, l'un après l'autre, chacun des miens, et n'avoir épargné ni les femmes ni les enfants, vous m'insultez par la plume d'un de vos manœuvres.

C'est tout naturel, et mon tour devait arriver.

Seulement, j'ai peut-être un avantage sur la plupart de ceux qui portent mon nom : c'est d'être un simple particulier, tout en étant Bonaparte.

Je vais donc vous demander si votre encrier se trouve garanti par votre poitrine, et je vous avoue que je n'ai qu'une médiocre confiance dans l'issue de ma démarche.

J'apprends, en effet, par les journaux, que vos électeurs vous ont donné le mandat impératif de refuser toute réparation d'honneur et de conserver votre précieuse existence.

Néanmoins, j'ose tenter l'aventure, dans l'espoir qu'un faible reste de sentiment français vous fera vous départir, en ma faveur, des mesures de prudence et de précaution dans lesquelles vous vous êtes réfugié.

Si donc, par hasard, vous consentez à tirer les verrous qui rendent votre honorable personne deux fois inviolable, vous ne me trouverez ni dans un palais, ni dans un château; j'habite tout bonnement, 59, rue d'Auteuil, et je vous promets que si vous vous présentez, on ne dira pas que je suis sorti.

En attendant votre réponse, j'ai encore l'honneur de vous saluer.

PIERRE-NAPOLÉON BONAPARTE.

M. Henri Rochefort, 9, rue d'Aboukir, Paris.

Au reçu de cette lettre, M. Henri Rochefort chargea M. Arthur Arnould, rédacteur, et M. Millière, gérant de la *Marseillaise*, d'aller demander des explications à celui qui l'avait écrite.

D'un autre côté et par une coïncidence non concertée, M. Paschal Grousset envoyait deux de ses amis, MM. Victor Noir et Ulric de Fonvielle pour s'entendre avec M. Pierre Bonaparte ; ils étaient porteurs de la lettre suivante :

Paris, 9 janvier 1870.

A Messieurs Ulric de Fonvielle et Victor Noir, rédacteurs de LA MARSEILLAISE.

Mes chers amis,

Voici un article récemment publié, avec la signature de M. Pierre-Napoléon Bonaparte et où se trouvent, à l'adresse des rédacteurs de *la Revanche*, journal démocratique de la Corse, les insultes les plus grossières.

Je suis l'un des rédacteurs fondateurs de *la Revanche*, que j'ai mission de représenter à Paris.

Je vous prie, mes chers amis, de vouloir bien vous présenter en mon nom chez M. Pierre-Napoléon Bonaparte et lui demander la réparation qu'aucun homme de cœur ne peut refuser dans ces circonstances.

Croyez-moi, mes chers amis, entièrement à vous.

PASCHAL GROUSSET.

C'est pour remplir la mission qui leur étaient confiée que MM. Victor Noir et Ulric de Fonvielle partirent des bureaux de la *Marseillaise* (rue d'Aboukir), le lundi 10 janvier, vers une heure de l'après midi et se rendirent à la maison de Pierre Bonaparte à Auteuil.

On a vu plus haut comment ils en sortirent, l'un mortellement blessé, l'autre criant : « A l'assassin. »

Que s'était-il passé dans cette maison ?

Deux récits ont été presque aussitôt publiés, l'un par M. de Fonvielle, l'autre par des amis du prince déclarant reproduire textuellement une version écrite de la main de celui-ci.

Récit de M. de Fonvielle.

Le 10 janvier, à une heure (1), nous nous sommes rendus, Victor Noir et moi, chez le prince Pierre Bonaparte, rue d'Auteuil, 59 ; nous étions envoyés par M. Paschal Grousset pour demander au prince Pierre Bonaparte raison d'articles injurieux contre M. Paschal Grousset, publiés dans *l'Avenir de la Corse.*

Nous remîmes nos cartes à deux domestiques qui se trouvaient sur la porte ; on nous fit entrer dans un petit parloir au rez-de-chaussée, à droite. Puis, au bout de quelques minutes, on nous fit monter au premier étage, traverser une salle d'armes, et enfin pénétrer dans un salon.

Une porte s'ouvrit, et M. Pierre Bonaparte entra.

Nous nous avançâmes vers lui, et les paroles suivantes furent échangées entre nous :

— Monsieur, nous venons de la part de M. Paschal Grousset vous remettre une lettre.

— Vous ne venez donc pas de la part de M. Rochefort, et vous n'êtes pas de ses manœuvres?

— Monsieur, nous venons pour une autre affaire, et je vous prie de prendre connaissance de cette lettre.

Je lui tendis la lettre ; il s'approcha de la fenêtre pour la lire, et, après l'avoir froissée dans ses mains, il revint vers nous.

— J'ai provoqué M. Rochefort, dit-il, parce qu'il est le porte drapeau de la crapule. Quant à M. Grousset, je n'ai rien à lui répondre. Est-ce que vous êtes solidaires de ces charognes !

— Monsieur, lui répondis-je, nous venons chez vous loyalement et courtoisement remplir le mandat que nous a confié notre ami.

— Êtes-vous solidaires de ces misérables?

Victor Noir lui répondit :

— Nous sommes solidaires de nos amis.

Alors, s'avançant subitement d'un pas, et sans provocation de notre part, le prince Bonaparte donna, de la main gauche, un soufflet à Victor Noir, et en même temps il tira un revolver à dix coups qu'il tenait caché et tout armé dans sa poche, et fit feu à bout portant sur Noir.

Noir bondit sous le coup, appuya ses deux mains sur sa poitrine, et s'enfonça dans la porte par où nous étions entrés.

Le lâche assassin se précipita alors sur moi et me tira un coup de feu à bout portant.

Je saisis alors un pistolet que j'avais dans ma poche, et, pendant que je cherchais à le sortir de son étui, le misérable se rua sur moi ; mais lorsqu'il me vit armé, il recula, se mit devant la porte, et me visa.

Ce fut alors que comprenant le guet-apens dans lequel nous étions tombés, et me rendant compte que, si je tirais un coup de feu, on ne manquerait pas de dire que nous avions été les agresseurs, j'ouvris une porte qui se trouvait derrière moi, et je me précipitai en criant à l'assassin.

Au moment où je sortais, un second coup de feu partit et traversa de nouveau mon paletot.

Dans la rue, je trouvai Noir qui avait eu la force de descendre l'escalier, et qui expirait.....

Voilà les faits tels qu'ils se sont passés, et j'attends de ce crime une justice prompte et exemplaire.

ULRIC DE FONVIELLE.

Les deux récits des amis du prince ont été faits l'un dans *le Figaro*, par M. Théodore de Grave, rédacteur de ce journal, l'autre dans *le Gaulois*, par M. Paul de Cassagnac.

Récit de M. de Grave.

Un des premiers j'appris l'événement; et sans tenir compte, bien entendu, des commentaires qui déjà faisaient un chemin rapide, j'allai immédiatement chez *un ami du prince*, et nous nous dirigeâmes aussitôt vers Auteuil, où demeure Pierre Bonaparte, chez lequel nous étions convaincus d'avoir libre accès.

Je dois le dire, tant que dura le trajet, nous espérions, mon ami et moi, que la nouvelle était fausse, au moins exagérée; nous ne pouvions nous rendre compte d'une pareille brutalité, et toutes les réflexions que nous fîmes à ce sujet ne tendirent rien moins qu'à cette conclusion *sans réplique :* c'est qu'il fallait avoir été violemment insulté, outragé, pour qu'un homme se portât envers un autre homme à une semblable extrémité.

Ce fut sous l'empire de ces impressions douloureuses que nous arrivâmes *vers trois heures* chez le prince Pierre.

. . . .

Nous entrons; et aussitôt nous sommes introduits près du prince, que nous trouvons entouré des siens et de quelques amis, accourus en apprenant la sinistre nouvelle.

Je suis personnellement connu du prince Pierre; *je tiens à donner ce détail pour expliquer le ton de grande liberté que j'ai prise,* dans cette circonstance, en lui parlant comme suit :

— « Prince, lui dis-je, ce soir, demain, tous les journaux vont parler de cette affaire, les versions les plus opposées vont circuler; voulez-vous me permettre de vous donner un conseil?

— « Faites, je vous écoute.

— « Eh bien! je vous demande, sur votre honneur, que tout ce que vous direz vous-même de cette affaire ne soit que l'absolue vérité, quelles que puissent en être pour vous les conséquences.

— « Ce que vous demandez là, me dit-il, est d'autant plus facile que déjà, c'est-à-dire vingt minutes après que les événements ont eu lieu, j'ai écrit, sous l'impression même du souvenir instantané, les faits tels qu'ils se sont passés. Venez dans mon cabinet, ajouta-t-il, cette narration est sur ma table de travail. »

J'entrai dans son cabinet, suivi de trois autres personnes. Pierre Bonaparte prit sur son bureau une grande page écrite et me la remit :

— « Lisez tout haut, » ajouta-t-il.

Voici cette pièce, écrite en entier de la main du prince; je la livre à la publicité, sans y ajouter un seul commentaire :

I. — « Ils se sont présentés, d'un air menaçant, *les mains dans les poches*; ils m'ont remis la lettre que voici :

(Suit la lettre de M. Paschal Grousset, rapportée ci-dessus.)

II. — « Après la lecture de cette lettre j'ai dit : avec M. Rochefort, volontiers; avec un de ses manœuvres, non!

III. — « Lisez la lettre, a dit le grand (Victor Noir) d'un ton....

IV. — « J'ai répondu : elle est toute lue; en êtes-vous solidaires?

V. — « J'avais la main droite dans la poche de droite de mon pantalon, sur mon petit revolver à cinq coups; mon bras gauche était à moitié levé, dans une attitude énergique, lorsque le grand m'a frappé fortement au visage.

VI. — « Le petit (M. Ulric de Fonvielle) a tiré de sa poche un pistolet à six coups. J'ai fait deux pas en arrière et j'ai tiré sur celui qui m'avait frappé.

VII. — « L'autre s'est accroupi derrière un fauteuil, et de là cherchait à tirer, mais il ne pouvait armer son pistolet. J'ai fait deux pas sur lui et je lui ai tiré un coup qui ne doit pas l'avoir atteint. Alors, il s'est sauvé, et il gagnait la porte. J'aurais pu tirer encore, mais comme il ne m'avait pas frappé, je l'ai laissé aller, bien qu'il eût toujours son pistolet à la main. La porte restait ouverte. Il s'est arrêté dans la chambre voisine, en tournant son pistolet contre moi; je lui ai tiré un autre coup, et enfin il est parti. »

Je n'ajouterai aucune réflexion; ici je raconte et n'ai point mission d'exprimer de jugement.

Un instant après, et pendant que nous étions encore dans ce salon où avait eu lieu la scène que l'on vient de lire, est entré un commissaire de police qui a fait subir à Pierre Bonaparte un interrogatoire *verbal, c'est-à-dire sans qu'il ait été revêtu du caractère officiel.*

Le magistrat est parti, en faisant jurer au prince qu'il ne quitterait pas son habitation de la nuit.

Pendant tout le temps qu'a duré ma visite, son attitude a été la même que de coutume, et il a manifesté à plusieurs reprises le désir d'être soumis à la justice de son pays.

Quand nous sommes sortis, la foule s'était amassée devant la maison qu'habite le prince; des sergents de ville circulaient aux environs, mais le quartier, très-ému, comme on se l'imagine, ne manifestait cependant aucun sentiment d'hostilité.

Théodore de Grave.

Récit de M. Paul de Cassagnac.

Monsieur le Rédacteur,

Comme ami du prince Pierre-Napoléon Bonaparte, j'ai l'honneur de vous faire savoir qu'il vient, en ma présence, de se constituer prisonnier à la Préfecture de police.

De plus, j'ai tout lieu de croire que le prince désire réclamer pour lui la loi commune et la juridiction ordinaire, sans exciper aucunement les dispositions spéciales qui réglementent la situation des divers membres de la famille impériale.

Je joins à ce simple mot le récit de l'événement, *tel que le prince l'a écrit immédiatement après.*

Veuillez agréer, Monsieur, l'assurance de mes sentiments distingués.

Paul de Cassagnac.

Auteuil, ce lundi soir (10 janvier).

« Ils se sont présentés d'un air menaçant (Ulric de Fonvielle et Victor Noir), les mains dans les poches. Ils m'ont remis une lettre de M. Paschal Grousset, rédacteur de *la Marseillaise*, à qui je n'ai jamais eu affaire; cette lettre était une provocation ainsi conçue :

(Suit la lettre de Paschal Grousset. Voir ci-dessus.)

« J'ai tout d'abord répondu : J'ai affaire à M. Rochefort et non à ses manœuvres. »

— « Lisez cette lettre, » a dit M. Victor Noir.

— « Elle est toute lue, » ai-je répondu. Puis j'ai ajouté : En êtes-vous solidaires? »

« Il m'a répondu par un soufflet, et immédiatement M. de Fonvielle, comme pour empêcher toute riposte de ma part, a sorti un pistolet. Me voyant ainsi attaqué et menacé, j'ai rapidement pris un pistolet de poche et j'ai fait feu sur M. Victor Noir. L'autre, M. de Fonvielle, s'est alors accroupi derrière un fauteuil, cherchant en vain, tout en n'ajustant, à armer son pistolet. J'ai fait feu sur lui sans résultat.

« Alors, il s'est sauvé, passant devant moi, sans que j'essaie de l'en empêcher, ce qui m'eût été facile. Mais, arrivé derrière la première porte, il m'a ajusté de nouveau. J'ai tiré une troisième balle, que le petit calibre de mon arme a dû également rendre inutile.

« Je me bornerai à ajouter que ces messieurs ont oublié, chez moi, une boîte à pistolets et une canne à épée ; cela suffira à montrer que la lettre de M. Paschal Grousset n'était qu'un prétexte pour m'entraîner dans une embuscade parfaitement préparée. »

(*Le Gaulois*, 12 janvier 1870).

Le lecteur remarquera aisément les divergences que présentent ces deux récits, donnés cependant comme étant la *textuelle* reproduction du même manuscrit.

La publication de ces deux pièces provoqua immédiatement la protestation de M. Ulric de Fonvielle :

Nous ne pouvons maîtriser notre indignation en voyant la mémoire de notre malheureux frère, lâchement assassiné, souillée par la bave impure du servilisme.

Aussi, je le déclare sur mon honneur, — mon honneur dont personne n'a jamais douté :

Il est faux que Victor Noir ou moi nous ayons insulté, menacé ou frappé Pierre Bonaparte.

Il est faux que j'aie menacé le meurtrier de mon pistolet, car je portais alors cette arme enfermée dans son étui, dans la poche de mon paletot ; ce n'est que lorsque ce sauvage se fut rué sur moi et m'eut tiré à bout portant un coup de feu que je pus saisir mon arme. N'est-il pas évident que, si j'eusse eu mon revolver à l'instant où l'assassin tirait sur Noir, je n'aurais peut être pas pu sauver mon ami, tant l'agression fut prompte et imprévue, mais je l'aurais vengé sur-le-champ? N'est-il pas indiscutable aussi que, si j'avais tenu Pierre Bonaparte sous mon revolver, il se serait défendu contre moi tout d'abord et n'aurait pas songé à tirer sur Victor Noir, qui était sans armes?

Il est faux que mon doigt fût pris dans la gâchette de mon pistolet. Si je n'ai pas tiré sur celui qui venait de nous attaquer, mon malheureux ami et moi, avec une incroyable férocité, c'est que, ne pouvant sortir par la porte par laquelle nous étions entrés, puisque l'assassin la gardait, je n'avais que deux objectifs : 1° ménager mes coups pour lutter à outrance dans le cas où je ne trouverais pas d'issue ; 2° ne tirer qu'à la dernière extrémité, afin que l'on ne pût m'accuser d'avoir attaqué le premier notre agresseur.

Si je me suis abrité derrière un fauteuil, c'est qu'il me fallait tirer mon revolver de son étui et l'armer.

Il est faux que j'aie été mis un seul moment en état d'arrestation.

Il est faux que la canne à poignard fût dans les mains de Victor Noir : elle m'appartenait et je la tenais de la main gauche avec mon chapeau, tandis que, de la main droite, je remettais la lettre de Paschal Grousset à Pierre Bonaparte.

Il est faux que Victor Noir fût armé : le pauvre garçon tenait simplement, ainsi que moi, son chapeau à la main, ce qui démontre d'une façon absolue que nous ne pouvions avoir nos mains dans les poches.

Tous ceux qui ont présenté une version contraire à ces déclarations ont menti.

La scène accomplie à l'intérieur du n° 59 n'avait eu que trois acteurs, sans aucun autre témoin.

Des trois, l'un était mort sans avoir pu proférer une parole ; les deux autres donnaient de la scène deux versions qui, différant sur des points accessoires, se contredisaient sur un point capital, l'une signalant un meurtre sans motif, l'autre alléguant une provocation violente. C'est entre les deux que la justice allait se trouver placée.

La justice, en effet, était saisie.

M. Pierre Bonaparte appartient à la famille *civile* de l'empereur, sans faire partie de la famille *impériale* dont les membres seuls sont habiles à succéder au trône.

En vertu des sénatus-consultes, réglant l'état de ces deux sortes de famille, M. Pierre Bonaparte ne relevait que de la Haute Cour de Justice, établie par la Constitution de 1852. Aussi, bien qu'il eût, assure-t-on, réclamé la juridiction du droit commun, le *Journal officiel* publia, le 11 janvier, un décret ainsi formulé :

Napoléon, etc.,

Vu les rapports qui attribuent au prince Pierre Bonaparte un homicide commis, le 10 janvier 1870, sur la personne du sieur Victor Noir ;

Attendu que l'inculpé appartient à notre famille, et que, dès lors, l'instruction doit être faite par la Haute Cour de justice.

Vu les articles 1er du sénatus-consulte du 1er juin 1858, 5, 8, 11, 12 et 13 du sénatus-consulte du 10 juillet 1852 ;

Sur la proposition de notre garde des sceaux, ministre de la justice et des cultes ;

Avons décrété et décrétons ce qui suit :

Art. 1er. La chambre des mises en accusation de la Haute-Cour de justice sera convoquée pour statuer sur le fait d'homicide imputé au prince Pierre Bonaparte.

Art. 2. M. le conseiller d'Oms présidera la chambre d'accusation de la Haute Cour. Les fonctions de procureur général près la Haute Cour seront remplies par M. Grandperret, procureur général, assisté de M. Bergognié, substitut du procureur général près la Cour impériale.

Art. 3. Notre garde des sceaux, ministre de la justice et des cultes, est chargé de l'exécution du présent décret.

Fait au palais des Tuileries, le 10 janvier 1870,

NAPOLÉON.

Par l'Empereur :
Le garde des sceaux, ministre
de la justice et des cultes,
Émile OLLIVIER.

Le Ministre, en même temps qu'il libellait ce décret, ordonnait l'arrestation du meurtrier ; mais celui-ci, que le commissaire de police d'Auteuil avait cru devoir laisser prisonnier, chez lui même, sur parole, s'était constitué prisonnier et avait été incarcéré à la Conciergerie où il occupa, jusqu'au moment de sa translation à Tours, une portion de l'appartement de M. Grosbon, directeur de la Conciergerie, sans avoir eu jamais à subir une heure de secret, sans avoir été un seul jour privé des visites de sa famille et de ses amis.

Cependant, l'événement d'Auteuil avait causé à Paris une profonde émotion. Rochefort, averti le jour même 10 janvier, vers cinq heures du soir, au Corps législatif, courut au ministère de la justice, ne rencontra ni le ministre, ni personne qui pût le suppléer, et revint à la *Marseillaise*, où, sous le coup de l'affliction et de l'indignation, il écrivit un article véhément, publié le lendemain 11 dans la *Marseillaise*. Cet article parut à l'autorité contenir un appel aux armes ; le journal fut saisi ; une demande fut adressée au Corps législatif pour obtenir l'autorisation de poursuivre judiciairement Rochefort que couvrait l'inviolabilité de député.

Il suffit ici de rappeler que l'autorisation fut accordée, que Rochefort fut condamné, par défaut, à quatre mois de prison, laissa expirer les délais d'opposition sans en profiter, et que, le jugement devenu définitif, le député de la première circonscription de la Seine fut arrêté et écroué à Sainte-Pélagie où il est encore (31 mars 1870).

Le soir même du meurtre, le corps de Victor Noir avait été transporté, sous la surveillance de la police, à Neuilly, qu'il habitait avec son frère Louis et sa femme, près de son père et de sa mère, près aussi de la demeure d'un ancien magistrat, M. Aubenas, dont il devait, à quelques jours de là, épouser la fille.

VICTOR NOIR.

NOIR était un pseudonyme littéraire que le frère aîné, Louis, avait adopté, et que, à son exemple, Victor avait pris lorsqu'il tenta, lui aussi, la carrière des lettres. Le vrai nom de la famille est Salmon.

Victor, destiné d'abord au commerce, y avait passé quelques années ; puis, s'étant épris de la profession de journaliste, avait tout quitté pour s'y adonner. Sans relations, sans instruction acquise, ses débuts furent difficiles : il n'eut pas toujours le pain quotidien ni le gîte assuré. Sa bonne humeur surmonta les privations comme sa bonne volonté vainquit les difficultés. Il réussit enfin à se faire une notoriété naissante et à gagner sa vie. Son prochain mariage, qui n'était cependant pas une affaire d'argent, devait lui rendre l'attente plus facile et lui donner ce qu'il désirait par-dessus tout : une vie intérieure. La balle du prince Bonaparte brisait tout cet avenir.

Quand M. Louis Noir vit rapporter mort son frère, parti si vivant le matin, il songea tout d'abord à le transférer à Paris, aux bureaux de la *Marseillaise*. On le fit renoncer à ce projet dont l'exécution eût pu avoir les plus graves con-séquences.

Les funérailles de Victor Noir eurent lieu le mercredi 12 janvier, avec le concours d'une foule prodigieuse, évaluée à 200 000 personnes, dont l'excitation ne fut qu'à grand' peine contenue par Rochefort et la famille Noir. Le retour de cette foule à Paris entraîna des accidents dont le récit, non plus que celui des faits qui suivirent le 8 février, l'arrestation de Rochefort, n'appartient pas au présent livre.

Victor Noir, au moment de sa mort, n'avait pas encore vingt-deux ans. Il était de grande taille, doué d'une force herculéenne, mais aussi, selon le dire de tous ceux qui l'ont connu, d'une douceur extraordinaire.

Un journal a raconté de lui le trait suivant :

Un matin de l'hiver dernier, un jeune élégant, très-connu pour ses nombreuses querelles, se présenta à l'hôtel garni de la rue Geoffroy-Marie, où Victor Noir demeurait alors ; le journaliste écouta son adversaire ; quand il eut fini :

— Monsieur, lui dit Victor Noir, qui ne consultait que son courage, je suis à vous, quand vous voudrez, comme vous voudrez.

Et l'autre, levant sa canne plombée sur le jeune hercule, répondit :

— Je me suis assez battu ; à présent, je bats les au-tres !

D'un seul coup de poing, Victor Noir eût pu étendre à ses pieds celui qui le menaçait de la sorte dans son do-micile.

Que fit-il ?

Il arracha là canne des mains de son adversaire, la brisa, s'assit dessus, croisa ses bras et dit :

— A présent, causons, jeune homme !

LE PRINCE PIERRE BONAPARTE.

C'est le second fils de Lucien Bonaparte, prince de Canino ; il est né à Rome, dans les derniers mois de 1815. Élevé avec soin, sous la direction paternelle, mais ayant un caractère aventureux, il mena une jeunesse accidentée et orageuse, tantôt en Europe, tantôt en Amérique. Dans ses moments de loisir, il composa quelques ouvrages littéraires.

La révolution de 1848 lui ouvrit les portes de la France ; il se présenta aux électeurs de la Corse avec la profession de foi que voici :

Citoyens,

Mon père était républicain ; je le suis donc par conviction, par instinct, par tradition.

La République telle qu'il la comprenait, telle que la comprennent les *grands citoyens* qui viennent de l'inaugurer si noblement en abolissant la peine de mort en matière politique, la République est la plus belle réalisation des théories qui peuvent inspirer l'amour du prochain, de la gloire et de la patrie. La sagesse des vues, la pureté des intentions, la modération des mesures, voilà la trinité sainte qui résume la doctrine d'un vrai républicain. Le renouvellement des sanglantes saturnales, des odieux excès que provoqua jadis l'excès du mal, est désormais heureusement impossible. Aux hypocrites alarmistes, aux ennemis patents ou cachés de la République, le peuple héroïque de Paris, ce peuple invincible dans le combat, si généreux dans le triomphe, ce peuple qui avait tant souffert, a fait la meilleure réponse par son attitude calme, confiante et résolue. Le choix des hommes qu'il a mis à sa tête est une garantie que le drapeau de la République ne sera pas profané par de coupables fureurs, ni par de honteuses faiblesses. Tel est le radieux avenir qui se prépare pour la France, tel est l'ordre social que je suis prêt à servir jusqu'à la dernière goutte de mon sang !

Vive la France ! Vive la République ! Vive la Corse !

PIERRE-NAPOLÉON BONAPARTE.

Paris, 12 mars 1848

Nommé représentant, il siégea et vota avec les députés de l'extrême gauche, ceux qu'on appelait *la Montagne*.

En 1849, il demanda et obtint le grade de chef de bataillon dans la légion étrangère, fut envoyé en Afrique, puis destitué par le décret suivant qui relate les causes de cette destitution ;

Le président de la République,

Considérant que M. Pierre-Napoléon Bonaparte, nommé, au titre étranger, chef de bataillon dans le 1er régiment de la légion étrangère, par arrêté du 19 avril 1848, a reçu, sur sa demande, un ordre de service, le 19 septembre 1849, pour se rendre en Algérie ;

Considérant qu'après avoir pris part aux événements de guerre dont la province de Constantine est en ce moment le théâtre, il a reçu du général commandant la division de Constantine l'ordre de se rendre auprès du gouverneur général de l'Algérie pour remplir une mission concernant l'expédition de Zaatcha ;

Considérant qu'il n'a pas rempli cette mission : qu'il ne s'est pas rendu auprès du gouverneur général, mais qu'il s'est embarqué à Philippeville pour revenir à Paris ;

Considérant qu'un officier servant en France au titre étranger se trouve en dehors de la législation commune aux militaires français, mais qu'il est tenu d'accomplir le service auquel il s'est engagé ;

Considérant que M. Pierre-Napoléon Bonaparte, en ladite qualité, n'était pas le maître de quitter son poste sans autorisation, ni le juge de l'opportunité de son retour à Paris ;

Sur le rapport du ministre de la guerre,

Décrète :

Art. 1er. — M. Pierre-Napoléon Bonaparte est révoqué du grade et de l'emploi de chef de bataillon à la légion étrangère.

Art. 2. — Le ministre de la guerre est chargé de l'exécution du présent décret.

Fait à Paris, à l'Élysée-National, le 19 novembre 1849.

LOUIS-NAPOLÉON BONAPARTE.

Le ministre de la guerre,
D'HAUTPOUL.

M. Pierre Bonaparte protesta contre les bruits de projets de coups d'État attribués à son cousin le président.

Après le 2 décembre 1851, il disparut de la scène politique, non sans rêver encore les aventures, comme le témoigne ce fragment d'une lettre adressée à Lamartine le 25 novembre 1857.

Val de Luzzobeo (Corse).

Mon cher et illustre ancien collègue,

. . . .

. . . .

Qui m'eût dit que dans ces jours d'enthousiasme, où, mêlé à tout un peuple, je défilais en brandissant nos armes, ivre d'espoir, devant le gouvernement provisoire de la République, qui m'eût dit que ces jours aboutiraient à un temps où les amis de la liberté n'ont d'autre ressource que de se replier douloureusement sur eux mêmes, ou d'aller chercher une autre patrie!

Je ne dois pas vous cacher qu'en vous entendant parler de cette Syrie que vous avez *si bien décrite, je me suis demandé si je ne devais pas suivre votre exemple, surtout si je devais espérer que vous me permettriez parfois d'adoucir* MES REGRETS DE RÉPUBLICAIN ET MA CONFUSION DE BONAPARTE *aux rayons de votre génie indulgent.*

Agréez, etc.

PIERRE-NAPOLÉON BONAPARTE.

Cependant, lors de la reconstitution de l'empire, le fils de Lucien avait reçu les titres de *Prince* et d'*Altesse impériale.*

Dans ces dernières années, M. Pierre Bonaparte s'était fixé à Auteuil, où il vivait assez retiré avec sa femme et ses enfants.

Il n'a rien été dit ici de divers épisodes sanglants dont la jeunesse de M. Bonaparte a été accidentée. Ces épisodes seront rappelés dans la plaidoirie d'un des avocats de Tours, ce sera alors la place des compléments nécessaires.

La haute cour de justice.

La haute cour comprend une chambre de mise en accusation et une chambre de jugement.

Les magistrats composant l'une et l'autre, choisis parmi

les membres de la Cour de cassation, sont nommés, chaque année, par décret.

D'après un décret du 14 novembre 1869, la chambre des mises en accusation est composée de MM. les conseillers d'Oms, Lascoux, Mercier, Woirhaye, Rieff; et deux juges suppléants, MM. Guillemard et Moignon, également conseillers à la Cour de cassation.

La chambre de jugement, de MM. les conseillers Quénault, Zangiacomi, Glandaz, Poulliaude de Carnière et Boucly; et deux juges suppléants, MM. Gastambide et Savary, également conseillers à la Cour de cassation.

Par le même décret, M. Lascoux, conseiller à la Cour de cassation, est désigné pour procéder, comme juge d'instruction, à l'information définitive qui devra saisir la chambre d'accusation.

Sont nommés, greffier de la haute cour :

M. Coulon, greffier en chef de la Cour de cassation, et greffier adjoint, M. Fauche, greffier à la Cour impériale.

Le président et le procureur général de la chambre des mises en accusation, le président de la chambre de jugement sont nommés par les décrets de convocation. Celui qui convoque la première de ces deux chambres a été rapporté ci-dessus.

L'instruction.

Pour les affaires déférées à la haute cour, comme pour celles de la juridiction ordinaire, l'instruction est secrète.

L'enquête poursuivie par M. d'Oms se prolongea plus que ne l'avait présumé l'opinion publique.

Enfin, le 20 février 1870, le *Journal officiel* publia le décret suivant :

Convocation de la chambre de jugement.

Vu l'article 54 de la Constitution, les articles 1er, 5 et 14 du sénatus-consulte du 10 juillet 1852, et les articles 1er et 7 du sénatus-consulte du 4 juin 1858;

Vu notre décret du 10 janvier 1870, qui a convoqué la chambre d'accusation de la haute cour de justice, pour statuer sur le fait d'homicide imputé au prince Pierre-Napoléon Bonaparte;

Attendu que par arrêt en date du 19 février courant, cette

cour a renvoyé l'inculpé devant la chambre de jugement pour y répondre sur les accusations portées contre lui;

Attendu dès lors qu'il y a lieu de convoquer ladite chambre conformément à l'article 14 précité ;

Sur la proposition de notre garde des sceaux, ministre de la justice et des cultes,

Avons décrété et décrétons ce qui suit :

Art. 1er. La chambre de jugement de la haute cour de justice est convoquée pour le lundi 21 mars 1870, à onze heures du matin, au palais de justice de la ville de Tours, département d'Indre-et-Loire.

Art. 2. M. le conseiller Glandaz présidera la haute cour de jugement. Les fonctions de procureur général près la haute cour seront remplies par M. Grandperret, procureur général près la Cour impériale de Paris, assisté de M. Bergonimo, son substitut.

Art. 3. Dans les dix jours qui suivront la publication du présent décret au *Journal officiel*, le tirage au sort des jurés de la haute cour sera effectué conformément à l'article 15 du sénatus-consulte du 10 juillet 1852, et il sera procédé aux convocations et aux débats suivant les formes prescrites par la loi.

Le jury de la Haute Cour.

Aux termes du sénatus consulte de 1852, le jury qui doit assister la Haute Cour dans les affaires criminelles se compose de trente-six jurés titulaires et de quatre suppléants.

Ce jury est formé de la manière suivante :

Dans les dix jours qui suivent le décret de convocation, le premier président de la Cour impériale, et, à défaut de Cour impériale, le président du Tribunal de première instance du chef-lieu judiciaire du département, tire au sort, en audience publique, le nom de celui des membres du Conseil général qui doit faire partie du haut jury. Les fonctions de haut juré sont incompatibles avec celles de ministre, sénateur, député au Corps législatif, membre du Conseil d'État. Les incompatibilités, incapacités et excuses résultant des lois sur le jury sont applicables aux jurés près la Haute Cour.

Au jour indiqué pour le jugement, s'il y a moins de soixante-douze jurés présents, le nombre est complété par des jurés supplémentaires tirés au sort par le président de la Haute Cour parmi les membres du Conseil général du département où elle siége. Ne peut point faire partie du haut jury le membre du Conseil général qui a rempli les mêmes fonctions depuis moins de deux ans. Le haut juré absent, sans excuse valable, peut être condamné à une amende de 1000 à 10 000 francs, et à la privation de ses droits politiques pendant un an au moins et cinq ans au plus.

Les accusés et le ministère public exercent le droit de récusation, conformément aux lois sur le jury.

La déclaration du haut jury portant que l'accusé est coupable, et sa déclaration portant qu'il existe en faveur de l'accusé reconnu coupable des circonstances atténuantes, doivent être rendues à la majorité de plus de vingt voix. Les peines sont prononcées conformément aux dispositions du Code pénal.

Dans le délai légal de dix jours, eut lieu le tirage au sort des jurés dans les quatre-vingt-huit départements. Celui de la Seine était excepté, n'ayant pas de Conseil général élu.

Voici les noms des quatre-vingt-huit jurés désignés par le sort :

Ain. M. Harent, propriétaire, ancien maire (Gex). — *Aisne.* M. Besson, propriétaire, maire de Guise (Wassigny). — *Allier.* M. Thévenin, maire de Vernusse (Montmarault). — *Alpes (Basses-).* M. de Salve, inspecteur d'académie à Marseille (Valensole). — *Alpes (Hautes-).* M. Amat, avocat à Gap (Tallard). — *Alpes-Maritimes.* M. Cachiardi de Montfleuri, maire (Breil). — *Ardèche.* M. Giraud, maire (Bourg-Saint-Andéol). — *Ardennes.* M. Barthélemy, filateur, maire (Signy-l'Abbaye). — *Ariége.* M. Mercadier, maire (Foix) — *Aube.* M. Parigot, ancien maire (Troyes, 2e canton). — *Aude.* M. Fondi de Niort, ex-juge de paix (Belcaire). — *Aveyron.* M. Cadrieu, médecin (Villeneuve).

Bouches-du-Rhône. M. Paul Rigaud, avocat à Aix (Gardanne).

Calvados. M. Félix d'Hacqueville, président honoraire du tribunal civil de Lisieux (Orbec). — *Cantal.* M. Picou fils, médecin, maire (Montsalvy). — *Charente.* M. de la Guéronnière (Montembœuf). — *Charente-Inférieure.* M. Bouffar, propriétaire (la Rochelle, Est). — *Cher.* M. le vicomte de Coulogne, maire de Morlac (Saint-Amand). — *Corrèze.* M. Regnauldo, ingénieur en chef des ponts et chaussées (Beynal). — *Corse.* Don Paul Peretti, propriétaire (Levie). — *Côte-d'Or.* M. Perdrix, avocat à Dijon (Fontaine-Française). — *Côtes-du-Nord*. M. Gaspaillard, notaire (Matignon). — *Creuse*. M. Poissonnier, notaire (Bonnat).

Dordogne. M. Jouffrey, maire de Saint-Aulaye. — *Doubs*. M. Lalance (Montbéliard). — *Drôme*. M. Baie, propriétaire (Die).

Eure. M. le marquis Poret de Blosseville, maire (Amfreville-la-Campagne). — *Eure-et-Loir*. M. Besseteaux, propriétaire (Orgères).

Finistère. M. Gaubert, notaire (Carhaix).

Gard. M. Balmelle, avocat à Nîmes (Genolhac). — *Garonne (Haute-)*. M, de Lartigue, maire (Montesquieu-Volvestre). — *Gers*. M. le marquis de Pins, maire de Montbrun (Cologne). — *Gironde*. M. Lapeyre, maire (Saint-Symphorien).

Hérault. M. Privat, maire (Mèze).

Ille-et-Vilaine. M. Rouxin, maire de Saint-Malo (Cancale). — *Indre*. M. Pignot, maire de Sazeray (Saint-Sévère). — *Indre-et-Loire*. M. Desplanques, ancien sous-préfet (Chinon). — *Isère*. M. Chabrey, notaire et maire (Reybon).

Jura. M. de Vaulchier (Chaussin).

Landes. M. Baron Saint-Martin-de-Seignaux). — *Loiret-Cher*. M. Rance fils (Montrichard). — *Loire*. M. Faure Belon, négociant (Saint-Étienne, sud-ouest). — *Loire (Haute-)*. M. Mathieu, notaire, maire (Saint-Julien-Chapteuil). — *Loire-Inférieure*. M. Fougnot, médecin, maire (Vallet). — *Loiret*. M. de Ruzé, propriétaire (Courtenay). — *Lot*. M. Demeaux, médecin (Puy-l'Évêque). — *Lot-et-Garonne*. M. Lauzun, maire de Bray (Laplume). — *Lozère*. M. de Saint-Pierre (Sartilly).

Maine et Loire. M. le vicomte de Schramm, maire de Montigné (Baugé). — *Manche*. M. de Saint-Pierre (Sartilly.) — *Marne*. M. le marquis de Pleurre (Anglarre). — *Marne (Haute-)*. M. Doé, maire de Chamouilley (Chevillon). — *Mayenne*. M. Le Ray, ex-agent de change à Paris (Gorron). — *Meurthe*. M. Mesny (Vic). — *Meuse*. M. Roussel Couchot, propriétaire (Revigny). — *Morbihan*. M. Morel, maire (Baud). — *Moselle*. M. Franck, notaire, maire (Metzervisse).

Nièvre. M. Maillet (Donzy). — *Nord*. M. de Marsilly, directeur des mines d'Anzin (Valenciennes).

Oise. M. le comte de Cossé-Brissac, chambellan de l'impératrice (Estrées-Saint-Denis). — *Orne*. M. le comte de Caulaincourt, maire (Putanges).

Pas-de-Calais. — M. Bret, notaire à Saint-Omer (Fauquembergues). — *Puy-de-Dôme*. M. Andrieux, maire (Maringues. — *Pyrénées (Basses-)*. M. Lamotte d'Incamps, avocat (Oloron-Sainte-Marie). — *Pyrénées (Hautes-)*. M. Rolland, maire (Arreau). — *Pyrénées-Orientales*, M. Bach, colonel d'artillerie en retraite (Vinça).

Rhin (Bas-). M. Lemaistre-Chabert, propriétaire à Strasbourg (Schiltigheim). — *Rhin (Haut-)*. M. Isaac Kœchlin, ancien manufacturier (Thann). — *Rhône*. M. Frédéric Morin, journaliste (Lyon, 7e canton).

Saône (Haute-). M. le baron de Dalmasy, propriétaire (Jussey). — *Saône-et-Loire*, M. Rollet, notaire à Damerey (Saint-Martin-en-Bresse). — *Sarthe*. M. le vicomte de Dreux-Brezé, propriétaire (Sillé-le-Guillaume). — *Savoie*. M. Millioz, notaire (Saint-Pierre-d'Albigny). — *Savoie (Haute-)*. M. le baron Jules Blanc, rentier (Faverges). — *Seine-Inférieure*. M. Denoyelle, avocat (Neufchâtel). — *Seine-et-Marne*. — *Seine-et-Oise*. M. Demetz, conseiller honoraire à la cour de Paris, directeur de Mettray (Dourdan). — *Sèvres (Deux-)*. M. Robin Dubreuil, notaire et maire (Thénézay). *Somme*. M. Dhavernas, propriétaire (Domart).

Tarn. M. Alquert-Bouffart, maire (Castres). — *Tarn-et-Garonne*. M. Bénais aîné, notaire (Villebrumier).

Var. M. Chappon, propriétaire à Bormes (Collobrières). — *Vaucluse*. M. Escoffier (Bédarrides). — *Vendée*. M. Boucher, propriétaire (Challans). — *Vienne*. M. Poyez, propriétaire (Monts). — *Haute-Vienne*. M. le baron Gay de Nexon, propriétaire (Nexon). — *Vosges*. M. Phulpin, banquier, maire (Saint-Dié).

Yonne. — M. Rathier, médecin (Chablis).

Translation de l'accusé.

Dans la soirée du 19 mars, Pierre Bonaparte, extrait de la Conciergerie, fut transféré à Tours, sous la conduite du commandant de gendarmerie Ramolino, allié à la famille Bonaparte.

A Tours, comme à Paris, l'accusé fut logé dans l'appartement du directeur de la prison, dite le Pénitentier, où il continua de recevoir sa famille et ses amis.

HAUTE COUR DE JUSTICE.

Audience du 21 mars.

Les portes de la Cour d'assises sont ouvertes dès dix heures du matin au public privilégié, muni de cartes. Les abords de la salle et du palais de justice sont gardés par des détachements du 2ᵉ régiment de ligne.

Dès l'ouverture, les places réservées à la presse sont occupées par quarante-huit rédacteurs, correspondants de journaux et dessinateurs, munis de cartes rouges.

Les places avaient été choisies et arrêtées à l'avance et le président de la haute cour avait promis de les faire garder et respecter.

Les places sont nombreuses, même trop nombreuses, car on y est très-mal à l'aise. Les journalistes sont placés à droite de la salle d'audience, à gauche sont huit banquettes réservées à des dames.

Derrière le bureau de la cour se placent M. Paulze d'Ivoy, préfet d'Indre-et-Loire, MM. Houssart et Quinemont, député de Tours, M. le trésorier général, le colonel de la gendarmerie, le tribunal de Blois au grand complet, le Tribunal de Tours.

Sept avocats en tout trouvent à s'entasser dans la tribune réservée aux membres du barreau. Cette tribune est prise sur la logette même de l'accusé, coupée en deux pour la circonstance. La tribune ordinaire du barreau a dû être supprimée pour donner place aux gradins des jurés.

Au banc des avocats sont assis Mᵉˢ Leroux et Demange, avocat du prince.

Devant les banquettes de la presse un banc spécial est disposé pour les avocats de la partie civile, Mᵉˢ Floquet, Laurier et Chapron, avocats à la Cour de Paris.

Mᵉ Bernheim, avocat, représente M. Noir père, absent pour cause de maladie.

La tribune provisoire établie au fond de la salle est remplie par le public muni de cartes.

Dans l'espace qui sépare les avocats du bureau de la Cour, prennent place sur des chaises M. Louis Noir et sa femme,

Mme Noir mère, M. Arthur de Fonvielle et quelques autres témoins.

A dix heures et demie, les portes sont ouvertes au public qui s'y précipite avec un bruit tel qu'un cri général s'élève dans la salle. On croyait que la tribune réservée venait de s'écrouler.

A onze heures précises la cour entre en séance. Elle se compose, de MM. :

Glandaz, président. — Pouffard de Carrières. — Zangiacomi. — Boucly, juge. — Gastambide, juge suppléant. — Grandperret, procureur général. — Bergonymo, substitut.

M. le président. — La parole est à M. le procureur général.

M. Grandperret, procureur général, demande que la lecture soit donnée du décret de convocation de la haute cour.

M. Coulon, greffier, donne lecture de ce document.

M. le président. — Ouï le décret de convocation dont il vient d'être donné lecture, la haute cour en prend acte et se déclare constituée. Il va être procédé à l'appel des conseillers généraux désignés par le sort pour constituer les pièces de jugement.

M. Coulon, greffier, fait l'appel des jurés désignés par le sort pour juger Pierre-Napoléon Bonaparte. Tous répondent à l'appel de leur nom, à l'exception de six : M. de Salve (des Basses-Alpes), en ce moment en mission à Constantinople, pour un motif d'intérêt public ; M. Buis (de la Drôme), qui a déclaré être âgé de plus de quatre-vingts ans et a demandé à être exempté ; M. Bessereaux (de l'Eure-et-Loir), empêché de venir par une maladie grave attestée par un certificat de médecins ; M. Privat (de l'Hérault), qui demande à être exempté parce qu'il est âgé de soixante-quatorze ans ; M. Rouxin (de l'Ile-et-Vilaine), exclu de droit parce qu'il est membre du Corps législatif, validé depuis le tirage au sort ; M. Rollet (de la Saône-et-Loire), atteint d'une attaque de paralysie.

MM. Pignol (de l'Indre) et Desplanques (de l'Indre-et-Loire), présents à l'audience, demandent à être exemptés pour motif d'âge.

La cour rend un arrêt qui dispense ces jurés de siéger.

Immédiatement après sur l'invitation de M. le président, les jurés se retirent dans la chambre du conseil de la cour, où il est procédé au tirage au sort du jury de jugement, en présence de l'accusé et de son conseil et de M. Grandperret, procureur général, invités à exercer un droit de récusation.

Aussitôt après la sortie de la cour, un huissier, comprenant mal sans doute une consigne donnée, fait introduire l'accusé. Pierre Bonaparte entre. Il est en habit noir, pantalon bleu et cravate noire, son habit est boutonné. Il tient à la main gauche un carnet en maroquin rouge. Au moment de s'asseoir, on lui explique la méprise et on le fait rentrer dans le cabinet d'attente préparé pour lui à côté de la salle d'audience.

Un capitaine de gendarmerie en grande tenue l'accompagne et le garde.

Le prince porte la rosette de la Légion d'honneur, et des gants jaune clair.

Deux personnes s'assoient à côté de lui et semblent être là pour lui donner des conseils.

La formation du jury dure assez longtemps. Il est midi et demi quand les jurés rentrent en séance et prennent place sur l'estrade à trois rangs qui leur est réservée.

Le jury est composé de MM. :
1. Regnaud. — 2. Picou. — 3. Lamotte-d'Incamp. — 4. Blanc. — 5. Leroy. — 6. Chapon. — 7. Harent. — 8. Mesny. — 9. Alquier-Bouffar. — 10. de Dreu-Brezé. — 11. Peretti. — 12. Bouffard. — 13. Rolland. — 14. Maillet. — 15. Giraud. — 16. Mercadier. — 17. De Pleuvre. — 18. Lauzun. — 19. Deltour. — 20. Roussel. — 21. Kœchlin. 22. Fougnot. — 23. Bach. — 24. D'Haverns. — 25. Rigaud. — 26. Chabrey. — 27. Amat. — 28. Perret de Blaneville. — 29. Besson. — 30. De Lartigue. — 31. Lapeyre. — 32. De Dalmassy. — 33 Poissonnier. — 34. Lemaître-Chabert. — 35. Doé. — 36. Faure-Bellon.

Jurés supplémentaires MM. :
1. De la Guéronnière. — 2. De Rugé. — 3. Schramm. — 4. Morel.

La cour entre en séance.

Un juré, dans l'auditoire, se lève et dit :
« M. le président, les jurés ne sont pas assis. »
M. le président. « Je le regrette, j'avais donné des ordres très-précis, je rappelle au commandant de la gendarmerie qu'il faut que les jurés non appelés à siéger trouvent des places dans le prétoire.

« — Huissiers, introduisez l'accusé. »

Le prince Bonaparte est introduit. Il est très-pâle et salue gravement la cour.

M. le président. — Accusé, quels sont vos noms et prénoms?

R. Pierre-Napoléon Bonaparte.

D. Votre âge?

R. Cinquante-quatre ans.

D. Votre domicile?

R. Rue d'Auteuil, n° 59, à Paris.

M. le président. — Asseyez-vous.

Après avoir rappelé aux défenseurs qu'ils ne doivent rien dire contre leur conscience et contre le respect dû aux lois, fait prêter serment aux membres du jury.

M. le président prononce l'allocution suivante :

Messieurs les jurés,

Nous devons surtout à l'ancienneté l'honneur de présider la haute cour ; nous sera-t-il permis de vous dire quelques mots sur le caractère de ce tribunal suprême et sur les devoirs que, tous ici nous avons à remplir.

Il y a, en France, un sentiment plus jaloux peut-être que celui de la liberté : c'est le sentiment de l'égalité et surtout de l'égalité devant la justice. Aussi comprend-on facilement lorsque la haute cour a été convoquée, que des hommes de l'esprit le plus élevé en aient pris quelque ombrage, qu'ils se soient demandé si cet appareil inusité, que l'accusé lui-même répudiait, était bien nécessaire : si la justice du droit commun ne pouvait pas suffire à toutes les tâches et s'il ne valait pas mieux la laisser à son cours ordinaire.

La loi commandait, il a fallu obéir ; mais nous nous hâtons d'ajouter, qu'à cette obéissance ne doit se mêler aucun regret: dans toute la sécurité de nos convictions, loin de mettre en péril le grand principe de l'égalité, la loi qui institue la haute cour n'a eu d'autre but que de maintenir avec plus de fermeté l'application de ce principe.

La justice ne peut être égale pour tous que si elle est assez forte pour rester calme et impartiale à l'égard de tous. Ce devoir est ordinairement facile à remplir ; mais dans des temps agités telles circonstances peuvent se rencontrer, devant lesquelles les esprits les plus fermes se sentent troublés. Il faut alors mesurer l'effort aux difficultés de l'œuvre et donner à la loi une puissance plus grande que celle qui suffit aux besoins de chaque jour.

Cette nécessité, comprise et acceptée dans tous les temps, dans tous les lieux, surtout dans les pays qui nous ont précédés dans la pratique de la liberté, en Angleterre, aux États-Unis, notre ancienne monarchie croyait y satisfaire au moyen d'une concentration plus grande, disons-le, d'un véritable abus des pouvoirs de la répression.

On prenait sur la part de la justice pour ajouter à celle de l'autorité; on substituait les commissaires aux juges; on tenait les « grands jours; » l'histoire nous a conservé le triste souvenir de ces tribunaux arbitraires et, parce qu'ils étaient arbitraires, presque toujours sans pitié.

Depuis 1789, nos lois ont poursuivi le même but, mais par une autre voie; elles ont demandé à la liberté cette force que l'ancien régime demandait à l'autorité; loin de supprimer les garanties du droit commun, elles n'ont réclamé que le privilège de les augmenter, de les amplifier, nous serions tenté de dire de les exagérer : et jamais cet esprit si libéral ne s'est plus manifestement accusé que dans la constitution de la haute cour.

Au grand criminel, vous le savez, Messieurs les jurés, notre organisation judiciaire repose sur cette heureuse alliance d'une magistrature investie d'un mandat irrévocable, et du pays lui-même, représenté par cette magistrature temporaire, le jury.

Au point de vue des garanties, s'il importe peu que les magistrats qui vous assistent occupent les sommets de la hiérarchie judiciaire, au moins doit-on reconnaître qu'avant de les atteindre, pour eux la route a été longue, les étapes nombreuses; que la plupart d'entre eux, lorsqu'ils touchent le but, sont arrivés à l'âge qui mûrit le jugement, désintéresse les ambitions, fortifie le sentiment du devoir, aux approches du compte à rendre à celui qui, pour juger, n'a besoin, lui, ni d'interrogatoire ni de témoignage.

Dans cette solennelle épreuve du jugement, nous ne sommes que les juges du camp; la plus grande part revient au jury : de ce côté aussi, se sont portées toutes les sollicitudes du législateur. Être juré, c'est exercer un droit, mais c'est aussi exercer une fonction redoutable. On n'a jamais prétendu que les tables du suffrage universel pussent être les tables du jury; il faut faire un choix, et quelles défiances ce choix n'a-t-il pas toujours suscitées!

Peuvent-elles se rencontrer ici? La liste générale du haut jury est dressée par le suffrage universel, s'exerçant, non dans la sphère des compétitions politiques, mais dans la sphère moins ardente de la représentation départementale. Ce sont les hommes que la confiance de leurs concitoyens a envoyés dans les grands conseils de chaque département, qui, à la suite de deux épreuves dont le sort est le seul arbitre, viennent prêter à la justice le concours de leurs lumières et de leur dévouement.

La loi commune n'écarte du jury que les fonctionnaires associés intimement à l'action des grands pouvoirs publics; devant la haute cour, le cercle des incompatibilités est agrandi pour écarter jusqu'au soupçon du moindre alliage politique.

Le nombre des jurés est triple; le chiffre de la majorité nécessaire à la condamnation est élevé; pour les formes à suivre, les peines à appliquer, les dispositions tutélaires de nos Codes conservent toute leur autorité. Il y a une surabondance et comme un luxe de précautions pour placer la justice sur une hauteur inaccessible à toutes les influences. L'accusé ne comparaît plus, cela est vrai, devant les assises restreintes d'une portion du territoire; il comparaît devant les grandes assises du pays tout entier. La sagesse du législateur n'a pas dépassé le but, et le procès actuel justifierait au besoin ses prévisions. Il semble que ce procès ne devrait avoir aucun caractère politique; la société demande compte au prince Pierre-Napoléon Bonaparte du sang qu'il a versé, elle l'accuse d'avoir violé la plus sainte de toutes les lois, ce premier de tous les commandements : « Tu ne seras point homicide. »

Les faits tout simples, isolés du milieu enflammé dans lequel ils se sont produits, ne dépasseraient pas la mesure de ces drames affligeants, trop nombreux pour être tous remarqués, dont la curiosité s'alimente un jour pour les oublier le lendemain. Tout le bruit qui s'est fait autour de cette affaire ne s'expliquerait pas encore par la seule position de l'accusé, rentré depuis longtemps dans la vie privée, et qui n'était parmi nous qu'un simple particulier, comme il le dit dans une de ses lettres.

D'où vient donc ce retentissement immense? d'où viennent ces émotions qui se trahissent même dans cette enceinte? C'est que, il faut le reconnaître, la politique, avec ses passions, a envahi ce procès; elle y a pénétré de tous les côtés.

Elle est venue mêler ses colères trop souvent injustes aux appréciations calmes et honnêtes des magistrats. Nous ne sortirons pas, messieurs, d'une réserve, qui est pour nous un devoir. Mais pour nier cette invasion regrettable, il faudrait n'avoir rien vu, ou avoir tout oublié.

C'est au lendemain d'un acte aussi sage que désintéressé, qui faisait appel aux hommes honnêtes de tous les partis, et marquait le premier travail de cet apaisement qui va croissant chaque jour, que la catastrophe d'Auteuil a éclaté tout à coup comme la foudre.

Tout le monde a compris qu'il pouvait y avoir là un crime que la justice seule devait poursuivre, mais qu'il y aurait certainement un grand malheur pour le pays. Ces pressentiments n'étaient que trop justes et peu s'en est fallu que ce malheur ne s'élevât à la hauteur d'un véritable péril social. Le danger a été conjuré, grâce à de sages mesures, grâce aussi, nous sommes heureux de le dire, au bon sens de ces foules profondément émues, légitimement émues, mais qu'on a dû renoncer à égarer. La justice a fait immédiatement son devoir; mais ses précautions étaient inutiles, l'accusé était venu, de lui-même, se remettre entre ses mains et il attend votre jugement.

Qu'avez-vous maintenant à faire, messieurs les jurés? Rendre au procès sa vérité, lui restituer ses justes proportions, le dégager de tous les éléments, au moins étrangers, qui pourraient troubler vos esprits, ne voir dans l'accusé qu'un accusé ordinaire qui a droit à la justice due à tous, commune à tous, égale pour tous; ne chercher vos inspirations que dans les débats qui vont s'ouvrir devant vous. Sans doute, il y aurait de notre part une sorte d'affectation à vous demander d'oublier tous les faits extérieurs; mais vous ne les envisagerez qu'à leur point de vue juridique, dans leurs rapports nécessaires avec l'accusation, et pour résoudre les seules questions qui soient de votre compétence: L'accusé est-il coupable? Dans quelle mesure est-il coupable?

Ces clameurs du dehors, ces condamnations sans examen contre un homme qui était sous la garde et sous la protection de la justice, vous ne vous les rappellerez que pour vous défier des impressions pénibles qu'elles ont pu laisser dans vos esprits, pour vous défendre de ces réactions qui, si elles allaient au delà de ce qui est juste, deviendraient dangereuses, non pour l'accusé, mais pour la société dont les intérêts vous sont également confiés.

Votre tâche est difficile, sans doute, messieurs les jurés; mais c'est parce qu'elle est difficile que le pays fait appel à vos lumières et à votre indépendance. Vous serez fermes, modérés, impartiaux; vous ne vous laisserez aller à aucune prévention, à aucune défaillance; votre verdict, écho fidèle de vos consciences, reçu par tous avec respect et soumission, sera tout à la fois une œuvre de justice et de pacification salutaire; vous pouvez compter sur le concours des magistrats comme ils comptent sur le vôtre : unis dans la pensée du même devoir, nous n'aurons qu'un même désir, nous ne poursuivrons qu'un même but : la vérité, toute la vérité, rien que la vérité.

Il est donné ensuite lecture de l'acte d'accusation et de l'arrêt de renvoi de Pierre-Napoléon Bonaparte devant la haute cour.

ACTE D'ACCUSATION.

Déclare le procureur général que des pièces et de l'instruction résultent les faits suivants :

Le 10 janvier dernier, vers une heure et demie de l'après-midi, MM. Yvan Salmon dit Victor Noir, et Ulric de Fonvielle, rédacteurs du journal la *Marseillaise*, se rendaient à Auteuil, au domicile du prince Pierre Bonaparte. Ils étaient chargés de lui remettre, au nom de Paschal Grousset, un cartel motivé par une lettre du prince, insérée le 13 décembre dernier dans le journal l'*Avenir de la Corse*.

M. Paschal Grousset se prétendait offensé par cette lettre bien qu'il n'y fût pas nommé, il demandait une réparation par les armes, il avait accompagné ses témoins jusqu'à Auteuil.

De son côté, le prince Pierre avait, dès la veille, 9 janvier, adressé une provocation à M. Rochefort, directeur de la *Marseillaise*, au sujet d'un article portant la signature Lavigne et dans lequel des insultes lui étaient adressées.

Pendant que M. Paschal Grousset attendait dans la rue avec une autre personne qu'il avait, dit-il, rencontrée en route et emmenée, MM. Noir et de Fonvielle furent introduits auprès du prince. Quelques instants après, M. Noir sortait en chancelant et venait s'affaisser sur le trottoir. Puis, bientôt M. de Fonvielle se précipitait hors de la maison, la tête nue, brandissant dans sa main droite un revolver à six coups et criant : A l'assassin !

M. Noir était porté immédiatement dans une pharmacie voisine où il rendait le dernier soupir sans avoir proféré une seule parole. Il avait reçu un coup de feu dans la région du cœur, et la blessure avait déterminé une hémorragie presque foudroyante.

Le paletot de M. de Fonvielle portait aussi la trace d'un coup de feu.

Que s'était-il passé dans la maison du prince ? Quelles avaient été les circonstances de la scène qui venait de se terminer si douloureusement ?

Deux versions sont en présence : celle de M. de Fonvielle et celle du prince.

Voici la première, telle que M. de Fonvielle l'a formulée dans l'instruction :

J'ai été chargé avec mon camarade Victor Noir, par Paschal Grousset, journaliste, notre ami commun, de faire connaître au prince Pierre Bonaparte que nous étions chargés de lui demander une réparation par les armes, Grousset se prétendant grossièrement insulté par lui.

Nous nous sommes trouvés ce matin, Noir, Grousset et moi, réunis au journal la *Marseillaise*. Noir avait une voiture de place dont je ne me rappelle pas le numéro. Nous sommes partis du journal la *Marseillaise* vers une heure. Nous sommes allés directement à Auteuil, je ne me rappelle pas bien le chemin que nous avons pris. Il me semble cependant que nous avons passé le long de la Seine et devant le Trocadéro.

Peu de temps avant notre arrivée à Auteuil, à un endroit que je ne pourrais préciser, Noir a appelé Sauton qui est monté en voiture avec nous.

A notre arrivée devant la maison du prince nous sommes descendus tous les quatre, nous avons gardé notre voiture ; Grousset et Sauton sont restés à se promener devant la maison, Noir et moi sommes entrés, nous avons parlé à deux domestiques, demandant si le prince était chez lui ; on a répondu que oui, après nous avoir demandé qui nous étions. Nous avons remis nos cartes. Quelques instants après, on nous a fait entrer dans une pièce au premier étage qui est, je crois, un grand salon. Nous nous sommes assis en attendant. Peu d'instants après, peut-être six minutes, le prince est sorti d'une chambre voisine, il était en pantalon ample et en tenue d'intérieur.

« Monsieur, lui dis-je, mon ami Victor Noir et moi, nous venons de la part de M. Paschal Grousset, remplir une mission que cette lettre vous expliquera. En même temps je lui ai tendu la lettre que vous me représentez et que je consens à signer *ne varietur*. »

Le prince prit la lettre et me répondit : « Vous ne venez donc pas de la part de Rochefort, vous n'êtes donc point de ses manœuvres ?

— Veuillez lire cette lettre, monsieur, et vous verrez qu'il ne s'agit pas de M. Rochefort. »

Il prit la lettre, s'approcha d'une fenêtre et la lut. Puis la pliant en deux, il la jeta sur une chaise et s'avança vers nous.

« J'ai provoqué M. Rochefort, dit-il, parce que M. Rochefort est le drapeau de la crapule. Quant à M. Grousset, je n'ai rien à lui répondre. Est-ce que vous êtes solidaires de ces misérables ?

— Monsieur, lui répondis-je, nous venons loyalement, courtoisement vous demander une réponse.

— Êtes-vous solidaires de ces gens-là ? » interrompit-il. Victor Noir répondit : « Nous sommes solidaires de nos amis. »

Le prince donna un soufflet à Victor Noir, fit un ou deux pas en arrière, tira brusquement un revolver de sa poche dans laquelle était plongée sa main et fit feu sur Noir. Ce dernier porta ses mains à sa poitrine et sortit par la porte par laquelle nous étions entrés.

Aussitôt le prince dirigea son pistolet contre moi et fit feu une seconde fois pendant que je cherchais à prendre mon pistolet qui se trouvait dans un étui, dans la poche de mon paletot.

Le prince se mit devant la porte en me visant, déchargea une troisième fois son arme, et je sortis en criant : à l'assassin. Je traversai plusieurs pièces, je descendis l'escalier par lequel nous étions montés, et je trouvai sur le trottoir Noir expirant.

Le récit du prince Pierre diffère essentiellement de celui de M. de Fonvielle.

Voici ses déclarations :

« J'ai écrit à Rochefort une lettre qui doit être publiée dans les journaux de ce soir. Je me proposais de me battre en duel avec lui aujourd'hui. Vers deux heures et demie je me trouvais dans ma chambre en pantalon à pieds et en robe de chambre. Je venais de me lever après avoir reçu la visite de mon médecin, qui me soigne depuis quelques jours pour une forte grippe.

Une femme à mon service est venue m'avertir que deux messieurs demandaient à me voir, elle me remit leurs cartes. Je crus que ces personnes venaient de la part de Rochefort, et je dis de les faire entrer, sans lire les noms qui étaient sur leurs cartes.

Je les fis attendre une minute à peine ; lorsque je rentrai dans le salon, je me trouvai en face de deux individus qui avaient leurs mains dans leurs poches. Ils se présentaient d'une manière provoquante. Il me semble qu'ils avaient déposé leurs chapeaux sur les meubles. Je ne connaissais pas ces individus. Je ne les avais jamais vus. Ils me dirent presqu'en même temps : *Nous sommes chargés de cette lettre*, et l'un d'eux (je crois que c'est le plus petit) me tendit la lettre que vous me représentez et qui est signée *Paschal Grousset*.

Je regardai superficiellement cette lettre. Je vis la signature et je dis : « Avec Rochefort, VOLONTIERS, *avec un de ses manœuvres*, NON ! » Le plus grand me dit alors très-impérieusement : *Lisez donc la lettre.*

Je répliquai : « Elle est toute lue ; en êtes-vous solidaires ? » A ces mots, le plus grand (Noir) me frappa vivement la joue gauche d'un coup de poing ; je vis le plus petit s'armer d'un pistolet qu'il a tiré de sa poche. Il a cherché à l'armer en l'appuyant sur sa main gauche dans laquelle se trouvait l'étui du pistolet. Je me suis reculé de deux pas. J'ai tiré de ma poche droite un pistolet à cinq coups que je porte habituellement sur moi. Je tirai un coup sur le plus grand. J'étais à deux ou trois mètres de lui. Il s'est retourné immédiatement et a quitté le salon par la porte de la salle d'armes, par laquelle il était entré. Tout ceci n'a duré qu'un instant.

Le plus petit s'était jeté derrière un fauteuil, d'où il cherchait à tirer sur moi. J'ai alors tiré sur lui un coup de mon pistolet qui ne l'a pas atteint. Il a alors quitté sa place et s'est dirigé, en se baissant à demi, vers l'autre porte du salon qui donne dans le billard. Dans ce trajet, il a passé tout près de moi ; mais son attitude n'étant plus menaçante, je n'ai pas tiré sur lui, il eût été tué presque à bout portant. Je l'ai suivi à distance ; lorsqu'il a été dans le billard, à la hauteur de la porte de la salle à manger, il s'est retourné et m'a visé avec son pistolet. Je lui ai alors tiré un nouveau coup de pistolet qui ne l'a pas atteint, et le second individu a disparu à son tour.

Telle est la version présentée par l'accusé, elle est en opposition formelle avec celle de M. de Fonvielle, dans la question importante de savoir par qui le premier acte de violence a été commis dans la scène du 10 janvier.

L'information a recueilli sur ce point les renseignements suivants :

Plusieurs personnes ont constaté sur le visage de l'accusé l'empreinte certaine d'un coup. M. le docteur Morel, qui a vu le prince vers deux heures et demie, déclare qu'il avait sur la joue gauche une très forte rougeur avec une apparence d'ecchymose et de gonflement. La même constatation a été faite par le docteur Pinel et par plusieurs autres témoins.

D'autre part certaines paroles recueillies de la bouche de M. de Fonvielle, tendent à établir que M. Victor Noir a réellement frappé le prince sur le visage.

M. Lechantre, boucher à Auteuil, a entendu, pendant qu'il aidait à transporter le corps de M. Victor Noir à la pharmacie, une personne qui disait derrière lui: *Il a tué mon ami, mais c'est égal il a reçu un bon soufflet.* Immédiatement après, entendant parler M. de Fonvielle dans la pharmacie, Lechantre a parfaitement reconnu, dit-il, la voix qui avait prononcé les paroles qui viennent d'être rapportées.

Un autre témoin, M. Vinviolet, architecte, présent au moment de la mort de V. Noir et qui a entendu M. de Fonvielle raconter la scène, a affirmé que celui-ci a déclaré qu'à la suite de propos échangés avec le prince, V. Noir *s'était avancé et l'avait souffleté.* Le jour même, M. Vinviolet a rapporté ce propos à d'autres personnes qui ont confirmé sa déclaration.

M. Mourgouin, architecte, a entendu de la bouche de M. de Fonvielle un propos qui, sans être aussi précis, reste cependant très significatif : *Victor Noir a donné ou a été pour donner un soufflet au prince.* Le témoin affirme que M. de Fonvielle a employé l'une ou l'autre de ces locutions.

Enfin, dans le poste de police où il avait été conduit pour y faire ses déclarations, M. de Fonvielle, racontant aux agents présents toutes les circonstances de sa démarche chez le prince et les propos échangés, ajoutait que son ami, se sentant froissé, se serait avancé et... *vous comprenez !*

Les agents expliquent que M. de Fonvielle en prononçant

ces paroles levait la main dans l'attitude d'un homme qui va frapper. Ils déclarent que si M. de Fonvielle n'a pas dit que Noir eût frappé le prince, il faisait du moins un geste signifiant qu'un coup avait été porté par Noir.

A ces diverses dépositions doivent être opposés les témoignages d'après lesquels M. de Fonvielle, aussitôt après le drame d'Auteuil, aurait fait un récit dont ses déclarations devant le magistrat instructeur ont été l'exacte reproduction. Il faut citer notamment M. Grousset, M. Mortreux, dans la pharmacie duquel la victime a été transportée, et M. le docteur Samazen qui s'est trouvé présent au moment de la mort de la victime ; tous trois ont entendu M. de Fonvielle raconter que l'accusé avait frappé au visage Victor Noir avant de faire feu sur lui.

Quoi qu'il en soit, et la version de l'accusé dût-elle être acceptée, il n'en resterait pas moins établi qu'il a volontairement donné la mort à M. Victor Noir.

La justice ne saurait admettre que ce crime puisse être justifié par l'acte de violence auquel la victime se serait laissé entraîner.

Il est également certain que l'accusé a déchargé deux fois son pistolet sur M. de Fonvielle.

En conséquence :

Le prince Pierre-Napoléon Bonaparte est accusé :

1° D'avoir le 10 janvier dernier, à Auteuil-Paris, commis le crime d'homicide volontaire sur la personne d'Yvan Salmon dit Victor Noir.

Avec cette circonstance que ce crime a été suivi du crime ci-dessous spécifié ;

2° D'avoir le même jour, à la même heure et dans le même lieu, commis sur la personne d'Ulric de Fonvielle une tentative d'homicide volontaire, laquelle tentative, manifestée par un commencement d'exécution n'a manqué son effet que par des circonstances indépendantes de la volonté de son auteur.

Avec cette circonstance que ce crime a été précédé de celui ci-dessus spécifié.

Crimes prévus et punis par les art. 2, 295 et 304 du Code pénal.

Fait au Parquet, le 28 février 1870.

Le procureur général,

GRANDPERRET.

Allocution de M. le Président à l'accusé.

M. le Président. — Pierre-Napoléon Bonaparte, vous êtes accusé :

1° D'avoir le 10 janvier dernier, à Auteuil-Paris, commis le crime d'homicide volontaire sur la personne d'Yvan Salmon dit Victor Noir,

Avec cette circonstance que ce crime a été suivi du crime ci-dessous spécifié;

2° D'avoir le même jour, à la même heure et dans le même lieu, commis sur la personne d'Ulric de Fonvielle une tentative d'homicide volontaire, laquelle tentative manifestée par un commencement d'exécution n'a manqué son effet que par des circonstances indépendantes de la volonté de son auteur,

Avec cette circonstance que ce crime a été précédé de celui ci-dessus spécifié.

Vous allez entendre les charges élevées contre vous....
Huissiers, faites l'appel des témoins.

Liste des témoins.

Voici la liste des témoins de l'instruction par ordre alphabétique :

MM.

Arnould.

Balagnac, Balignon, Bernard, Bertrand, Boissière, Bergeron, Bourguignon, Bouvet.

Capelle, Casanova, Cassagnac, Chabrillat, Champagne, Chaponet, Chiappe, Coëtlogon, Coffinet, Cernet, Coutherut.

Dané, Darleux, Debassaux, Delaunay, Delmas, Desaint, Desfrennes, Despérier, Dumange, Dumas, Duparc, Duvergier.

Étienne.

Fautche, A. Fonvielle, U. Fonvielle, W. Fonvielle, Fourquin, Franceschi.

V. Garde, Gillet frères, Givaudan, Goffinet, De Grave, Grousset, Greth.

Habeneck, Hess, Hugelmann, Hutin.

Janson, Jobard, Julia.

Kergolec.

Labruyère, Lalmand, Lasalle, Lavigne, Lebreton, Lechantre, Lechenaut, Legrand, Lepage, Letorsay.

Maupart, Michel, Millière, Morel, Morin, Martreux, Moulin, Mourgöin, Musset.

Natal.

Odobez.

Parfait, Périnet, Péronnet, Pertinset, Pignel, Pinel, Plancy, Poggi, Poperco, Praty, Prudhomme.

Rambaud, Reiser, Rimbaux, Rocca, Roidor, Rouffié, Roustan.

Samazeuilh, Sauton, Silviani, Simon, Souplet.

Tardieu, Terrier, Tremport.

Valladon, Villion, Vimesgen, Vinviolet.

Wachter.

Tous ces témoins n'ont pas été cités; on n'appelle que:

MM. Roidot, Lalmand, de Fonvielle, Grousset, Millière, Chabrillat, F. Gillet, Rouffié, Pignel, de la Bruyère, Paul de Cassagnac, de la Rocca, Théodore de Grave, Pinel, Morel, Bergeron, Tardieu, Villion, Jobard, Rimbaux, F. Morin, Fourquin, Martreux, Samazeuilh, Roustan, Valladon, Natal, Wachter, Derleux, Balagnac, Boissière, Franceschi, Chouterec, Souplet, Champagne, Lechantre, Mourgoin, Chiappe, Carnet, Vinviollet, Périnet, Chaponet et Dané.

La défense appelle ensuite 22 témoins et la partie civile 19.

Le premier nom qui figure sur la liste de ces derniers est celui de M. Henri Rochefort.

Me Laurier. — M. le Président, au nom de M. Louis Noir, une des parties civiles du procès, je demande à faire une observation. M. Rochefort n'est pas ici. Je demande à déposer les conclusions que voici :

« Plaise à la cour,

« Attendu que M. Henri Rochefort, témoin régulièrement cité par la partie civile, n'est pas à l'audience,

« Attendu que son témoignage importe essentiellement aux débats,

« Que, notamment, M. Rochefort seul peut donner certains renseignements sur les circonstances qui ont précédé le meurtre de Victor Noir, particulièrement sur la provocation envoyée par l'accusé Bonaparte à M. Rochefort lui-même,

« Dire que M. Rochefort sera immédiatement mandé devant la haute cour en vertu du pouvoir de M. le Président. »

M. le Président. — Il n'est pas nécessaire de présenter des conclusions. Nous ordonnons que le témoin sera amené devant la haute cour.

On fait sortir les témoins qui sont consignés dans des chambres particulières.

Interrogatoire de l'accusé.

Le Président. — Vous êtes né en Corse?

R. Oui.

D. Vous n'êtes venu en France qu'en 1848?

R. J'y étais venu auparavant avec la permission du gouvernement de Juillet.

D. Avant votre arrivée en France, il s'est passé certains faits dont nous ne croyons pas devoir parler ici. Il en est un cependant que nous devons signaler. En 1849, vous étiez membre de l'Assemblée constituante; vous avez été condamné à 200 fr. d'amende pour avoir frappé un de vos collègues, M. Gastier.

R. Il m'avait grossièrement outragé, moi, ma famille et M. Odilon Barrot, le garde des sceaux.

D. Ce n'était pas une raison pour commettre un acte de violence de ce genre?

R. J'ai déclaré à la tribune que cet acte ne devait pas être considéré comme un manque de respect pour l'assemblée. Ma déclaration a très-bien été accueillie par M. le président Dupin.

D. En 1851, vous êtes rentré dans la vie privée?

R. Après la mesure qui a dissout l'assemblée.

D. Vous êtes en rapport avec l'*Avenir de la Corse?*

R. Je suis abonné et je suis l'ami de M. de la Rocca.

D. Vous lui avez écrit une longue lettre à propos d'un article qu'il avait publié sur l'influence de la Corse sur les destinées de la France. Dans la dernière partie de cette lettre, il y a des phrases regrettables, des menaces violentes, conçues en termes grossiers. Cet article a eu des conséquences regrettables. Avec le nom que vous portez, vous auriez dû vous abstenir de vous livrer à des polémiques de journaux aussi ardentes. Vous devez regretter vivement cet article. (L'accusé ne répond pas.)

D. La *Revanche de la Corse* a répondu sur le même ton. La *Marseillaise* a repris ensuite.

R. (vivement). Grâce à l'impunité dont jouissaient les insulteurs, malgré la loi.

D. Après sont venues des provocations, parties de votre part et de la part de ces insulteurs. C'est ce qui a amené la triste scène du 10 janvier.

R. Je ne pouvais pas permettre que des Corses pussent se livrer à propos des Napoléons à des attaques violentes.

D. Vous deviez vous abstenir. Arrivons à cette malheureuse scène du 10 janvier. Racontez-nous comment les choses se sont passées?

R. Vers deux heures après-midi, j'étais dans mon salon, quand ma servante a apporté deux cartes. J'ai cru que c'était de la part de Rochefort. J'ai trouvé deux inconnus, qui avaient l'air menaçant et l'un d'eux me présenta un papier déplié, en me disant : Lisez ceci. Je regardai la signature et, voyant le nom de Grousset, j'ai dit : Avec Rochefort, oui, mais pas avec un de ses manœuvres. Le plus grand alors vint à moi et il me frappa rudement au visage, son compagnon tira de sa poche un pistolet et le dirigea contre moi. Je fis un bond en arrière, je tirai vivement de ma poche mon revolver et je tirai sur le plus grand qui m'avait frappé au visage.

L'autre courut s'accroupir derrière un fauteuil, d'où il cherchait à tirer sur moi avec son pistolet.

Je marchai sur lui et je lui tirai un coup qui le délogea de derrière le fauteuil. Il sortit alors par la salle de billard en se dérobant derrière les meubles.

Quand il est sorti, j'aurais pu le tuer puisqu'il a passé devant moi, mais je n'ai pas voulu le faire. Je n'ai tiré que parce qu'il me menaçait. Ainsi dans la salle de billard, il brandissait son arme. Alors, mais seulement alors, je lui ai tiré un second coup de pistolet et il est sorti. Je n'ai pas marché sur lui dans la salle de billard, j'ai tiré par la porte où je m'étais mis pour le tenir en respect.

Voilà tout ce qui s'est passé, et maintenant qu'il me soit permis de demander à tous les hommes de cœur qui sont ici ce qu'ils auraient fait à ma place?

D. Pourquoi avez-vous pris votre revolver pour recevoir ces messieurs?

R. Je l'ai toujours mon revolver.

D. Vous auriez dû le déposer. Les préparatifs d'un duel se font d'une façon courtoise.

,R. Je n'ai pas pensé à mon revolver.

D. Vous aviez la main dans votre poche, sur votre revolver, avec la pensée apparente de vous en servir.

R. Ma main était dans ma poche, le revolver aussi, mais je n'y attachais pas d'importance.

D. Dans le salon, vous n'avez dit que ceci : « Avec Rochefort, oui, mais pas avec un de ses manœuvres? »

R. Non.

D. Vous n'avez pas ajouté : Rochefort est le chef de la crapule?

R. Ces mots ne sont pas dans mon langage habituel.

D. Vous affirmez que Noir vous a frappé?

R. Oui, pendant que Fonvielle me menaçait de son pistolet.

D. Mais ce pistolet était dans un étui.

R. Il a tiré son pistolet avant moi, il avait son arme dans la main gauche et appuyait dessus pour l'armer.

D. Quand vous avez eu tiré sur Noir, saviez-vous que vous l'aviez blessé?

R. Je ne me suis pas occupé de lui, mais seulement de celui qui me menaçait de son pistolet.

D. Il est tombé?

R. Je crois qu'il est sorti immédiatement de la chambre.

D. Sans rien dire.... Vous n'avez pas compris alors que vous l'aviez tué?

R. Je ne m'occupais que de Fonvielle, qui avait le pistolet à la main. Évidemment il eût mieux valu qu'il n'eût été que blessé; mais je n'ai rien remarqué.

D. Mais Fonvielle n'a pas tiré?

R. (riant). Il a oublié de lever la baguette de son pistolet (murmures). S'il n'a pas tiré, ce n'est pas faute de faire ses efforts pour tirer.

D. M. de Fonvielle prétend que vous avez voulu l'empêcher de sortir?

R. Il n'y a pas de clef à la porte.

D. Non, mais vous êtes allé vous placer devant la porte pour lui barrer le passage?

R. Non, j'ai marché deux ou trois pas, et j'ai tiré sur lui pendant qu'il était derrière un fauteuil d'où il cherchait à tirer.

D. Vous l'avez suivi dans la salle de billard?

R. J'étais près de la porte.

D. Il était très-ému? Il a renversé plusieurs fauteuils?

R. Je n'en ai vu qu'un seul. Je l'ai laissé sortir. Si j'avais voulu, je le tuais.

D. Mais vous l'avez voulu, puisque vous avez tiré sur lui pendant qu'il fuyait?

R. Il m'ajustait.

D. Il allait sortir. Il avait laissé tomber sa canne et son chapeau.

R. La canne, c'était l'autre qui l'avait à la main.

D. De Fonvielle n'avait pas une attitude offensive.

R. Parfaitement offensive.

D. Après, qu'avez-vous fait?

R. Je suis rentré dans ma chambre à coucher et j'ai fait prévenir la police. J'ai rédigé pour le commissaire de police un rapport sur ce qui s'est passé.

D. Vous avez parlé d'un coup reçu. Où cela?

R. Ici. (Il montre la joue gauche près du lobe inférieur de l'oreille.) J'ai montré la trace au docteur Morel et au docteur Pinel.

D. Et au commissaire de police?

R. Je n'ai pas voulu.... Ce n'était pas déjà si beau d'avoir reçu un soufflet, surtout d'une telle main. (Murmures.)

Me Floquet. — C'est trop fort!

M. le président fait étaler sur la table devant le bureau, les pièces à conviction. C'est le paletot de Fonvielle, le chapeau et la canne de Victor Noir, le revolver de Fonvielle et celui du prince.

Sur la demande de M. le procureur général, on fait voir à MM. les jurés le plan du salon d'Auteuil dans lequel le crime a été commis.

M. le président donne lecture de la lettre écrite par le prince au secrétaire de l'empereur pour lui annoncer ce qui s'était passé.

Cette lettre a déjà été publiée et nos lecteurs la connaissent.

Le mouvement que font les jurés en déroulant les plans fait suspendre l'audience pendant quelques minutes.

Deux messieurs, assis à côté de la loge de l'accusé et qui le soufflent pendant l'interrogatoire, paraissent lui reprocher la brutalité des paroles insultantes qu'il vient de dire à l'égard de sa victime.

L'accusé secoue la tête avec énergie.

M. le président explique aux jurés la route qu'ont dû suivre MM. Noir et de Fonvielle, et la position qu'ils avaient dans le salon devant l'accusé quand celui-ci a tiré sur eux.

Me Floquet. — Quand le pistolet a été saisi....

L'accusé. — On ne me l'a pas saisi, c'est moi qui l'ai donné moi-même.

Me Floquet. — On a eu tort de ne pas le saisir. Enfin, il était rechargé, est-ce l'accusé qui l'avait rechargé ?

R. Oui; on avait dit qu'il y avait des rassemblements devant ma maison, je voulais me défendre.

Me Laurier. — Entre le moment où il a été averti qu'on l'attendait et le moment où il est entré dans le salon, l'accusé a-t-il changé de pantalon ?

R. Non.

D. N'avait-il pas un pantalon à pied.

R. Je n'en ai jamais eu.

D. Il a dit d'abord qu'il avait un pantalon à pied.

Me Floquet. — Il a dit d'abord qu'il était avec la princesse, puisqu'il était malade dans son lit. Dans tous les cas, il a changé de toilette.

L'accusé. — J'ai ôté ma robe de chambre et mis une redingote, mais je n'ai pas changé de pantalon.

L'audience est suspendue à deux heures et demie.

L'audience est reprise à trois heures moins un quart.

On fait entrer l'accusé. Il tient toujours à la main le carnet de maroquin qu'il avait ce matin.

M. le président ordonne qu'il soit procédé à l'audition des témoins.

Audition des témoins.

Premier témoin. — Roidot, 50 ans, commissaire de police de la ville de Paris. Il dépose :

Le 10 de ce mois, j'étais à la préfecture de police lorsqu'on vint nous annoncer l'événement d'Auteuil; je m'y rendis immédiatement et je me fis introduire auprès du prince, qui me raconta comment les faits s'étaient passés.

Voici ce qu'il m'a dit :

Le témoin répète le récit que l'accusé lui-même a fait tout à l'heure de ce qui s'est passé dans son salon le 20 janvier dernier. Il ajoute :

Le prince m'a remis une canne à épée, un chapeau, un étui à revolver, un revolver et la lettre de M. Paschal Grousset. Après avoir fait donner au prince sa parole d'honneur qu'il ne quitterait pas la maison, j'allai m'occuper de ce qu'il allait y avoir à faire pour l'enterrement de Victor Noir. Mon secrétaire avait déjà fait transporter le corps à son domicile. Revenu à la maison du prince, je fis un procès-verbal; le prince me donna copie de la déclaration qu'il avait faite par écrit sur les faits.

Il me dit qu'il ne comptait pas se prévaloir de sa position et qu'il voulait être jugé comme tout le monde. Je fis avancer un fiacre et je le conduisis à la Conciergerie. Revenu une troisième fois à la maison d'Auteuil, j'y ai trouvé les magistrats instructeurs. Ma mission était terminée. Mon secrétaire m'a remis dans la main le pistolet de M. de Fonvielle, qui lui avait été remis par un facteur.

D. Le prince vous a-t-il dit qu'il avait vu M. de Fonvielle tirer son arme avant qu'il n'eût tiré lui-même?

R. Je crois bien que oui.

D. Votre rapport n'a pas été aussi précis.

R. J'ai copié textuellement la déclaration du prince.

D. Vous avez fait expertiser l'appartement?

R. Oui, pour voir la direction qu'avaient suivie les balles. (Le témoin montre sur la table des pièces à conviction, deux fragments de panneaux enlevés à l'appartement de la rue d'Auteuil, et explique au jury dans quelle direction les balles tirées sur M. de Fonvielle ont touché le mur.)

M. le président. — On n'a retrouvé qu'une seule balle?

R. Oui. Il est probable que la première balle sera restée dans le paletot, et que M. de Fonvielle l'a emportée avec lui.

D. Que savez-vous des propos tenus par M. de Fonvielle?

R. Personnellement, je ne sais rien. On m'a dit qu'il avait dit : « Il a tué mon ami, mais il a reçu un fameux soufflet. » Je ne connais cela que par des rapports. Les domestiques m'ont dit qu'il y avait eu des attroupements et des menaces dans la soirée devant la maison du prince et que les femmes avaient eu très-grand'peur. On a fait coucher les enfants dans un pavillon au fond du jardin. Je n'ai pas entendu ces menaces, mais j'ai vu une porte d'un terrain voisin qui a été forcée.

Me Floquet. — Le témoin a-t-il copié absolument la note écrite par le prince ?

R. Textuellement.

D. Il y a d'étranges différences entre les deux textes.

M. l e président. — La pièce originale est entre les mains d'un témoin qui sera entendu.

D. Avez-vous vu sur le prince une trace de contusion?

R. Il m'a dit qu'il avait été frappé, mais je n'ai pas vu le coup. Il est vrai qu'il faisait déjà noir.

Me Leroux. — Le docteur Pinel avait déjà vu le prince et constaté le coup.

M. le président. — Nous l'entendrons.

Témoin Anselme Lalmand, 26 ans, secrétaire du commissaire de police d'Auteuil. Il dépose :

Le 10 janvier dernier, ayant appris que le prince Pierre Bonaparte venait de tuer quelqu'un, je me suis rendu à Auteuil, rue Boileau, où j'ai trouvé, dans la boutique d'un pharmacien, le corps d'un jeune homme percé d'une balle dans la région du cœur. M. Paschal Grousset qui se trouvait là avec M. de Fonvielle m'a raconté que ce dernier était allé avec M. Victor Noir pour provoquer le prince et que ce dernier avait tué Victor Noir.

Le témoin, qui récite avec une grande volubilité une déposition évidemment apprise par cœur, rapporte les constatations qu'il a faites, comment il a vu que M. de Fonvielle était blessé au doigt, blessure qu'il s'est faite en cherchant à armer son revolver.

Sur l'ordre de M. le président, on montre le revolver au jury qui se le passe de main en main. Cela dure quelques minutes.

D. M. de Fonvielle vous a-t-il parlé de l'Amérique?

R. Il m'a dit : j'ai fait la guerre en Amérique, je connais cela. Quand le prince a tiré sur mon ami, je me suis effacé derrière les fauteuils.

Troisième témoin. Ulric de Fonvielle, 37 ans, rédacteur de la *Marseillaise*, à Paris. L'entrée de ce témoin produit une profonde impression. Le prince jette sur lui un long regard. Au moment où le président lui fait prêter serment de dire la vérité, M. de Fonvielle lève très-haut la main, et dit, d'une voix forte, en regardant le prince : « Je le jure. »

La veille, le dimanche, dit-il, mon ami Paschal Grousset me pria d'aller provoquer le prince Pierre Bonaparte avec Victor Noir, à propos d'un article publié dans un journal de Corse. J'acceptai, mais Rochefort était très-contrarié de cette rencontre. Sur sa demande, j'ajournai la provocation à l'après-midi. Je donnai rendez-vous à Grousset au bureau du journal pour qu'il s'entendît avec Rochefort. Il y vint le di-

manche au matin ; mais dans l'intervalle le prince avait provoqué Rochefort, ce qui contrariait beaucoup Grousset à son
tour. Il insista pour que nous nous rendissions chez le prince
à Auteuil. Il y vint avec nous, dans une voiture que Noir
avait amenée ; en route, nous rencontrâmes Sauton qui monta
avec nous dans la voiture.

Arrivés rue d'Auteuil, nous nous sommes arrêtés chez
Pierre Bonaparte. Nous sommes entrés seuls. Deux hommes
étaient là.... c'étaient des domestiques ; nous avons demandé
à voir M. Pierre Bonaparte ; après nous avoir fait attendre
un moment dans une salle du rez-de-chaussée, on nous fit
monter au premier étage.

Une femme sortit qui nous fit entrer dans un grand salon,
après avoir traversé une salle d'armes. Nous étions là depuis quelques minutes, lorsque la porte s'est ouverte et le
prince est entré. Je lui remis la lettre de M. Paschal Grousset, en lui disant : « Monsieur, nous venons de la part de
M. Grousset, remplir une mission que cette lettre vous expliquera. » Il prit la lettre, s'approcha de la fenêtre, la par-
courut, la froissa, la jeta et me dit : « Je veux me battre
avec Rochefort parce qu'il est le drapeau de la crapule ;
mais je ne me bats pas avec ses manœuvres. Êtes-vous
solidaires de ces charognes-là ? » Alors Victor Noir lui
dit ces seules paroles : « Nous sommes solidaires de nos
amis. »

Pierre Bonaparte lui a donné un soufflet de la main gauche, et se rejetant de deux pas en arrière, a tiré son revolver et a fait feu. Noir est sorti. Pierre Bonaparte a alors
tiré sur moi deux coups de pistolet. Je suis descendu, et
arrivé sur le trottoir j'y ai trouvé mon malheureux ami expirant.

Il faut que je vous dise quelles étaient les dispositions de
ce pauvre Victor Noir en venant chez Pierre Bonaparte. Il
était très-joyeux, il avait mis un bel habit, des gants et il
me répétait encore dans le salon : « Suis-je assez bien ?
Nous allons leur faire voir ce que c'est que des gentilshommes, à ces Bonapartes ! » Le pauvre garçon !...

D. Pourquoi, pour provoquer le prince, êtes-vous allé
chez lui au lieu de lui écrire ?

R. Cela se fait toujours ainsi. Je croyais bien trouver à
Auteuil des grossièretés, des outrages, je ne croyais pas y
trouver un assassin.

Le prince. — Assassin vous-même ! Depuis l'affaire Saint-

Nicaise et la bande Orsini jusqu'au guet-apens d'Auteuil....
Assassin vous-même.

D. Noir était bien jeune pour une mission de ce genre ?

R. Ce n'était pas la première fois que cela lui arrivait.

D. Oui, et un jour avec M. Rochefort, il a été acteur en
même temps que témoin chez un imprimeur. Pourquoi étiez-
vous armé ?

R. Depuis mon retour d'Amérique, j'ai toujours un pistolet sur moi, pas dans ma chambre, par exemple, mais dans
la rue. Et ce jour-là, si je n'avais pas été armé, je ne serais
pas sorti vivant de cette maison.

D. Vous pouviez ne pas y aller. Vous vous attendiez donc
à une collision violente ?

R. Dame ! j'ai vu des princes bâtonner ou faire bâtonner
par leurs domestiques M. Comté. Il fallait prendre des précautions.

Un juré. — Quel geste a fait Noir quand il a été frappé ?

R. Il a mis les mains à sa poitrine, a levé les bras et est
sorti.

D. Il a reçu un soufflet ?

R. Noir ? Oui, un soufflet très-violent.

D. Accusé. Avez-vous quelque observation à faire ?

L'accusé. — J'ai à dire que tout ce qu'a dit le prétendu
témoin d'un bout à l'autre est contraire à la vérité. Je dis
« prétendu témoin » parce qu'il est venu violer mon domicile
à main armée ; il a essayé de m'assassiner et puis il a fait
de faux témoignages. Sa place serait sur le banc des accusés
et non à la barre des témoins.

M. le président (au témoin). — Comment se fait-il que
vous n'avez pas pu tirer ? Ce pistolet se manœuvre pourtant
très-facilement.

R. J'aurais très-bien pu tirer, mais je n'ai pas voulu. Je
me suis servi de mon pistolet seulement pour le tenir en
respect.

D. L'accusé prétend que c'est lui qui a été fortement
frappé par Noir.

R. C'est faux, monsieur le président.

Sur la demande de Mᵉ Demange, il est donné lecture par
un des conseillers des dépositions faites par écrit par M. de
Fonvielle dans l'instruction.

Mᵉ Demange. — M. de Fonvielle a dit d'abord que le
prince a tiré son troisième coup devant la porte, au moment
où il sortait ?

R. Oui.

D. Alors comment pouvait-il sortir, puisque le prince barrait la porte ?

R. Il était devant le salon, je suis sorti par la salle de billard.

M. de Fonvielle. — Si je n'ai pas précisé exactement l'endroit d'où le prince a tiré, c'est que je ne connais pas l'appartement. J'y ai été une fois. On a refusé de me conduire à Auteuil, et de faire l'expertise devant moi.

D. N'avez-vous jamais dit : « Le prince a tué mon ami, mais mon ami lui avait donné un fameux soufflet. »

R. Jamais! J'ai toujours dit ce que j'ai affirmé sur la tombe de Victor Noir. Pierre Bonaparte a insulté Victor Noir. Il l'a frappé, il l'a assassiné.

Me Laurier. — Victor Noir a tenu tout le temps son chapeau à la main?

R. Oui.

D. Il est allé jusqu'à la mort son chapeau à la main.... Voilà ce que je tiens à constater.

4e Témoin. — Paschal Grousset, vingt-cinq ans, rédacteur de la *Marseillaise*, à Paris.

M. le président lui demande, comme à tous les témoins, s'il n'est ni parent ni allié de l'accusé.

Le témoin. — Je n'en sais rien.... sa mère a eu tant d'amants que je ne pourrais pas dire si je ne suis pas son parent. (Interruption.)

L'accusé. — Qu'est-ce qu'il dit : je n'ai pas entendu.

M. le président. — Je vous engage, témoin, à être plus circonspect.

M. le procureur général. — Si le témoin renouvelait ces paroles odieuses, je serais obligé de requérir contre lui.

Le témoin. — Je sais bien que je suis plutôt ici un accusé qu'un témoin. Depuis deux mois je suis au secret, tandis que cet homme n'y est pas.

M. le président. — Bornez-vous à déposer des faits que vous connaissez.

Le témoin. — M. Bonarparte avait publié, dans un journal de Corse, un article dans lequel il insultait de la façon la plus odieuse mes amis politiques. Ce journal appartient à un nommé Rocca, agent de police. Quand un de mes amis me signala cet article, il m'écrivit : « Soyez sûr que bientôt il y aura du sang. » Il y en a eu, en effet, et trop tôt. Lorsque des mouchards sont venus m'arrêter, on m'a volé cette lettre.

M. le président. — N'employez pas de ces expressions qui sont insultantes pour la Cour.

Le témoin. — Oh! je dis « mouchards » sans mauvaise intention, je veux dire que c'étaient des agents sans uniforme. La lettre m'était arrivée le 8, avec cet article où on parlait de mettre au vent les tripes des démocrates.

Le 9, je priai Noir et Fonvielle d'aller provoquer Pierre Bonaparte de ma part. Rochefort fit à ce projet certaine opposition, parce que, disait-il, les rédacteurs de la *Marseillaise* ne doivent pas provoquer, mais se contenter de répondre si on les provoque. Je lui fis remarquer qu'il ne s'agissait pas de la *Marseillaise*, mais de la *Revanche* de Corse. Sur ces entrefaites, Rochefort reçut de M. Pierre Bonaparte une lettre ignoble.

Il voulait se battre. Je maintins mon droit de passer le premier, et nous partîmes avec Victor Noir. Le pauvre garçon était très-gai, et se préoccupait beaucoup de savoir s'il était assez bien mis pour aller chez un prince. En route, nous avons rencontré Sauton. Il est monté en voiture avec nous.

Arrivés rue d'Auteuil, nous sommes restés en bas, pendant que Fonvielle et Noir montaient chez M. Pierre Bonaparte. Tout à coup nous vîmes se dessiner la grande taille de Victor Noir; il trébucha et tomba. Nous nous approchons. Nous voyons presque aussitôt Fonvielle sortir et crier « à l'assassin! » Nous arrivons, le pauvre Noir était par terre, râlant, et tenant à la main son chapeau de gala, à coiffe blanche, le chapeau qu'il avait acheté pour se marier.

Nous cherchons du secours. Tout le monde me semblait indifférent. J'avais beau crier : « Un Bonaparte vient d'assassiner un républicain, » personne ne semblait s'en émouvoir. On avait peur.... peur! Oh! je n'ai jamais aussi bien compris la profonde abjection dans laquelle dix-huit ans de bonapartisme ont plongé la France.

M. le procureur impérial. — Je ne veux pas faire de réquisition contre le témoin, qui est en ce moment poursuivi pour un autre fait; mais je prie la Cour d'ordonner que le témoin soit reconduit dans la prison d'où il a été extrait, et qu'il soit donné lecture de sa déposition écrite.

M. le président, après un court délibéré, rend un arrêt dans ce sens. Les deux gendarmes, qui avaient amené

M. Paschal Grousset à l'audience et qui l'attendaient dans le prétoire, l'ont reconduit au pénitencier.

Au moment où M. Paschal Grousset traverse le prétoire, M. Ulric de Fonvielle s'avance vers lui et l'embrasse. Quelques applaudissements éclatent dans l'auditoire.

M. le président donne lecture de la déposition faite par M. Grousset pendant l'instruction.

Cette lecture n'apprend rien de neuf. M. Grousset approchait de la fin de sa déposition quand M. le procureur général lui a fait retirer la parole.

La séance est levée à cinq heures et renvoyée à demain deux heures.

Audience du 22 mars.

L'audience est ouverte à onze heures dix minutes. On fait l'appel du jury. Un des jurés, M. Giraud, ne répond pas.

Le maréchal Baraguay d'Hilliers se trouve parmi les privilégiés assis derrière le bureau de la cour.

Après quelques minutes d'attente, M. Giraud, le juré retardataire, arrive, et la cour entre en séance. On introduit l'accusé.

M. le président invite les jurés à être au palais de justice exactement avant onze heures.

M. Giraud. — Monsieur le président, il n'y a pas de ma faute; on a pris de si étranges mesures de police, que je n'ai pas pu entrer.

M. le président. — Des ordres ont été donnés.

M. Giraud. — On les exécute fort mal.

M. le président (à l'accusé). — J'ai négligé hier de vous faire une question. Dans votre conversation avec MM. Noir et de Fonvielle, vous aviez, disiez-vous dans l'instruction, fait un geste énergique; quel est ce geste?

R. Le geste qu'on fait quand on veut accentuer ce qu'on dit.

D. Comment?

R. Comme cela.

L'accusé porte son bras en arrière comme un homme qui veut donner un coup de poing de bas en haut.

D. Vous n'avez pas levé le bras?

R. Non.

Me Floquet. — Dans l'instruction, l'accusé a écrit : « J'ai levé le bras d'une façon énergique. »

M. le président. — A moitié levé.

Cinquième témoin. — Jean-Baptiste Millière, âgé de 52 ans, directeur-gérant de la *Marseillaise*, à Paris.

Ce témoin, qui est en prison comme M. Grousset, est amené comme lui à l'audience par deux gendarmes qui l'accompagnent jusqu'à la barre.

M. Millière raconte les faits relatifs à la provocation adressée par le prince Pierre à M. Rochefort.

C'est lui qui a ouvert la lettre adressée par le prince Pierre à M. Rochefort.

Il est allé la lui porter, et M. Rochefort l'a prié de lui servir de témoin avec M. Arnould, pour aller demander au prince de désigner deux témoins avec lesquels on aurait décidé le genre de réparation à accorder au député de la première circonscription. En cherchant M. Arnould, le témoin a perdu son temps, si bien qu'il n'est arrivé à Auteuil que vers trois heures. MM. Sauton et le médecin arrivèrent en criant : « On assassine dans cette maison! » Le témoin ajoute :

Quand j'ai su que la police n'avait pas arrêté le meurtrier, j'ai proposé à la foule d'enfoncer la porte et de l'arrêter nous-mêmes.

M. le président. — La lettre du prince était une provocation?

R. Nous ne l'avons regardée que comme un outrage.

M. le président. — Voici cette pièce :

Paris, 9 janvier.

« Monsieur,

« Après avoir outragé, l'un après l'autre, chacun des miens, et n'avoir épargné ni les femmes ni les enfants, vous m'insultez par la plume d'un de vos manœuvres.

« C'est tout naturel, et mon tour devait arriver.

« Seulement, j'ai peut-être un avantage sur la plupart de ceux qui portent mon nom : c'est d'être un simple particulier tout en étant Bonaparte.

« Je viens donc vous demander si votre encrier se trouve garanti par votre poitrine, et je vous avoue que je n'ai qu'une médiocre confiance dans l'issue de ma démarche.

« J'apprends, en effet, par les journaux, que vos électeurs vous ont donné le mandat impératif de refuser toute réparation d'honneur et de conserver votre précieuse existence.

« Néanmoins, j'ose tenter l'aventure, dans l'espoir qu'un faible reste de sentiment français vous fera départir, en ma faveur, des mesures de prudence et de précaution dans lesquelles vous vous êtes réfugié.

« Si donc, par hasard, vous consentez à tirer les verrous protecteurs qui rendent votre honorable personne deux fois inviolable, vous ne me trouverez ni dans un palais ni dans un château.

« J'habite tout bonnement 59, rue d'Auteuil, et je vous promets que si vous vous présentez, on ne vous dira pas que je suis sorti.

« En attendant votre réponse, j'ai encore l'honneur de vous saluer.

« Pierre NAPOLÉON BONAPARTE. »

« A M. Henri Rochefort, 9, rue d'Aboukir. »

Les termes de cette lettre sont très-violents et très-blâmables. C'était une provocation.

R. Nous n'y avons voulu voir qu'un outrage. Nous voulions laisser à M. Rochefort le choix des armes.

D. Quand vous avez voulu enfoncer la porte du prince, la foule a protesté, et elle a bien fait. Il fallait laisser la justice faire son œuvre. Vous avez une façon de comprendre la justice contre laquelle, au nom de la justice, je proteste.

R. Vous me permettrez de répondre. C'est moi qui ai déclaré mon projet d'enfoncer la porte. J'étais indigné de voir un assassin rester tranquille chez lui après le crime commis. On n'aurait pas agi ainsi avec un simple particulier. Si dans les paroles du président il y a une pensée de blâme, je ne l'accepte pas.

M. le président. — Ce que je blâme, c'est cette défiance de la justice, que je ne peux pas tolérer. Il ne faut pas que la violence prenne la place de la justice.

R. Il ne s'agissait pas de la justice, mais de la police.

D. Quand vous êtes allé chez le prince, vous étiez armé, vous aviez un revolver sur vous ?

R. Dans l'acception réelle du mot, je n'étais pas armé. J'avais une arme défensive. Au mois de juin dernier, ma femme m'avait donné pour ma fête un petit revolver de poche, avec lequel on ne peut pas tuer, mais désarmer un adversaire tout au plus. Je l'avais gardé sur moi. Je ne croyais même pas avoir affaire au prince. J'avais simplement une arme défensive.

Le prince. — Les armes défensives sont des cuirasses et des casques.

Me Floquet. — Au moyen âge.

Le prince. — J'espère que le haut jury n'accordera aucune confiance à la déposition de cet homme, le compagnon de Salmon et des rédacteurs de la *Marseillaise* qui ont eu le courage d'imprimer avec le nommé Arnould pendant que j'étais sous les verrous que n'importe le résultat du procès, ils me tueront.

Le témoin. — Je prie la cour de faire respecter mon témoignage par l'accusé. Le *nommé* Pierre Bonaparte n'a pas le droit de m'insulter. (Applaudissements dans la foule.) Je comprends qu'un accusé discute mon témoignage, mais qu'il me respecte. (Très=bien.)

Me Floquet. — On a reproché tout à l'heure au témoin d'avoir voulu arrêter le prince. La loi fait un devoir à chaque citoyen d'arrêter un assassin dénoncé par la rumeur publique.

M. le président. — On ne peut entrer dans une maison qu'appelé par les cris de l'intérieur.

Me Floquet. — On assassinait dans l'intérieur.

Me Laurier. — Le commissaire de police qui n'a pas arrêté le meurtrier quand il y avait clameur publique d'assassinat n'a pas fait son devoir.

M. le président. — Appelez un autre témoin.

Me Floquet. — M. le président, nous demandons que M. Millière reste à l'audience. Nous avons besoin de son témoignage.

M. le procureur général. — M. Millière est sous le poids de poursuites d'un caractère particulier qui ne me permettent pas de le laisser ici en contact avec certaines personnes.

Me Floquet. — Nous n'avons pas à nous occuper d'un autre procès que nous ne connaissons pas.

M. le procureur général. — Je demande formellement que M. Millière soit reconduit en prison. Quand vous aurez besoin de son témoignage, on le rappellera chaque fois que vous voudrez.

Me Floquet. — Il faut qu'il reste ici. Si vous craignez pour lui le contact de certaines personnes, prenez des mesures pour l'isoler; mais nous persistons à demander qu'il reste dans la salle.

M. le procureur général. — Je m'y oppose absolument.

Mᵉ Floquet dépose des conclusions demandant que le témoin Millière reste dans la salle, sauf les mesures que M. le procureur général croira devoir prendre pour l'isoler de certaines personnes.

La haute cour se retire pour délibérer sur l'incident.

Pendant la suspension, les conversations s'engagent sur la déposition si calme, si précise, si modérée du témoin. Cette déposition a produit une impression d'autant plus profonde qu'elle contrastait davantage avec les interruptions violentes et passionnées de l'accusé. Je regrette de n'avoir pu en donner qu'un résumé insuffisant et incolore, mais le temps passe et la poste n'attend pas.

Après un quart d'heure de délibération, la haute cour rentre en séance, rapportant un arrêt qui décide que le témoin Millière continuera à assister à l'audience sous la garde de la force publique.

Un huissier fait asseoir le témoin Millière entre quatre gendarmes avec consigne de ne le laisser communiquer avec personne.

Sixième témoin. — Henri Chabrillat, 28 ans, journaliste à Paris.

J'étais, depuis quelques années, l'ami personnel de Victor Noir. La veille de sa mort il m'a dit : « Tu ne te figures pas ce que je vais faire demain? Je vais, moi Noir, provoquer un Bonaparte. J'espère que c'est assez *chic!* » Il paraissait tout content de cette mission et ne semblait pas avoir le soupçon d'une idée de violence, si bien que lorsque je lui ai proposé de raconter la chose dans le *Figaro*, il m'a dit : Non, car le duel deviendrait inévitable, et je crois que Rochefort veut empêcher le duel.

M. le président. — Il paraît, au contraire, que la provocation de Grousset devait empêcher le duel de Rochefort.

Mᵉ Floquet. — Il ne devait pas y avoir de duel dans la pensée de Noir.

Mᵉ Leroux. — Le témoin a dit que le duel était arrêté.

Mᵉ Floquet. — Dans la pensée de Paschal Grousset, mais pas dans la pensée de Victor Noir. Il empêchait le témoin de parler de sa visite dans le *Figaro*, parce qu'il espérait arranger l'affaire.

Septième témoin. — Élisabeth Gillet, 22 ans, femme de chambre chez le prince Pierre Bonaparte.

Le 10 janvier, j'étais à mon service quand on a apporté deux cartes. Je les ai remises au prince qui était en train de s'habiller. Il m'a dit de faire monter les personnes qui étaient en bas. Je les ai conduites dans le salon.

M. de Fonvielle s'est assis sur un fauteuil, M. Noir est resté debout. Je suis redescendue quelques instants après. On a crié : Au secours ! J'ai vu Victor Noir sortir, en trébuchant, et tomber près de la porte cochère. M. Fonvielle est sorti après par l'escalier de service en criant : A l'assassin !

Je suis montée. Le prince était assis sur un canapé ; il m'a dit : Ils sont venus à deux pour m'assassiner chez moi.

D. Vous avez entendu les coups de feu ?

R. Oui, mais nous étions habitués à cela ; le prince avait un tir chez lui. C'est moi qui ai ramassé l'étui du revolver dans l'escalier de service.

D. Le prince portait-il une trace de coup ?

R. Je n'ai pas fait attention.

Mᵉ Laurier. — A-t-il dit qu'il avait été frappé ?

R. Oui, mais plus tard dans la soirée.

Mᵉ Leroux. — Comment Victor Noir avait-il son chapeau ?

R. Quand il est entré, il l'avait sur sa tête : il l'avait dans la salle d'arme et encore en tombant sur le trottoir.

Mᵉ Floquet. — Dans l'instruction le témoin a dit qu'en entrant dans le salon, ces messieurs se sont découverts.

R. Un seulement, le plus grand.

Mᵉ Floquet. — L'accusé lui-même a dit qu'ils avaient leurs chapeaux sur la tête.

Mᵉ Leroux. — L'important pour nous, c'est de savoir qu'en sortant Victor Noir avait son chapeau sur la tête.

Mᵉ Laurier. — Hier M. Paschal Grousset a dit que Victor Noir est tombé en tenant son chapeau à la main droite. Si on insistait encore, je serais forcé, malgré ce qui s'est passé hier, de demander à la haute cour de faire revenir M. Paschal Grousset.

8ᵉ témoin. — Joseph Goffinet, 28 ans, chef de service chez le prince Bonaparte.

J'ai monté dans la chambre de monseigneur (rires) ; il était là.... Je voulais savoir ce qui s'avait passé. J'ai frappé. Il m'a dit : Entrez. Et puis, il a dit que deux individus étaient venus pour l'assassiner, un avec un soufflet et l'autre derrière un fauteuil.

D. Et puis ?

R. Rien, je n'ai rien dit. Plus tard je suis descendu. Il y

avait une foule qui criait : Nous l'aurons, il faut que nous *l'avons*! (Rires). Alors j'ai fermé la porte à double tour.

D. C'est vous qui avez mis à la poste la lettre du prince à M. Rochefort?

R. Oui, c'était après mon repas.

D. Comment était le salon ?

R. Quelques fauteuils renversés, et puis un chapeau et une canne. J'ai dit : Qu'est-ce que tout cela veut dire?

D. On vous a répondu?

R. Non. Je me demandais cela à moi-même.

Me Leroux. — Est-il à la connaissance du témoin que le prince a des pantalons à pied?

R. Jamais. Il porte des pantalons très-larges, mais pas à pied.

9e témoin. — Prosper Pignel, 59 ans, sans profession, à Auteuil.

Ce témoin dépose d'une voix si basse, que la plupart des membres du jury se plaignent de ne rien entendre du tout. Voici le résumé de ce qui arrive jusqu'à nous :

J'étais dans le quartier où demeure le prince Bonaparte, quand on m'a dit que celui-ci venait de tuer un monsieur. Je suis allé voir. Le corps avait été porté chez un pharmacien. Je l'ai vu, il était étendu, j'ai même pris le bras pour voir s'il avait rigidité. Je crois qu'il n'était pas tout à fait mort. M. Fonvielle était là, il était fort troublé. Il me dit : Le prince a tiré à bout portant. J'ai dit, après avoir vu la plaie : Non, il a dû tirer à deux mètres.

Le mort avait des gants noirs fermés par des boutons.

M. le Président. — Huissier, où sont les gants?

Me Laurier. — On ne les trouvera pas, Monsieur le président, Victor Noir a été enterré avec ses gants.

M. le Président. — Il n'y avait pas de boutons aux gants, mais à la chemise.

Me Floquet. Les gants étaient fermés avec des tirettes.

Le témoin. — M. de Fonvielle m'a raconté ce qui s'était passé, en disant que le prince avait exercé la première voie de fait. Il m'a dit que ni lui, ni son ami n'étaient armés. Plus tard j'ai entendu par le docteur Morel qu'on avait trouvé dans la maison l'étui d'un revolver.

M. de Fonvielle est rappelé.

D. Vous avez dit au témoin que ni vous ni votre ami n'étiez armés ?

M. de Fonvielle. — J'ai raconté à monsieur ce que j'ai dit à tous les autres.

M. Pignel. — Vous m'avez dit : Nous n'avions pas d'armes.

Mᵉ Floquet. — Il n'a pu dire cela. Il est sorti avec un revolver à la main.

M. Pignel. — Il me l'a bien dit pourtant.

M. de Fonvielle. — Monsieur doit se tromper.

M. Pignel. — Non, non. Je me rappelle bien, la preuve c'est qu'il a pleuré après, et ça m'a fait de la peine. Si j'avais su qu'ils étaient allés armés, ça ne m'aurait pas fait de peine.

Un juré. — De quels termes M. de Fonvielle s'est il servi pour qualifier le scène qui avait précédé la mort de Noir?

R. Je ne me rappelle pas. Il a dit, je crois, « propos injurieux. »

D. N'a-t-il pas parlé de *rixe*?

R. Je ne pourrais pas dire. J'ai examiné le cadavre, il ne portait à la figure aucune trace de violence.

10ᵉ témoin. — Jean Maxime de la Bruyère, 30 ans, particulier à Auteuil.

Le 10 janvier dernier, on m'a dit vers 3 heures que le prince venait de tuer Victor Noir. Je me rendis chez le prince qui me dit : « J'ai été insulté et frappé chez moi par deux individus et j'en ai blessé un.., c'est un malheur ! » Alors je lui ai demandé comment cela était arrivé. Il m'a fait le récit de la scène.

Le témoin reproduit ce récit qui n'est que la reproduction de la déclaration faite par le prince. Ce récit affirme que Noir a souffleté le prince et que ce dernier n'a tiré sur Fonvielle que parce que celui-ci le tenait en joue avec son pistolet. Bonaparte a montré au témoin la note qu'il avait écrite pour préciser les faits.

D. Le prince vous a t-il montré la trace d'un coup?

R. Oui, la joue était rouge, et quelques jours après, quand j'ai vu le prince à la Conciergerie, la peau était marbrée.

D. C'était un coup de poing ou un soufflet?

L'accusé. — Un coup de poing, la main de l'agresseur était fermée.

D. Vous êtes sûr que le prince vous a dit avoir vu le pistolet de Fonvielle avant de tirer lui-même?

R. Très-sûr, et je crois le prince trop loyal pour n'avoir pas dit la vérité à un ancien ami.

Me Laurier. — La visite du docteur Pinel a été antérieure à celle de La Bruyère?

L'accusé. — Oui, monsieur le président.

11e témoin. Adolphe-Paul de Cassagnac, 22 ans, homme de lettres, à Paris;

Dès le samedi soir, le prince m'avait prié de bien vouloir lui servir de témoin dans un duel qu'il devait avoir avec M. Tomasi. J'écrivis à celui-ci qui me répondit quelques jours plus tard. Le dimanche, je suis allé chez lui et nous avons fait ensemble la lettre qui a été adressée à M. Rochefort. Le lendemain, j'appris vers quatre heures que Victor Noir avait été tué par le prince. Je saute en voiture avec le capitaine Casanova et M. de la Garde, non-seulement pour savoir ce qui s'était passé dans la maison, mais encore pour y tenir garnison et protéger contre l'agression du dehors la femme et les enfants qui se trouvaient là.

Pendant la conversation, je dis au capitaine Casanova: Qu'a-t-il donc à la joue? Il y avait une trace de coup, de la grandeur de la paume de la main.

Je dois ajouter que le prince a, comme moi, l'habitude de porter un pistolet toujours sur lui.

Me Floquet. — Où était la trace?

R. Comme je ne savais pas qu'on nierait le coup, je n'ai pas fait attention.

D. A peu près?

R. Tout le tour de la figure.

D. Le dimanche, M. de Cassagnac n'a-t-il pas fait un assaut d'arme avec le prince?

R. Non. J'avais reçu quelques jours auparavant un coup de sabre d'un ami qui m'interdisait tout mouvement.

D. C'est que je croyais que le coup de sabre avait été donné par le prince.

R. Oh non! j'ai le plaisir de déclarer qu'il n'a pas voulu m'assassiner.

D. Je n'ai pas dit cela. Je fais des questions topiques et convenables. Je désire que les réponses soient faites de même.

Me Leroux. — A quelle heure la lettre à M. Rochefort a-t-elle été mise à la poste?

R. Je ne pourrais le préciser.

12e témoin. Pierre Casanova, 54 ans, capitaine en retraite.

Je connais le prince depuis longtemps et je lui suis trèsdévoué. Le 10 janvier, vers quatre heures, j'étais devant le café de la Paix avec quelques amis, on nous apprit ce qui venait de se passer.

Je me rendis aussitôt à Auteuil avec M. de Cassagnac, et M. Henri de la Garde. Le prince avait une tache violacée à la figure. Je lui ai dit : « Monseigneur, je suis heureux de vous donner la main. » Il me répondit : « Ce n'est pas moins une affaire bien malheureuse. » J'ai revu le prince deux jours après à la Conciergerie ; la trace du coup était toujours sur la figure. Le docteur Morel l'a constaté devant moi.

Il est une heure et demie. L'audience est suspendue.

Elle est reprise à deux heures.

13e témoin. Jean della Rocca, 37 ans, commissaire inspecteur de la librairie au ministère de l'intérieur, à Paris.

Au mois de novembre dernier, un journal intitulé la *Revanche de Corse* fut fondé par M. Tomasi. C'était un homme violent, et les événements l'ont bien prouvé....

M. le président. — N'entrez pas dans des personnalités.

R. Il a fait un article sur Napoléon Ier. Il y a dit qu'il regrettait que l'aigle n'eût pas été écrasé dans son œuf.

D. N'insistez pas sur ces détails.

R. Cet article a soulevé l'indignation générale de la Corse. Je m'en suis fait l'expression dans un article qui faisait l'éloge de l'influence des Napoléons sur les destinées de la Corse. Neuf mille personnes m'en ont félicité et le prince a écrit une lettre pour me complimenter.

L'article du prince a paru le 29 décembre. Le 5 janvier, M. Tomasi y a répondu par un article qui a produit en Corse une très-vive sensation. Cet article est arrivé à Paris le 8.

Le prince, qui était très-grossièrement attaqué, me demanda de lui servir de témoin et d'aller provoquer M. Tomasi avec M. Paul de Cassagnac.

Je consentis. M. de Cassagnac consentit aussi. Nous passâmes avec le prince la journée du dimanche. Le lundi j'ai été prévenu par une dépêche de ce qui était arrivé.

Je cours à Auteuil. La maison était cernée par des sergents de ville. J'entrai ; on m'apprit que deux hommes étaient venus attaquer le prince et qu'il en avait tué un.

Quelques jours après la *Marseillaise* m'a accusé d'être complice d'un guet-apens contre Victor Noir parce que mon journal avait rendu compte du fait le jour même.

4

Il faut que j'ajoute un fait : M. Cucheval-Clarigny, rédacteur de la *Presse*, m'a dit quelques jours plus tôt : « Je ne m'étonne pas de ce qui est arrivé à Auteuil. Il n'y a pas longtemps, un de mes collaborateurs, M. Georges Maillard, a rencontré Victor Noir qui lui a dit : Je suis de mauvaise humeur..., je cherche une querelle et je n'en trouve pas.... J'ai envie d'étrangler quelqu'un.

M. le président. — Ce sont des faits dont il n'a pas été question dans l'instruction et que nous ne pouvons pas vérifier.

D. Avez-vous vu la trace d'un coup sur la figure du prince ?

R. Oui, très-bien.

Mᵉ Leroux. — Le numéro du journal corse du 29 décembre a-t-il été envoyé à la *Marseillaise* ?

R. J'ai écrit l'adresse de ma main sur la bande du journal.

D. Monsieur Millière, avez-vous reçu ce journal ?

R. Je ne dis pas qu'il n'a pas été envoyé, mais je ne l'ai pas reçu, moi personnellement.

D. Saviez-vous qu'il y eût une polémique entre les deux journaux ?

R. Je l'ignorais ; mais je connaissais les articles de la *Marseillaise*.

Quatorzième témoin. Félix-Théodore de Grave, 47 ans, journaliste à Paris.

Le 10 janvier, j'étais dans les bureaux du *Figaro* quand on est venu nous apprendre que Victor Noir avait été tué par le prince. Je courus en voiture chercher un autre ami du prince, M. de la Bruyère. Ce dernier me dit : « Il faut qu'on ait bien insulté le prince pour le pousser à un tel acte de violence ! »

Nous prîmes une voiture, nous allâmes à Auteuil. Le prince me dit, en me montrant sa joue gauche : « Voyez, ils m'ont frappé au visage ! » Je lui dis : « Monseigneur, je ne viens pas seulement en ami, je viens aussi en journaliste ; j'aurai sans doute à raconter ce qui s'est passé ici. Racontez-moi, je vous en prie, je vous adjure, toute la vérité. »

Le prince alors me fit le récit de ce qui s'était passé. (Le témoin refait ce récit.) Il m'a donné ensuite une déclaration écrite qu'il avait préparée pour la justice. On avait fait pour moi une copie de cette pièce. J'ai pris l'original et j'ai laissé la copie.

D. Le prince vous a dit qu'il avait vu Fonvielle un pistolet à la main avant de tirer lui-même?

R. J'en suis sûr.

D. Vous avez gardé l'écrit du prince?

R. Je l'ai sur moi. C'est le même qui a été publié dans le *Figaro*.

D. Vous avez vu la trace du coup?

R. Je l'ai vue.... Elle était très-apparente : c'était une tache rouge qui faisait une courbe près de l'oreille. Huit jours plus tard on voyait encore la tache à la prison de la Conciergerie.

Me Démange. — Et M. de Cassagnac a-t-il vu la trace?

M. de Cassagnac. — Parfaitement; c'était sur la joue.

M. de Grave remet à M. le président l'écrit du prince. On le présente à ce dernier, qui le reconnaît.

M. le président en donne lecture.

I. — Ils se sont présentés, d'un air menaçant, *les mains dans les poches* ; ils m'ont remis la lettre que voici :

À messieurs Ulric de Fonvielle et Victor Noir, rédacteurs de la MARSEILLAISE.

Mes chers amis,

Voici un article récemment publié, avec la signature de M. Pierre-Napoléon Bonaparte et où se trouvait, à l'adresse des rédacteurs de la *Revanche*, journal démocratique de la Corse, les injures les plus grossières.

Je suis l'un des rédacteurs fondateurs de la *Revanche*, que j'ai mission de représenter à Paris.

Je vous prie, mes chers amis, de vouloir bien vous présenter en mon nom chez M. Pierre-Napoléon Bonaparte, et lui demander la réparation qu'aucun homme de cœur ne peut refuser dans ces circonstances.

Croyez-moi, mes chers amis, entièrement à vous.

PASCHAL GROUSSET.

II. « Après la lecture de cette lettre, j'ai dit : Avec M. Rochefort, volontiers; avec un de ses manœuvres, non! »

III. — « Lisez la lettre, » a dit le grand (Victor Noir) d'un ton....

IV. — J'ai répondu : elle est toute lue; en êtes-vous solidaires?

V. — J'avais la main droite dans la poche de droite de

mon pantalon, sur mon petit revolver à cinq coups; mon bras gauche était à moitié levé, dans une attitude énergique, lorsque le grand m'a frappé fortement au visage.

VI. — Le petit (M. Ulric de Fonvielle) a tiré de sa poche un pistolet à six coups. J'ai fait deux pas en arrière, et j'ai tiré sur celui qui m'avait frappé.

VII. — L'autre s'est accroupi derrière un fauteuil et de là cherchait à me tuer, mais il ne pouvait armer son pistolet. J'ai fait deux pas sur lui, et je lui ai tiré un coup, qui ne doit pas l'avoir atteint. Alors il s'est sauvé, et il gagnait la porte; j'aurais pu tirer encore, mais comme il ne m'avait pas frappé, je l'ai laissé aller, bien qu'il eût toujours son pistolet en main. La porte restait ouverte.

Il s'est arrêté dans la chambre voisine, en tournant son pistolet contre moi; je lui ai tiré un second coup, et enfin il est parti.

D. Vous n'avez pas demandé pourquoi le prince avait tiré sur Noir plutôt que sur M. Fonvielle?

R. Si. Il m'a répondu: J'ai songé à venger l'outrage avant de penser au danger.

Me Laurier. — L'accusé voudrait-il mimer ce qu'il appelle un geste énergique?

L'accusé. — J'ai fait comme cela. (L'accusé renouvelle le geste fait précédemment).

15e témoin. Pierre-Honoré Pinel, quarante neuf ans, docteur en médecine.

Je me trouvais dans le voisinage de la pharmacie où on a porté le corps de Victor Noir. Il était complétement vêtu et avait des gants noirs. Je constatai d'abord que la mort était le résultat d'un coup d'arme à feu et que la mort avait dû être instantanée. La pointe du cœur était atteinte. La balle était restée dans la plaie.

Pendant que je faisais ces constatations, je fus appelé pour aller chez le prince Pierre constater qu'il avait reçu un soufflet. C'est le docteur Morel qui me demandait de venir faire cette constatation. Cela m'étonna, mais je ne voulus rien refuser à un confrère. J'allai avec lui.

Quand j'entrai, le prince me dit d'abord: « Monsieur, qu'a le blessé? »

J'ai répondu: « Monsieur, il est mort! » La princesse me jeta un regard étonné et me pria de répéter. Je répétai: « Il est mort! » Le prince me présenta alors un papier en me demandant: Connaissez-vous cela? » Je lui dis: « Ce n'est pas là le but de ma visite. » Il reprit : « Des témoins sont venus, armés, pour me provoquer. Voici l'étui du pistolet et la canne à épée.... » Je l'engageai à conserver précieusement ces pièces de conviction.

D. Avez-vous constaté la trace d'un coup sur la figure du prince ?

Le témoin, au lieu de répondre, fait signe qu'il est indisposé. La chaleur excessive de la salle le dérange. On le fait asseoir quelques minutes, après lesquelles il répond :

R. Le prince était très-exalté. « Que feriez-vous à ma place ? » dit-il. Je répondis : « Je me constituerais prisonnier. » Il me dit : « J'ai écrit à Conti. » Je lui ai dit : « Monseigneur, n'avez-vous pas reçu un coup ? » Il m'a dit : « Non, non, ce n'est rien. » J'insistai. Il répéta : « Non, non, ce n'est rien. » Le docteur Morel insista avec moi. Le prince alors s'approcha et nous montra derrière l'oreille une ecchymose ayant les dimensions d'une pièce de quarante sous, sur la région mastoïdienne. Je n'ai rien constaté sur la région faciale. Quand je lui ai annoncé la mort de Noir, il est devenu très-pâle. Cette révolution morale a pu faire disparaître la trace du coup. Quant à la tache derrière l'oreille, elle n'avait pas du tout l'apparence d'un coup fait avec une main.

D. Il n'y avait pas de trace sur la figure ?

R. Non, mais derrière l'oreille.... là. (Le témoin indique la place.)

D. Cela ressemblait-il à un soufflet ?

R. C'est bien difficile, à moins que ce ne soit une main ornée d'une forte bague.

M. de la Bruyère est rappelé.

D. Où était la trace du coup que vous avez remarquée sur la figure du prince ?

R. En avant et presque au-dessus de l'oreille.

M. Pinel. — La trace que j'ai vue n'appartenait pas à un coup récent.

M. Paul de Cassagnac est rappelé.

D. Où s'étendait la trace que vous avez constatée ?

R. Sur une grande partie de la figure, très en bas devant la joue.

M. Casanova est rappelé. Il déclare que la trace était sur le milieu de la joue, près de l'oreille.

M. de Grave indique le même endroit.

L'accusé montre lui-même le milieu de la joue comme ayant porté la trace.

D. Vous aviez une ecchymose derrière l'oreille?

R. Non, M. le président.

D. (au témoin M. Pinel.) Comment pouvez-vous vous tromper à ce point?

R. Je ne me trompe pas. J'ai très-bien vu la trace derrière l'oreille et rien sur les joues.

M⁰ Laurier. — Les gants de Victor Noir, au moment où vous avez visité le corps, n'étaient-ils pas fermés et intacts?

R. Oui, ils étaient fermés par des tirettes et non par des boutons.

D. Mais ils étaient intacts et fermés?

R. Parfaitement.

M⁰ Demange. — Avez-vous constaté sur le visage de Noir une trace de coup?

R. Aucune, je puis l'affirmer.

D. N'y avait-il pas de trace?

R. Pas la moindre.

D. La mort n'a-t-elle pas empêché la trace de se produire?

R. Je crois qu'elle ne l'aurait pas empêchée.

Seizième témoin. — Jean-Louis Louis Morel, soixante et un ans, docteur en médecine à Paris.

Je voyais le prince depuis quelque jours pour une indisposition qu'il avait. Le 10 au matin, quand je suis allé le voir, il était couché, c'est-à dire qu'il était étendu sur sa chaise-longue avec un large pantalon et des bottes très-larges.

Je lui ai fait une prescription. Si vous voulez, je vais vous la lire. (Rires.)

J'avais quitté le prince depuis un quart d'heure, et je repassais devant sa maison quand j'ai vu un rassemblement. Je montai.

Le prince me dit que deux hommes étaient venus chez lui et l'avaient insulté. Il m'a dit : J'en ai tué un, qu'auriez-vous fait à ma place? J'ai répondu : Monseigneur, vous connaissez mon caractère, à votre place je les aurais tués tous les deux. (Longue et bruyante interruption.)

D. Vous avez vu une trace de coup sur la figure du prince?

R. Oui, elle avait la grandeur d'une pièce de trois francs. (Rires.) Je l'ai parfaitement vue. Le prince m'a dit : On dit qu'il est mort, allez donc voir si c'est vrai et vous lui donnerez des soins. (Rires.) Je suis allé chez le pharmacien. Il y avait quelqu'un qui riait. Je lui dis : « Ne riez pas... un malheur est toujours une chose déplorable. » J'ai vu chez le pharmacien mon confrère le docteur Pinel qui est venu avec moi constater la blessure du prince. Il l'a très-bien vue. La trace allait sur la joue et peut-être bien s'est étendue jusqu'à la région mastoïdienne. La veille, le prince m'a dit : Guérissez-moi, parce que je ne veux pas éternuer en ce moment, je vais me battre avec Rochefort et vous m'accompagnerez. Je l'aurais accompagné.... comme médecin. (Rires.)

D. Le docteur Pinel n'a pas vu de trace sur la figure.

R. S'il dit cela, il ne parle pas selon sa conscience....

Mᵉ Laurier. — La visite a-t-elle été faite par les deux médecins en même temps ?

R. Non. La première constatation a été faite par moi tout seul.

D. Et vous avez vu le prince avec lui ?

R. Avec lui.

D. Comme lui ?

R. Comme lui.

Mᵉ Laurier. — Très-bien.

En répondant à ces questions, le docteur Morel se tourne vers le banc des avocats de la partie civile et gesticule avec une vivacité extraordinaire, en donnant à sa voix des accents de colère qui excitent une vive hilarité dans l'auditoire.

M. le président engage le public à s'abstenir de ces rires qui nuisent à la dignité de la haute cour.

D. Vous avez vu la canne à épée ?

R. Oui, elle n'était ni ouverte, ni fermée. Cela peut paraître bien singulier, une porte, dit-on, doit être ouverte ou fermée ; mais une canne.... (Hilarité.)

D. Le coup reçu par le prince a-t-il pu être produit par des boutons de chemise ?

R. C'est possible... par des boutons assez forts.

Les deux témoins qui suivent, MM. Bergeron et Tardieu, ne répondent pas à l'appel de leur nom. On entend le dix-septième témoin, Isidore Villion, 51 ans, menuisier à Paris.

Le 5 janvier, je me trouvais dans une boutique du voisinage, chez M. Prud'homme, où j'achetais un mètre de drap, deux individus que je ne connais pas et qui étaient dans la boutique ont dit : Vous savez, il va se passer quelque chose de drôle. On va aller provoquer le prince Bonaparte, et s'il ne veut pas se battre, on le tuera chez lui... Ce sont des affidés de Rochefort. C'est tout ce que je sais.

Dix-huitième témoin. Antoine Jobard, 30 ans, employé de commerce chez M. Prud'homme à Paris.

D. Que savez-vous?

R. Rien du tout.

D. C'est devant vous qu'on a tenu un propos relatif à une scène qu'on devait aller faire chez le prince Pierre?

R. Jamais. Je sais ce que vous voulez dire. On a attribué ce propos à M. Rimboux, mais il n'a rien dit de pareil.

Le témoin précédent, rappelé, maintient son dire.

M. Jobard. — C'est faux!

M. Villion. — C'est vous qui êtes en faux!

M. le président. — Retirez-vous.

Dix-neuvième témoin. Henri Rimboux, 31 ans, employé de commerce à Paris.

D. Vous avez tenu le 5 janvier, chez M. Prudhomme, un propos relatif au prince Pierre?

R. C'est absolument faux. Comment aurais-je pu parler du prince Pierre? Je ne savais même pas qu'il existât.

Le témoin Villion. — C'est vous, je vous reconnais.

M. Rimboux. — Vous mentez!

M. le président, — Retirez-vous.

20e témoin, Daniele Morin, ouvrière, quarante-deux ans.

Le 5 janvier, M. Villion m'a dit qu'il venait de chez M. Prudhomme, marchand de draps, rue des Bons-Enfants, et que là on avait dit, devant lui, que des gens allaient chez le prince Pierre pour le provoquer, et que s'il refusait de se battre on le tuerait.

D. Connaissez-vous M. Villion?

R. Oui, c'est un menuisier.... il vit de son état.

21e témoin. — Jules Fourquin, ébéniste, cinquante-huit ans, était avec Mme Morin quand M. Villion est venu lui répéter le propos qu'il avait entendu, rue des Bons-Enfants, chez M. Prudhomme.

M. Rimboux. — Comment aurais-je pu deviner à l'avance ce qui allait se passer? C'est invraisemblable.

22e témoin. Ambroise Tardieu, cinquante-deux ans, docteur en médecine à Paris.

D. Vous avez été chargé de l'autopsie de Victor Noir?

R. M. Bergeron et moi, nous avons constaté que la mort était le résultat d'un coup de feu. Le cadavre était vêtu d'un pantalon et d'une chemise. Ses mains étaient gantées. Il n'y avait pas de trace de lutte. Le cœur avait été atteint en plein. Il n'y avait ni brûlure, ni coloration de poudre sur la peau.

Le trou était très-petit. On a dû tirer à une distance d'un mètre au moins.

D. Y avait-il des traces de coups ailleurs?

R. Nulle part surtout sur la figure. J'ai examiné après cela le vêtement de M. de Fonvielle. Il y a au paletot quatre trous, le revers de l'habit a été percé en deux endroits et le collet également. Les trous ne sont pas de la même forme. L'ouverture d'entrée est arrondie, l'ouverture de sortie est anguleuse. La balle est entrée par-dessous, entre le paletot et la redingote et est sortie par le collet. Le coup a été tiré à une certaine distance.

D. Vous avez constaté la trace d'un coup sur l'accusé?

R. Tardivement. M. Noir n'avait pas de bague, mais il avait à la chemise de gros boutons de nacre. Un coup porté avec le poing fermé aurait pu aussi produire, sans corps étranger, une ecchymose semblable à celle que le docteur Morel a constatée.

Un juré — Le trouble moral éprouvé par le prince en apprenant la mort de Noir a-t-elle pu faire disparaître la trace d'un coup.

R. Oui, elle peut faire disparaître la coloration de la peau, mais pas l'extravasion du sang.

Me Laurier demande que M. de Fonvielle revête son paletot pour bien faire voir la direction du coup.

M. le procureur général. — C'est trop juste.

M. le président. — Tout à l'heure. Si Noir avait été frappé au visage, la mort aurait-elle pu faire disparaître la trace du coup?

R. Oui, surtout à cause de la grande perte de sang résultat de l'hémorragie.

M. de Fonvielle appelé, revêt son paletot, et fait le geste de prendre son revolver dans sa poche. Il se pose comme il était quand le prince a tiré sur lui.

M. de Fonvielle. — Il est étrange que ce soit la première fois qu'on me permette de mettre ce paletot pour faire la démonstration.

M. Tardieu. — C'eût été utile, mais ce n'est pas ma faute.

Me Laurier. — Si M. de Fonvielle avait eu son paletot boutonné, il aurait été touché, n'est-ce pas?

M. Tardieu. — Évidemment.

Me Laurier. — Cela prouve absolument que le coup a été porté au moment juste où M. de Fonvielle cherchait à prendre dans sa poche son revolver.

M. de Fonvielle. — Absolument.

D. Avant que vous ne cherchiez votre revolver, le paletot était-il boutonné?

R. Je ne le crois pas.

M. Tardieu. — Dans ma conviction, la balle qui a frappé M. de Fonvielle a été la troisième tirée pendant qu'il était debout.

M. le procureur général. — Il doit y avoir une erreur. La balle tirée dans la salle de billard a été trouvée.

M. de Fonvielle. — L'autre n'a pas été trouvée.

M. le président. — On l'a cherchée; elle s'est peut-être perdue dans l'étoffe et sera tombée plus tard sans que vous vous en soyez aperçu.

Me Leroux. — Si on avait tiré sur M. de Fonvielle, tandis qu'il mettait la main à la poche, n'aurait-il pas été blessé au bras?

M. Tardieu. — Ce sont des conjectures difficiles à préciser.

Vingt-troisième témoin. Georges Bergeron, 30 ans, docteur en médecine à Paris. — Il confirme la déposition du témoin précédent, qu'il a assisté dans la mission d'expertise que la justice a ordonnée sur le corps de Victor Noir. Sa déposition n'offre aucun intérêt.

Vingt-quatrième témoin. M. Mortreux, pharmacien, à Auteuil. — C'est le pharmacien chez lequel on a transporté le corps de Victor Noir, il parle très-bas, si bas qu'on ne l'entend pas.

M. le président. — Élevez la voix.

R. On l'a apporté. Il y avait avec lui M. Grousset et puis M. de Fonvielle et M. Sauton. C'est chez moi qu'il est mort.

M. Grousset a envoyé M. Sauton devant la grille pour attendre les témoins de M. Rochefort qui devaient venir. « On les tuerait aussi, » disait-il. De Fonvielle nous a raconté la scène qui s'est passée et nous a montré la trace de la balle qui avait été tirée sur lui par le prince.

On a dit que, dans ma pharmacie, M. de Fonvielle ou un autre aurait dit que le prince avait reçu un coup. Je nie formellement cela.

Le propos n'a pas été tenu. Je l'aurais entendu, puisque je n'ai pas quitté ma pharmacie une seule minute.

Me Laurier. — Dans quel état étaient les gants de Noir?

R. Ils étaient intacts et fermés.

Vingt-cinquième témoin. M. Samazeuilh, médecin à Paris.

Mme Mortreux me fit prévenir qu'on venait d'amener chez elle un monsieur très-grièvement blessé. J'y courus sans même prendre mon chapeau. Le blessé était couché dans la pharmacie ; il était excessivement pâle. Je le fis transporter dans un cabinet, où on lui mit la tête sur l'oreiller. Il était mort.

Une demi-heure après, le secrétaire du commissaire de police arriva avec mon confrère Pinel. C'est lui qui a fait les constatations médicales.

Un peu plus tard. M. Morel me dit que le prince avait été frappé violemment. Je l'engageai à faire constater le fait par le docteur Pinel. Il y est allé. Je ne sais pas ce qui s'est passé entre eux.

Le témoin répète le récit que M. de Fonvielle lui a fait dans la pharmacie sur ce qui s'était passé dans la maison de la rue d'Auteuil. Il rappelle que le prince a dit « charogne », que Victor Noir avait été frappé....

D. Y avait-il trace de coup ?

R. Non. J'en ai fait l'observation. On m'a dit : Noir a élevé la main pour parer le coup et le coup de pistolet est parti presque en même temps. Le soufflet a été envoyé, mais il n'est peut-être pas arrivé à destination.

D. Fonvielle vous a dit : Un gaillard comme cela ne se laisse pas donner un soufflet.

R. Non pas. C'est moi qui ai fait cette observation.

D. Vous connaissiez Noir?

R. Nous n'étions pas liés, mais je le connaissais ; on nous avait présentés l'un à l'autre.

Me Laurier. — Les gants étaient intacts ?

R. Tout à fait.

Me Demange. — M. de Fonvielle a t-il affirmé que Noir avait reçu un soufflet violent?

R. Il m'a parlé d'un soufflet, mais je n'oserais pas préciser les termes exacts ; un soufflet a été donné, peut-être n'a-t-il pas été reçu.

26e témoin. Jacques Roustan, trente-cinq ans, facteur de la poste à Auteuil. — C'est le témoin à qui M. de Fonvielle a remis son revolver, rue d'Auteuil, en lui faisant constater qu'il n'avait pas tiré.

D. Était-il armé?

R. Le pistolet? Oui. M. de Fonvielle m'a dit qu'il ne pouvait pas le désarmer.

D. Il n'a pas dit autre chose?

R. Non.

D. N'a-t-on pas dit : Mon pistolet a raté.... ou n'a pas voulu partir?

R. Non.

D. Pouvait-on tirer avec ce pistolet, dans l'état où il était?

R. Il me semble que oui.

M. de Fonvielle. — Mon pistolet était armé et j'aurais pu m'en servir. J'avais mal à la main et je ne pouvais pas le désarmer, n'ayant qu'une main libre, c'est pour cela que je l'ai remis au facteur. J'avais peur en le désarmant de faire partir le coup.

27e témoin. Frédéric Valladon, vingt-six ans employé à Paris.

J'ai vu M. Fonvielle qui sortait de chez le prince en criant « à l'assassin ! » J'ai vu M. Noir par terre et j'ai dit à M. de Fonvielle : Si cela avait été moi, j'aurais vengé mon ami et j'aurais tué le prince raide comme balle.

M. de Fonvielle m'a dit : Il nous a appelés « manœuvres; » alors Noir s'est avancé et a dit : « Qu'entendez-vous par manœuvres? » et il a levé la main pour souffleter le prince.

L'audience est levée à cinq heures et renvoyée à demain onze heures du matin.

Audience du 23 mars.

A onze heures, on fait l'appel des jurés.

A onze heures dix, l'audience est ouverte.

L'audition des témoins est reprise.

28e témoin. Vincent Natal, trente-six ans, rentier, demeurant à Auteuil.

Le témoin, qui parle un langage baragouiné d'anglais, dépose :

Vers les sept heures du soir, le 10 janvier, j'étais à Auteuil. Je suis allé chez le pharmacien pour savoir des particularités. J'ai vu là un monsieur qui s'est dit rédacteur du *Moniteur universel*, M. Morel. Il m'a dit : Ils ont souffleté le prince, et le prince leur a tombé dessus. Mais il n'a pas dit qu'il le savait, ni moi non plus. Les gens qui avaient dit cela, c'étaient MM. Sauton, Grousset et Fonvielle.

D. Quelle est la personne qui vous a dit cela?

R. C'est M. Mortreux, le pharmacien. J'ai compris que

c'était Noir qui avait frappé le prince. Je connais trop le prince pour le croire capable de frapper.

D. Vous habitez Auteuil depuis longtemps?

R. Il y a cinq mois.

Mᵉ Floquet. — Je demande qu'on rappelle M. Mortreux.

M. Mortreux. — Ce qu'a dit monsieur n'est pas vrai du tout. Monsieur qui parle mal le français le comprend de même. S'il a quelque bonne foi, il dira qu'il n'est pas bien sûr de ce qu'il a dit.

Le témoin. — Je suis parfaitement sûr. Si M. Mortreux a la bonté de se rappeler, il dira oui.

M. Mortreux. — J'affirme le contraire absolument. C'est aussi contraire au bon sens qu'à la vérité. (Bruit dans la salle.)

M. le président. — J'invite le public à accueillir avec respect la déposition des témoins, ou je fais évacuer la salle.

Le témoin. — M. Mortreux n'a pas dit que M. Noir avait frappé le prince. Il a dit : « On lui a donné un soufflet. » J'ai deviné que c'était Victor Noir.

M. le président. — C'est catégorique.

M. Mortreux. — Mon démenti est aussi catégorique que son affirmation.

29ᵉ témoin. Alfred-Octave Vachter, trente-sept ans, journaliste à Paris. — Je ne sais absolument rien de l'affaire d'Auteuil. Le 11 janvier au matin, je me rendis au *Constitutionnel*. M. Langlé me demanda ce que je pensais de l'article de Fonvielle publié dans la *Marseillaise*. Je lui ai répondu :

« Il ne m'inspire pas de confiance. » Je n'ai pas voulu parier, lorsqu'au mois d'août, M. de Fonvielle était en police correctionnelle, mais ici je vais tout vous dire. Quand M. de Fonvielle a été témoin de M. Flourens dans son duel avec M. de Cassagnac, il a publié une lettre où il disait que M. de Cassagnac avait eu mal au ventre pour ne pas se battre. C'est un acte déloyal. Ce qui l'est aussi, c'est un propos que m'a dit un jour M. de Fonvielle. Comme il me racontait une histoire au sujet de certaines personnes qui ont joué un rôle dans les événements de 1851, je lui dis : « C'est une calomnie. — Bah! m'a-t-il répondu, la calomnie est une arme dont nous avons le droit de nous servir contre des ennemis politiques qui se sont conduits si indignement avec nous. »

Je cite ces deux faits pour prouver que M. de Fonvielle ne doit pas être cru sur parole quand il affirme quelque chose. Je dois ajouter cependant que ce propos m'a été fait confidentiellement, dans une conversation amicale et qui n'avait pas de portée.

M⁰ Leroux. — Vous connaissez Victor Noir? Quel était son caractère?

R. Je n'aime pas parler des morts.

D. Vous avez dit dans l'instruction : Je tiens le récit du prince exact, vu les habitudes de brutalité de Victor Noir.

R. Je ne le connaissais pas.

M. le président. — Ne faisons pas d'observations générales. Il y a là un sentiment de convenance que tout le monde comprendra.

M⁰ Laurier. — Il résulte de la déclaration du témoin qu'il ne connaissait Victor Noir que de vue.

R. Je ne le connaissais pas assez pour me prononcer sur son caractère.

Trentième témoin. — Charles-Louis Darnaud, sergent de ville à Paris.

Le jour de l'affaire, je suis allé chez le prince. Il était dans sa chambre à coucher. Le nommé Gofferit est allé le chercher. Il est venu dans le salon et s'est assis sur le canapé. Il m'a dit que deux hommes qu'il ne connaissait pas étaient venus chez lui et l'avaient insulté et frappé. J'ai regardé sa figure; elle était rouge près de l'oreille.

Il m'a prié d'aller chercher le commissaire de police et ses agents pour pourvoir à sa sûreté. Il a ajouté qu'il avait tiré sur un inconnu. Je suis sorti; arrivé dans la rue, je me suis arrêté devant la pharmacie, où le secrétaire m'a dit de rester pour empêcher le public de s'attrouper.

A quatre heures, j'ai accompagné le corps de Victor Noir qu'on transportait chez lui.

En route, nous avons rencontré Louis Noir. MM. Sauton et Grousset sont allés à lui et ont voulu lui donner la main. Il a dit : « C'est inutile, je connais l'affaire, laissez-moi tranquille. »

Il a voulu nous arrêter pour voir le corps.

D. A quelle heure êtes-vous arrivé chez le prince?

R. A deux heures moins cinq minutes.

D. Et vous avez vu la trace du coup?

R. Ça en avait l'air. La joue était toute rouge.

D. Pourquoi êtes-vous allé chez le prince?

R. Son palefrenier Ernest est venu me chercher de sa part pour que je défende sa maison.

D. Vous êtes arrivé le premier?

R. Le premier de la police toujours.

Trente et unième témoin. — Pierre-Louis Balagnon, 50 ans, brigadier de sergents de ville à Paris.

L'agent Darnaud m'a raconté que le prince Pierre Bonaparte avait tué un homme. J'allai chez le pharmacien. En route nous avons rencontré M. de Fonvielle qu'on conduisait au poste. J'ai dit : « Attendez-moi, je vais venir au poste. » Je suis allé chez le pharmacien où j'ai vu M. Grousset qui m'a dit :

« J'avais envoyé deux amis chez le prince pour demander raison d'un article publié dans un journal corse, et il en a tué un. » Je suis allé chez le prince qui me dit que deux inconnus étaient venus l'insulter et le frapper. Le docteur Morel m'a fait remarquer qu'on voyait la trace du coup sur la figure du prince. Celui-ci m'a raconté ce qui s'était passé. Je suis retourné au poste où m'attendait M. de Fonvielle qui m'a raconté aussi ce qui s'était passé. Il y avait dans les deux récits cette différence que le prince disait avoir été frappé et que M. de Fonvielle disait au contraire que le prince avait frappé Victor Noir avant de le tuer. Cependant j'ai compris que Noir avait fait un geste qui était une menace de soufflet.

A cinq heures quarante-cinq minutes, des individus, après avoir cherché à enfoncer la porte de la maison du prince, sont entrés dans le jardin par une porte de derrière. L'agent Gallois qui était là les a fait se retirer.

D. Comment de Fonvielle a-t-il indiqué le geste de Noir?

R. Il mettait sa main droite en avant.

Mᵉ Demange. — Dans l'instruction vous avez dit : M. de Fonvielle m'a dit : « A ce propos, Noir froissé s'est avancé et (levant la main) vous comprenez.... »

Le témoin. — C'est bien cela, je me rappelle.

D. Quand avez-vous appris l'événement?

R. A deux heures dix minutes à peu près.

Trente-deuxième témoin. — Eugène Boissière, 39 ans, agent de police à Paris.

Le 10 janvier, j'ai vu rue d'Auteuil un monsieur qui me dit que le prince avait tué son ami.

Je suis allé sur sa prière chercher un médecin. Puis, arrivé chez le pharmacien, M. de Fonvielle m'a demandé d'aller chercher son chapeau et sa canne qu'il avait laissés chez le prince. Mon collègue m'a fait remarquer que ce n'était pas un moment d'aller chez le prince, et j'ai proposé à M. de Fonvielle de venir attendre le moment au poste. En route, il m'a dit : « Il lui a donné un soufflet. Mais je n'ai pas compris qui c'était qui avait donné ou reçu le soufflet.

M. le président. — Vous avez dit que c'était Noir qui l'avait donné.

Me Floquet (lisant). — « Noir s'est avancé en levant la main, et il lui a donné un soufflet. Je n'ai pas vu si M. Noir avait donné ou reçu un soufflet. »

M. le président. — Plus tard, il a précisé.

Me Floquet. — Oui, mais voici la première version.

33e témoin. Antoine Franceschini, 33 ans, agent de police à Paris.

M. de Fonvielle est arrivé à notre bureau et nous a fait un rapport sur ce qui s'était passé chez le prince Pierre Bonaparte. Il a dit que Noir s'est avancé sur le prince en faisant un geste, mais il n'a pas dit autre chose. Le prince a tiré sur lui. M. de Fonvielle s'est sauvé en se cachant derrière un fauteuil. C'est tout ce qu'il m'a dit.

34e témoin. Courtherol, 29 ans, brigadier de police à Paris, se trouvait dans le bureau de police d'Auteuil en même temps que le témoin précédent. Il dépose aussi que M. de Fonvielle racontant ce qui s'était passé chez le prince, s'est borné à dire, en imitant le geste, que M. Noir avait levé la main.

D. Qu'avez-vous compris par cela?

R. J'ai compris qu'il avait donné un soufflet ou qu'il avait eu l'intention d'en donner un.

Me Laurier. — Ou l'intention ! C'est cela.

35e témoin. Charles Souplet, 34 ans, agent de police à Paris, dépose sur les mêmes faits. Il dit seulement que, d'après les premières déclarations de M. de Fonvielle, le prince aurait dit aux témoins de M. Grousset : « Vous êtes des perturbateurs, des casseurs. »

Il ajoute : M. de Fonvielle m'a dit de constater qu'il avait reçu un coup de feu.

D. Vous a-t-il dit que Noir avait frappé le prince?

R. Il a dit qu'il avait levé la main, mais il n'a pas dit s'il avait frappé.

M. de Fonvielle (rappelé). — Je n'ai dit à ces hommes que ce que j'ai dit à tout le monde : Pierre Bonaparte a insulté Victor Noir, Pierre Bonaparte a frappé Victor Noir, Pierre Bonaparte a assassiné Victor Noir. Ils ne peuvent pas affirmer que j'ai dit autre chose.

M. le président. — Ils disent que vous avez fait un geste que votre ami aurait fait.

R. Ils ne peuvent pas le dire, car cela n'est pas vrai.

D. Ils n'ont pas combiné une invention comme celle-là. Ils n'ont pas d'intérêt...

R. (avec force). Je ne recherche pas leur motif. Je dépose selon ma conscience, je dis, j'ai dit la vérité.

Me Laurier. — M. Balagnon a-t-il rédigé sur l'heure le procès-verbal de cette déclaration si importante?

L'agent. — Oui.

Me Laurier. — Où est l'original de ce rapport?

M. le président. — Il est ici.

Me Laurier. — Non pas, c'est le double envoyé par l'agent à M. d'Oms le 18 janvier. L'original a été envoyé à la préfecture. Je voudrais savoir où il est. Qu'on nous le produise. Voici la lettre que le 28 janvier l'agent écrivait à M. d'Oms :

« Monsieur le président,

« Aujourd'hui j'ai pu avoir le double de mon rapport que j'ai formé le jour même de l'événement. Je désirerais que le rapport serve à ma déposition, car le double sera entre les mains du tribunal, et je me rappelle mieux des faits tels que je les ai écrits que tels que je les ai déposés devant vous.

« (Signé) BALAGNON. »

L'agent. — J'ai fait un rapport sur mon registre qui est à l'arrondissement.

Me Laurier. — Je demande que le rapport soit produit.

Me Leroux. — Vous avez la parole du témoin.

Me Floquet. — Oh! la parole du témoin.... Nous la discuterons.... Dans l'instruction, il n'y a pas trace de cette pièce. On a attendu que le système fût prêt pour apporter la preuve.

L'agent. — Ça se fait comme cela.

Me Floquet. — Parbleu!

36e témoin. Benoît Equinoxe (sic) Champagne, 37 ans, agent de police, à Paris.

Un M. Lechantre m'a dit que M. Fonvielle lui avait dit le

jour du meurtre : « Il a tué mon ami, mais il a reçu une fameuse giffle! »

D. Vous ne savez pas autre chose?

R. Rien.

37e témoin. Alphonse Lechantre, 27 ans, boucher à Auteuil.

Quand cette affaire est arrivée, j'entends crier : A l'assassin! je sors, et j'ai aidé à transporter le corps de Victor Noir. En route, j'ai entendu dire : « C'est égal, il a tué mon ami, mais il a reçu un fameux soufflet. » Je ne savais pas qui disait cela, mais chez le pharmacien j'ai reconnu la voix de M. de Fonvielle.

M. de Fonvielle est rappelé.

D. Vous avez entendu le propos du témoin?

R. Je n'ai rien dit de pareil.

Le témoin. — Oh! monsieur, je suis le premier témoin et je sais ce que j'ai entendu.

M. de Fonvielle. — Il ne m'a pas entendu. C'est absolument faux. (Avec énergie.) C'est absolument faux!... Je n'ai pas à répondre à cela. (Bruit dans l'auditoire.)

M. Lechantre. — Vous l'avez dit.

M. de Fonvielle. — Jamais.

M. le président. — Il n'y a que vous qui ayez pu dire cela.

M. de Fonvielle (avec force). — Je nie que j'aie dit cela.

M. le président. — Vous avez reconnu la voix de M. de Fonvielle?

Le témoin. — Je la reconnais encore.

D. Vous avez mis du temps à déclarer cela.

R. Ma foi, je ne croyais pas devoir me déranger pour cela. (Murmures.)

Me Floquet. — Le témoin qui a déclaré ces faits le 2 février, n'a-t-il pas été interrogé avant cela?

R. Non.

D. Il a été interrogé pourtant. C'est dans sa déposition du 2 février. Le témoin affirme ici qu'il n'avait pas été interrogé.

Me Leroux. — On l'a interrogé dans la rue, sur le marché.

Le témoin. — On ne m'a pas fait demander. Je n'ai pas été. Je ne croyais pas que cela fût intéressant pour le procès. Ce n'est que le 27 janvier que le sergent de ville Champagne m'a demandé si je ne savais rien; j'ai dit que c'était moi qui avais porté le corps de Noir. Alors on m'a fait appeler.

Me Laurier. — Vous n'avez pas été interrogé par le commissaire de police? Répondez oui ou non.

Le témoin. — Non.

Me Laurier. — A la bonne heure, c'est non.

Un juré. — Le témoin a-t-il réellement aidé à transporter le corps de Noir?

R. On m'a prié de donner un coup de main.

Trente-huitième témoin. Joseph Alexandre Mourgouin, 45 ans, architecte à Auteuil. — Je suis arrivé chez moi presque aussitôt après le fait, je suis voisin du prince. Comme je suis très-curieux, je suis sorti pour aller prendre des renseignements. On se bornait à me dire : « Il y a un mort, l'autre blessé. »

Plus tard, j'ai vu M. de Fonvielle qui m'a dit : « Le prince nous a dit : Je ne veux pas avoir affaire à des manœuvres. »

Noir a demandé : « Qu'entendez-vous par manœuvres? » Le prince a dit : « Ce sont des hommes payés. » Alors Noir a fait un geste.....»

Je ne puis pas devant la justice affirmer que M. de Fonvielle m'ait dit si Noir avait frappé ou non. Je ne puis pas le dire.

M. de Fonvielle m'a ajouté que le prince avait tiré sur lui aussi, et il m'a montré la trace de la balle dans son paletot.

D. Avez-vous cru que Noir avait frappé?

R. Dame! Si quelqu'un me disait que j'étais un manœuvre, un homme payé, n'importe quoi, je lui donnerais un soufflet.

D. C'est ce qu'on vous a dit?

R. C'est mon opinion... ma pensée, ce que j'aurais fait, moi.

M. le président (à M. de Fonvielle). — Vous avez entendu la déposition du témoin?

R. Je ne puis dire qu'une chose, c'est que je n'ai pas tenu ce propos.

Le témoin. — Rappelez-vous que vous m'avez parlé. Je suis un ancien militaire. Je vous ai parlé sans façon. J'avais un petit chapeau rond. Vous rappelez-vous?

M. de Fonvielle. — J'ai vu tant de monde ce jour-là !

Le témoin. — Vous m'avez dit cela.

M. de Fonvielle. — Jamais.

Le témoin. — Dans mon âme et conscience.

Trente-neuvième témoin. Jérôme Clicape, 27 ans, employé au ministère de la justice, dépose que M. Mourgouin, le précédent témoin, lui a répété le propos que lui aurait dit M. de Fonvielle que Noir avait donné au prince un bon soufflet.

Un juré. — Est-ce que M. Mourgouin n'a pas aidé à transporter le corps ?

R. Oui.

M. Mourgouin, rappelé, déclare qu'il n'a pas aidé à porter le corps. Il a suivi le corps. Ce sont des ouvriers qui l'ont transporté.

Me Floquet. — Le témoin a déclaré que c'était pendant qu'il transportait le corps que M. Mourgouin a entendu le propos.

M. le président. — Dans l'instruction ?

Me Floquet. — Non pas, ici à l'audience.

Un juré. — L'architecte connaissait-il le boucher qui a aidé à porter le corps ?

M. Mourgouin. — Non, M. Lechantre n'est pas ce qu'on peut appeler un voisin, c'est un boucher du marché.

Quarantième témoin. Théodore Carnet, trente-cinq ans, employé d'architecte.

Le témoin dépose que M. Mourgouin lui a dit avoir aidé à relever le corps de Noir et avoir entendu M. de Fonvielle dire : « Il a tué mon ami, mais il a reçu un fameux soufflet.»

Quarante-unième témoin. Georges Vinviollet, trente-un ans, architecte à Neuilly.

J'ai vu sortir de la maison du prince un homme qui levait les bras au ciel en criant : A l'assassin! Victor Noir était par terre. On l'a transporté chez le pharmacien. Après qu'il fut mort, M. de Fonvielle, pressé de questions par le public, a raconté ce qui s'était passé chez le prince.

Dans son récit, il m'a dit que Noir avait donné un soufflet au prince.

M. le président (à M. de Fonvielle). — Vous avez entendu ?

R. Je n'ai à répéter que ce que j'ai dit. Du reste, il y a des témoins qui viendront détruire toute la déposition de monsieur.

M. Vinviollet. — Je l'ai entendu.

M. de Fonvielle. — Je nie absolument. C'est faux.

M. Vinviollet. — En sortant de chez le prince, M. de Fonvielle criait: « Ah! canaille, si mon pistolet n'avait pas raté, je ne t'aurais pas raté. » Avant de recevoir le soufflet, le prince avait appelé Noir « charogne et crapule. » M. de Fonvielle m'a dit cela devant une dizaine de personnes dans la rue ; le pharmacien était dans sa boutique.

M⁰ Floquet. — Vous avez vu tomber Victor Noir et vous l'avez accompagné jusque chez le pharmacien. Dans le trajet avez-vous entendu M. de Fonvielle dire : « Il a tué mon ami, mais il a reçu un fameux soufflet ? »

R. Non.

D. Le facteur Roustan était-il là quand M. de Fonvielle a dit : « Ah ! lâche canaille, si mon pistolet n'avait pas raté ! »

R. Je ne l'ai pas aperçu.

Le témoin Roustan est rappelé.

D. Avez-vous entendu le propos attribué à M. de Fonvielle ?

R. Je n'ai rien entendu de ce genre. J'ai accompagné ces messieurs jusqu'à la rue Michel-Ange. Je n'ai rien entendu.

D. Si le propos a été tenu, c'est au moment où M. de Fonvielle sortait de la maison son pistolet à la main. Or, Roustan qui était là, n'a rien entendu.

Avez-vous entendu crier à l'assassin ?

R. Oui, c'est ce qui m'a attiré.

D. Vos souvenirs sont très-présents ?

R. Oh ! très-présents.

M. Vinviollet. — Je n'ai pas vu M. Roustan.

M. Roustan. — J'étais pourtant là le premier, c'est moi qui ai pris le pistolet.

Un juré. — Vous avez vu porter le corps ?

M. Vinviollet. — Oui.

D. Reconnaissez-vous M. Lechantre ?

R. J'ai vu ce monsieur dans Auteuil, mais je ne me rappelle pas s'il portait le corps.

Quarante et unième témoin. Claude Périnet, trente-six ans, secrétaire de commissaire de police à Paris.

— Un de mes voisins, M. Vinviollet, qui demeure dans la même maison que moi, m'a parlé de propos tenus par M. de Fonvielle. En sortant il aurait crié : « Ah ! la canaille, si mon pistolet n'avait pas raté, je l'aurais tué ! » Puis M. de Fonvielle doit lui avoir dit qu'ils avaient donné des soufflets au prince. M. Vinviollet m'a dit cela vers six heures du soir et m'a demandé comment il devait s'y prendre pour faire sa déclaration à la police. Il était trop tard. Il y est allé le lendemain matin, mais en attendant j'ai informé par écrit M. le commissaire de police d'Auteuil de ce qu'on m'avait dit, en ajoutant que le témoin se tenait à sa disposition.

Quarante-deuxième témoin. Jean-François Chaconet, quarante-deux ans, entrepreneur à Auteuil.

Je ne connais rien de direct sur cette affaire. Tout ce que je sais me vient d'un récit qui m'a été fait par M. Vinviollet. Il m'a dit que M. de Fonvielle lui a dit : « Mon ami est mort, mais le prince lui a donné un rude soufflet. »

Me Floquet. — Dans l'instruction, le témoin 'a dit n'avoir pas tenu les paroles de la bouche de M. Vinviollet, et n'être pas sûr que ce soit M. de Fonvielle qui ait parlé de soufflet.

R. Plusieurs personnes m'en ont parlé.

D. On vous a confronté avec M. Vinviollet, et vous avez maintenu que vous ne pouviez affirmer tenir le propos de lui.

Quarante-troisième témoin. Pierre Donnat, quarante-cinq ans, employé aux Ternes, a également entendu, et répète le récit que lui a fait M. Vinviollet.

Quarante-quatrième témoin. Pierre Archambauld, trente-sept ans, architecte à Auteuil.

— Quand j'ai été requis pour faire le plan de la maison d'Auteuil, je le soumis au prince d'abord en le priant de m'indiquer la position des personnages pendant le drame du 10 janvier. Ensuite M. de Fonvielle a fait avec moi le même.

M. le président. — Ceci n'est pas important. Les plans sont sous les yeux du jury.

L'audition des témoins cités par le ministère public est terminée.

M. le président. — L'audience est suspendue. A la reprise de la séance, nous entendrons les témoins de la partie civile.

Il est deux heures moins le quart. L'audience est reprise à deux heures et quart.

Témoins de la partie civile.

Premier témoin. M. Arthur Arnould, quarante-cinq ans, rédacteur de la *Marseillaise*.

Me Laurier. — Je voudrais que le témoin racontât ce qui a servi de préliminaires à l'événement.

C'est M. Millière qui a lu la lettre de Pierre Bonaparte qui provoquait M. Henri Rochefort. Il alla chez notre rédacteur en chef qui désirait que la rencontre eût lieu le jour même. Cela se passait le lundi dans la matinée. M. Millière perdit du temps à courir après moi et nous n'arrivâmes à Auteuil que lorsque Noir était mort. Nous avons voulu faire arrêter le meurtrier, les agents de police s'y sont refusés. Nous sommes remontés en voiture pour aller informer M. Rochefort de ce qui se passait. Nous ne l'avons pas trouvé au Corps législatif.

Deuxième témoin. M. Victor-Henri Rochefort, député de Paris.

L'entrée de ce témoin produit une profonde émotion dans l'enceinte. M. H. Rochefort entre accompagné de deux gendarmes. Tous les regards se tournent vers lui avec une avide curiosité. Les dames braquent leurs lorgnettes, quelques-unes agitent leurs mouchoirs. Les journalistes, amis de l'honorable député de la Seine, se pressent pour lui tendre la main.

Mᵉ Laurier. — Je voudrais que M. Rochefort nous fît connaître les faits relatifs à la provocation que lui a adressée le prince et aux circonstances qui ont précédé le meurtre de Noir.

M. Rochefort. — Le matin même du meurtre, je reçus la visite de M. Millière, directeur gérant de la *Marseillaise*, qui m'apportait une lettre envoyée à mon adresse par le prince Pierre Bonaparte. C'était une lettre très-grossière. Ceux qui ont le malheur d'avoir été sur le terrain savent qu'on a l'habitude d'envoyer des témoins à la personne qu'on provoque. Cette formalité n'a pas été observée. Le prince, au lieu de m'envoyer des témoins, m'invitait au contraire à lui en envoyer et il m'y invitait en disant que si je venais chez lui, rue d'Auteuil, 59, on ne me dirait pas qu'il n'était pas chez lui. Je ne m'attendais pas alors à un guet-apens. Cette provocation était de forme insolite, mais je ne m'arrêtai pas à ce détail et je chargeai deux de mes amis, M. Millière et M. Arnould, d'aller trouver le prince pour lui demander de désigner deux témoins avec lesquels ils arrangeraient le combat.

Ce n'est qu'à quatre heures que je sus ce qui était arrivé. Dans l'intervalle, convaincu qu'une rencontre était inévitable, j'informai mes collègues, MM. Gambetta et Arago, de la provocation que j'avais reçue. Un de ces messieurs me dit : « Prenez garde, cet homme a une bien mauvaise réputation, il a un passé atroce, il a fait tel et tel mauvais coup ;

prenez vos précautions contre lui, c'est une affreuse canaille.»
(Bruit.)

M. le président. — Ne dites pas de paroles insultantes
pour un accusé qui est déjà sous la main de la justice. Cela
n'est pas convenable.

M. Rochefort. — Je répète le mot qui m'a été dit, j'ai
prêté serment de dire toute la vérité et je la dis.

Quand on m'apprit que Victor Noir avait été tué, je niai
le fait, ignorant que M. Paschal Grousset m'avait devancé.
Le fait n'était que trop vrai.

Troisième témoin. Mme Louis Noir, 30 ans, à Neuilly.

D. Dans quelles dispositions se trouvait votre beau-frère
au moment où il est parti pour se rendre chez le prince
Pierre Bonaparte.

R. Il est arrivé à la maison la veille de sa mort. Il me dit
qu'il lui arriverait quelque chose de désagréable, qu'il se
trouvait placé dans une position très-difficile, que M. Paschal Grousset voulait se battre et M. Rochefort aussi avec le
prince Pierre Bonaparte. Il trouvait que cela devait faire un
mauvais effet. Il a dit : « J'espère que le duel n'aura pas
lieu, et je ferai mon possible pour l'empêcher. » Le matin
quand il est parti, il était en grande toilette. Je lui dis : On
dirai que tu vas à la noce... Il allait à la mort !

Le témoin s'interrompt. Des sanglots étranglent sa voix.
Il reprend :

Les gants étaient tellement justes qu'il n'a pas pu les fer-
mer lui-mêmes; il nous a tendu ses mains, à sa fiancée et
à moi, pour que nous les boutonnions à deux boutons. Il
était très-coquet et se gantait très-juste.

S'il avait donné un coup avec ces gants-là, fort comme il
était, ses gants auraient éclaté.

Quand plus tard on m'a dit que le prince avait dit avoir
été frappé par mon beau-frère... le prince ne disait pas la
vérité... (Avec force.) Oui, oh oui, c'est impossible; ses
gants étaient intacts... le prince mentait. (Le témoin éclate
en sanglots.)

M. le président. — Veuillez vous asseoir un instant, ma-
dame, et remettez-vous.

Me Laurier. — Nous ne voulons rien demander de plus.

Quatrième témoin. — Georges Cavalier, 28 ans, ingénieur
civil, à Paris.

D. Quels faits ont précédé l'arrivée de Victor Noir chez
l'accusé? Quel était le caractère de ce jeune homme?

R. J'étais très-lié avec Victor Noir. La veille, il m'avait dit qu'il voulait concilier l'affaire avec MM. Grousset et Bonaparte. Son intention était de terminer la chose à l'amiable.

Noir était d'une douceur extraordinaire, il était très-brave et toujours il s'est conduit avec le plus grand calme.

Il s'est battu deux ou trois fois et toujours c'est lui qui avait été souffleté. Dans la dernière de ces affaires, où j'ai servi de témoin, il a reçu un soufflet, sans le rendre, et se borna à envoyer des témoins. Le lendemain, il s'est battu très-galamment et fut blessé. Quand il s'est battu avec M. Moreau, c'est dans les mêmes circonstances.

Le témoin s'interrompt. Il se trouve mal. On le fait asseoir, on lui apporte un verre d'eau.

Me Laurier. — C'est bien naturel, M. Cavalier était l'ami intime de Victor Noir.

Après un moment d'interruption :

D. Quel était l'état des gants de Victor Noir après sa mort?

Le témoin se lève, pâle, tremblant, balbutie quelques paroles et dit en pleurant :

« Je ne peux pas répondre. »

D. Dans quel état étaient les gants?

R. Dans leur état ordinaire. C'étaient des gants neufs, tellement justes que si on avait voulu faire un mouvement violent, les gants auraient craqué.

D. Est-ce qu'il ne devait pas se marier?

R. Oui, le 12 janvier.

Cinquième témoin. George Sauton, 27 ans, homme de lettres à Paris.

D. Quand Victor Noir est sorti de chez le prince, avait-il son chapeau?

R. Il le tenait de la main droite, et le gardait même quand il est tombé.

D. Avez-vous entendu ce qu'a dit M. de Fonvielle en sortant de chez le prince?

R. Il criait « à l'assassin! » Je lui ai demandé ce qui s'était passé, il m'a fait le récit qu'il a répété depuis et qui n'a pas varié.

D. A-t-il donné à entendre que Victor Noir aurait donné un soufflet au prince?

R. Jamais. Il a toujours dit que le prince l'avait frappé de la main gauche et avait tiré de la main droite.

Sixième témoin. Louis Fautsch, 50 ans, concierge à Paris.

C'est moi qui ai ramassé le cadavre de ce monsieur que le prince avait tué. M. Fonvielle criait : « A l'assassin ! On assassine chez le prince Pierre ! » Je lui ai demandé qui il était. Il m'a dit qu'il était un journaliste, que le prince avait tiré sur lui et tué son ami. L'autre était couché sous la porte cochère. Je lui dis : « Eh bien, mon ami, qu'est-ce que vous avez ? » Il n'avait plus la force de me répondre, il râlait : j'ai voulu lui donner de l'air, j'ai ouvert son paletot et sa chemise et j'ai vu un trou.... J'y ai mis mon petit doigt pour faire couler le sang.

Nous l'avons porté chez M. Mortreux. Le docteur Sommazeuilh est venu et l'a soigné, mais il était mort.

D. En route, M. de Fonvielle a-t-il dit : « Il a tué mon ami, mais il a reçu une fameuse giffle ? »

R. Jamais ! (levant la main) sur ma parole d'honneur, d'abord il était mort. (Rires).

D. Nous parlons de Fonvielle ?

R. Lui non plus. Il n'a pas dit cela.... On n'aurait pas pu parler sans que je l'entende. Je tenais le corps par la partie supérieure.

On appelle Lechantre pour le confronter avec ce témoin.

Septième témoin. Antoine Musset, 37 ans, entrepreneur, a aidé à relever Noir et à le transporter. Il n'a pas entendu M. de Fonvielle dire que le prince avait reçu de soufflet. On n'a bien parlé de soufflet, mais on n'a pas précisé qui l'avait donné.

Me Floquet. — Eh bien, c'est de ce témoin-là seul que M. Vinviollet connaît l'histoire du soufflet.

M. Vinviollet. — C'est M. de Fonvielle qui m'a dit cela.

M. Musset. — Vous ne le connaissiez pas.

M. le président. — Croyez-vous M. Vinviollet capable de mentir ?

M. Musset. — Monsieur se trompe, voilà qui est positif.

Neuvième témoin. Firmin Odobert, 37 ans, employé à Neuilly.

M. Vinviollet m'a raconté qu'il avait vu ramasser Noir. Il ne m'a pas dit que M. de Fonvielle eût parlé d'un soufflet. Il m'a bien recommandé de me rappeler ce qu'il m'avait dit, parce qu'il voulait me faire citer à l'instruction. Je me suis bien rappelé. Il ne m'a rien dit de pareil.

Dixième témoin. Henri Morel, 23 ans, journaliste à Paris.

D. C'est à vous que M. Mortreux, le pharmacien, a rapporté le propos signalé par M. Vincent Natal.

R. Je nie de la façon la plus formelle que ce propos ait été tenu devant moi. J'étais allé chez le pharmacien pour prendre des renseignements pour mon journal; si on avait dit un fait de cette importance, je l'aurais consigné.

M. Natal, rappelé. — Je l'ai entendu. Je suis sujet britannique et n'ai rien à voir dans des querelles de politique française. Je dis la vérité, voilà tout.

M. Morel. — Moi aussi. Le témoin ne comprend pas le français. Il ne savait même pas de quoi il était question entre M. Mortreux et moi.

Onzième témoin. Charles Habenech, 42 ans, journaliste à Paris.

J'ai connu Victor Noir qui, après avoir été très-gai dans sa jeunesse, s'était mis à travailler pour se faire une position sérieuse. La veille de sa mort, il me dit : « Grousset me demande de lui servir de témoin; cela m'ennuie beaucoup, mais je ne peux pas refuser ce service à un ami. » Et quand il m'a quitté il était triste.

M. le président. — M. Grousset a dit qu'il était gai.

R. Devant lui peut-être ; moi je l'ai vu triste.

D. Noir était-il querelleur ?

R. C'était le caractère le plus doux du monde.

Douzième témoin. Louis-Eugène Seinguerlet, 42 ans, rédacteur de l'*Avenir national*, dépose que M. Ulric de Fonvielle avait l'habitude de sortir armé. Un jour, en causant avec le témoin, Ulric de Fonvielle lui prit sa canne et s'étonna qu'elle ne fût pas à épée. « Moi, a dit M. de Fonvielle, je suis armé; le soir on peut faire des mauvaises rencontres et il est bon d'être armé. »

Treizième témoin. Jules Vachiéry, 46 ans, ancien pharmacien à Dieppe, confirme la déposition précédente. Il a connu M. de Fonvielle avec qui il a été très-lié pendant six mois qu'il a vécu à Dieppe. Il l'a toujours vu armé d'un revolver.

A quatre heures moins un quart l'audience est suspendue pour la seconde fois.

Cette suspension a lieu sur la demande d'un des membres du jury, indisposé par l'excessive chaleur qui règne dans la salle.

L'audience est reprise à quatre heures dix minutes.

Me Laurier. — Monsieur le président, M. Rochefort est

indisposé. Il demande à se retirer. S'il n'y a obstacle, ni de la part du ministère public, ni de la part de la défense, nous ne nous y opposons pas.

M. le président, après avoir consulté les avocats de l'accusé et le ministère public, autorise M. Henri Rochefort à se retirer.

Douzième témoin. Édouard Siebecker, 39 ans, journaliste à Paris.

Je suis un des plus anciens amis d'Ulric de Fonvielle. Je puis assurer que, depuis son retour d'Amérique, il portait toujours un revolver. Il avait même souvent des pantalons faits à la mode américaine et dans laquelle il y avait sous la basque de l'habit ce qu'on appelle « la poche du revolver. »

D. Quel était le caractère de Victor Noir?

R. Dans les derniers temps de sa vie, Victor Noir avait, en raison même de son origine plébéienne, une tendance à exagérer en lui les formes et les usages d'un monde en dehors duquel il était né. Son grand désir, sa grande préoccution était d'entendre dire de lui qu'il avait des manières de gentleman. Quand on lui donnait une mission du genre de celle qu'il a été remplir chez M. Pierre Bonaparte, il s'attachait surtout à être distingué.

Quant à son caractère, c'était bien le plus inoffensif des hommes. C'était, vous dirai-je, un gros terre-neuve, trèsbon. On aurait dû le pousser bien loin et bien fort à bout pour le faire sortir de son calme. Et alors, je suis sûr que le résultat aurait dû être terrible en raison de la force colossale dont il était doué.

M. Millière, rappelé, confirme cette déposition en ce qui concerne la douceur de caractère de Victor Noir.

Treizième témoin. Jules Claretie, 29 ans, homme de lettres à Paris.

Noir était un garçon de mœurs douces et inoffensives. On avait fait récemment une enquête sur lui pour le recevoir à la Société des gens de lettres. On l'avait reçu et il en était très-fier. « C'est le plus bel écrin, disait-il, que je mettrai dans la corbeille de mariage de ma femme. » Il avait surtout le désir de paraître distingué. L'idée d'aller chez le prince le flattait beaucoup. Avant de partir pour aller à Auteuil, il disait à la bonne : « Frottez bien, brossez bien mon habit..., pas un grain de poussière! Je vais chez un prince. »

Ulric avait un revolver, il en portait toujours. Ce jour-là

il devait revenir dîner à la campagne. Il m'a dit : « Si nous avions dit au prince que nous venions de la part de M. Rochefort, il nous aurait tiré dessus tout de même.

Quatorzième témoin. Sévère Legrand, architecte à Neuilly.

Vers le 25 janvier, M. Périnet, le secrétaire du commissaire de police m'a dit : Je vais chercher à faire des découvertes dans l'affaire du prince, cela me vaudra de l'avancement.

Le témoin Périnet est rappelé et interpellé. Il répond :

— C'est M. Legrand qui m'a dit que cela me vaudrait de l'avancement. Je lui ai dit que j'avais des droits à l'ancienneté. Et lui, au contraire, m'a dit : Je vais faire un projet de monument à Victor Noir, et cela me fera de la renommée....

Quinzième témoin. Georges Wanner, 31 ans, ouvrier à Neuilly.

M. Périnet m'a dit un jour : Vinviollet et moi, nous allons sauver la tête du prince. M. Vinviollet a dit avoir entendu Fonvielle dire :

« Il a tué mon ami, mais il a reçu une fameuse giffle. » Cela, m'a dit M. Périnet, me vaudra de l'avancement.

Seizième témoin. Grégoire Moron, 23 ans, concierge à Neuilly.

Il a aidé à transporter le corps de Noir et n'a pas entendu les propos attribués à M. de Fonvielle par Lechantre et Vinviollet.

M. Lechantre est rappelé pour être confronté avec MM. Moron et Fautsch.

M. le président. — Fautsch, vous avez vu ces messieurs rue d'Auteuil?

R. Oui. Ils m'ont donné un coup de main pour porter le corps, et je n'ai pas entendu les mots dits par M. Lechantre.

M. Lechantre. — Vous n'êtes pas venu jusqu'au bout?

M. Moron. — C'est sur nos genoux, à M. Fautsch et à moi, que M. Victor Noir est mort; donc nous avons été jusqu'au bout.

M. Fautsch. — Je n'ai pas entendu ce propos.

17e témoin. Jules de Kergomard, 46 ans, homme de lettres.

Me Laurier. — Monsieur le Président, j'ai fait citer ce témoin à propos d'un ordre de faits qui ne s'est pas encore produit à l'audience, mais dont on a parlé dans le public. Il s'agit de la moralité de M. de Fonvielle pendant qu'il était dans les troupes garibaldiennes.

Le témoin. — Nous avons servi ensemble dans les volontaires de Garibaldi. Nous étions dans deux corps différents et rivaux. J'ai appris qu'on faisait courir des bruits sur M. de Fonvielle. Il était question d'un vol commis dans la caisse du corps. Je me suis empressé de venir déclarer que le fait dont il s'agit ne concerne pas M. de Fonvielle. L'auteur de ce vol a été chassé du corps et était en prison lorsque j'ai quitté Naples. M. de Fonvielle était en liberté, et tous les volontaires de Garibaldi rendront hommage à sa loyauté.

Me Laurier. — Monsieur le Président, je renonce à l'audition des derniers témoins de la partie civile qui n'ont été cités que pour confirmer la déclaration si précise que vous venez d'entendre.

M. le Président. — Un des témoins de la défense, M. le vicomte Clary, a demandé à ne pas comparaître demain, parce qu'il doit faire partie d'un conseil de famille. Je vais l'entendre aujourd'hui et nous remettrons ensuite à demain l'audition des autres témoins cités par la défense.

Témoins de l'accusé.

1er témoin. Justinien vicomte Clary, 53 ans, ancien représentant du peuple à Paris.

J'ai l'honneur d'être l'allié du prince, qui est le cousin germain de mon frère aîné. Nous avons fait partie ensemble de la Constituante et de l'Assemblée législative. Un jour que nous nous promenions dans la salle des Pas-Perdus avec M. Charles Lagrange, celui-ci tira de sa poche deux pistolets et dit en les montrant : « Je ne sors jamais sans cela. » Le prince tira de sa poche un petit revolver et dit : « Moi, je n'ai qu'un pistolet, mais il a cinq coups. »

Il le portait toujours. Un jour, il s'est blessé en faisant des armes chez Grisier, parce qu'il avait oublié de retirer son revolver de sa poche.

Dans une occasion, nous avons dû nous battre, le prince et moi. Eh bien! loyalement, spontanément, il est venu à moi, a reconnu ses torts et m'a tendu la main. Je lui ai toujours été profondément reconnaissant de ce fait.

Me Leroux. — Le prince était autorisé à porter un revolver.

Me Laurier. — Quelle est la date du décret, je vous prie?
La séance est levée à cinq heures.

Audience du 24 mars.

L'audience est ouverte à onze heures.

A l'ouverture, MM. Paul de Cassagnac et Pinel demandent à se retirer. Cette autorisation leur est accordée.

Me Laurier demande acte à la cour de la constitution de
M. et Mme Louis Noir, comme partie civile au procès.

Me Léon Chapron dépose ses conclusions écrites.

Il en est donné acte par la haute cour.

Il est procédé à l'audition des

Témoins du prince.

Le vicomte Clary a été entendu hier.

2e témoin. Alexandre Terrier, 51 ans, commissaire de police à Paris.

J'ai été prévenu de ce qui s'est passé à Auteuil le 10 janvier et je me suis rendu chez le prince, qui m'a dit qu'il
avait été frappé par Victor Noir. J'ai même vu sur sa joue
la trace du coup qu'il avait reçu.

Le soir, un M. Barthélemy m'a dit dans un café que
M. de Fonvielle lui-même lui avait annoncé que Noir avait
frappé le prince. Plus tard, ce M. Barthélemy s'est rétracté
et a dit qu'il avait confondu au premier moment et que le
propos avait été tenu non par M. de Fonvielle, mais par le
docteur Morel.

Le prince m'a déclaré que M. de Fonvielle avait tiré son
pistolet au moment où lui-même avait tiré.

L'accusé. — Le témoin se rappelle mal : j'ai dit que tandis que Noir me frappait, Fonvielle me tenait en échec avec
son pistolet.

Le témoin. — Je n'ai peut-être pas bien saisi les nuances
de ce que le prince m'a dit. Comme je croyais n'avoir qu'à
déposer sur l'incident Barthélemy, je n'ai pas prêté grande
attention à ce détail.

L'accusé. — Du reste, cela ne m'étonne pas, c'est toujours

ainsi; les journaux qui rendent compte de ces débats sont pleins d'inexactitudes sur mes paroles.

Le témoin. — Je dois dire que le prince avait, en me parlant, un grand accent de vérité.

L'accusé. — Il est établi, n'est-ce pas, que Fonvielle me menaçait tandis que Noir me frappait?

M⁰ Laurier. — Le témoin a vu la trace du coup sur la figure du prince?

R. Oui.

D. Il n'en a pas parlé dans son rapport.

R. Je répète que je croyais n'avoir à m'occuper que de l'incident Barthélemy. Je n'ai pas fait de rapport, parce que je croyais l'instruction commencée par les officiers du parquet. Je n'ai pas cru devoir arrêter le prince, qui avait lui-même requis la police.

M⁰ Chapron. — Pour se protéger lui-même.

Le témoin. — Je n'avais pas à instrumenter, et, dans le commencement, j'ai failli me rendre rue Geoffroy-Marie, 4, où on me disait que demeurait Victor Noir. Je n'étais qu'auxiliaire au procès.

3ᵉ témoin. Henri-Auguste Maurice de la Garde, ancien officier à Paris.

Le jour de l'événement, quand je me suis rendu chez le prince avec MM. de Cassagnac et Casanova, j'ai remarqué sur la figure du prince la trace d'un coup. Je l'ai signalée à M. de Cassagnac.

D. Comment était l'empreinte?

R. Violacée.

4ᵉ témoin. Jules-Auguste-Michel, comte de la Salle, 42 ans, ancien officier de cavalerie.

Le soir de l'événement, je suis allé vers Auteuil pour avoir des détails. L'opinion générale était que le prince avait été frappé. Plusieurs personnes m'ont dit : « M. Noir n'aurait pas laissé échapper l'occasion de se trouver devant un Bonaparte sans lui casser la figure. »

Ce propos m'a été répété au café du Helder. Noir, autrefois, fréquentait ce café; mais il y avait eu des querelles, et on l'avait prié de ne plus revenir.

M⁰ Leroux. — Un jour, au Helder, quelqu'un ayant parlé de M. de Cassagnac, Noir lui a cherché querelle?

R. Le garçon me l'a dit.

Cinquième témoin. Pierre Defesne, 42 ans, maître d'hôtel au café du Helder, à Paris.

Quelques jours avant l'événement, M. Noir se trouvait au café. Il y a eu querelle et échange de cartes. Un autre jour, il a cherché querelle à un consommateur qui parlait de M. de Cassagnac. Après l'événement, j'ai entendu dans le café un consommateur qui disait : « Noir m'a dit qu'il n'irait pas chez un Bonaparte sans lui casser la gueule! »

Sixième témoin. Désiré Bouvet, trente-quatre ans, limonadier, à Paris.

M. Noir venait rarement à mon café, le café de Madrid. Un jour, il s'est battu avec une autre personne, sur la terrasse. Il y a eu des coups de poing échangés.

D. Et puis?

R. Je ne peux pas vous en dire davantage. Je ne sais pas avec qui Noir a eu cette discussion, ni si c'est lui qui a été ou qui a frappé. Noir était un excellent garçon que tout le monde aimait bien.

Septième témoin. Constant, quarante-six ans, restaurateur à Paris.

Je suis propriétaire d'un établissement important (Rires), à Paris. M. Noir y est venu quelquefois. Il y avait parfois des querelles. Quand cela arrivait, au lieu de requérir les agents de l'autorité, je préférais prier personnellement M. Noir de se retirer.

Mon établissement comprend un bal, un café-concert et un restaurant. M. Noir venait dans le bal. Quand il y avait des querelles, c'était avec des personnes du deuxième et même du troisième monde. (Rires.)

La défense renonce à l'audition du huitième témoin, M. Lofficial, et du neuvième témoin, M. Badigeon.

Dixième témoin. Paul de Villers, quarante-huit ans, chemisier, à Passy.

Le jour de l'événement, rue de la Fontaine, vers une heure et demie, je me suis croisé avec une voiture où se trouvaient deux personnes. L'une disait à l'autre : « J'ai mon revolver; as-tu ta canne à épée? »

D. La voiture était-elle découverte?

R. Je ne pourrais dire, elle roulait si vite. (Murmures.)

Me Floquet. — Dans l'instruction, le témoin a dit que c'était une voiture fermée.

Me Chapron. — Combien de personnes y avait-il dans la voiture?

R. Deux.

D. Ah! ils étaient quatre!

R. Je n'ai pu me rendre compte.

Me Floquet. — Voilà les témoignages qu'on apporte devant la haute cour !

M. le président. — L'événement n'était pas arrivé ?

R. Non, il a eu lieu une heure après.

Onzième témoin. — Julien Dessin, trente-cinq ans, glacier, à Paris.

J'ai vu sortir de chez le prince un monsieur avec un revolver à la main. Je suis rentré aussitôt chez moi. Vers cinq heures, on me dit : « Voilà M. Rochefort qui arrive. » J'étais curieux de le voir. Je suis allé vers une voiture d'où est descendu M. Millière. Il avait un revolver à la main et voulait enfoncer la porte. On lui a résisté. Il est remonté en voiture en disant au cocher de le conduire à la Chambre.

D. C'est tout ?

R. C'est assez. (On rit.)

Douzième témoin. Jean-François Gallant, trente-un ans, fabricant d'armes, à Paris.

D. Vous êtes appelé à déposer sur les habitudes du prince.

R. Il portait constamment un revolver dans la poche de son pantalon. Vers le mois de décembre dernier, me trouvant, dans son salon, assis sur le canapé, nous causions, le prince et moi. Il ouvrit un tiroir. Il y avait un revolver dedans. Comme je l'examinais, il en tira un autre de la poche de son pantalon.

Il avait un tir dans son jardin, qui communiquait avec la salle de billard. Souvent je lui envoyais des cartouches pour faire des expériences avec la balle Pertuiset.

Le treizième témoin, M. Piétri, est malade. On renonce à son audition.

Quatorzième témoin. Jean-Baptiste Plombain, soixante ans, général de brigade, à Montauban.

D. Vous connaissez l'accusé ?

R. Nous avons fait connaissance, en Afrique, dans la tranchée. Il était le premier à la tranchée, au combat. Il rivalisait d'adresse avec les plus habiles, et faisait notre admiration à tous. Le général Canrobert pourrait l'attester. A Zaatcha, comme ailleurs, il s'est conduit comme un brave militaire. A la bataille des Palmiers, il commandait une compagnie de chasseurs d'Afrique. On lui crie qu'un Arabe le couchait en joue ; il se retourne sans se presser, tire, et l'Arabe roule à ses pieds.

Me Laurier. — Dans quelles circonstances a-t-il quitté l'armée?

R. On nous a dit qu'il était en mission. On ne savait où il était, et nous avons eu peur longtemps qu'il n'eût été tué.

Me Laurier. — Il ne s'agit pas de mission, mais de démission.

L'accusé. — Je n'ai pas été destitué.

Le témoin. — Il est parti en mission. Nous avons eu peur qu'il ne fût victime.

D. Victime de quoi?

R. Tué! Qu'aurait-on dit?

Me Laurier. — On aurait dit qu'il était mort bravement, en faisant son devoir devant l'ennemi.

Me Demange. — On ne peut pas dire qu'il s'est conduit lâchement.

Me Leroux. — Le prince est parti en mission. Il se rendait à Alger pour demander des renforts. En route, il a appris que ces renforts étaient arrivés, il n'est pas allé jusqu'à Alger, et est retourné en France prendre son siége à la Constituante. Le général d'Hautpoul lui en a témoigné son mécontentement; mais cela n'entachait pas sa réputation de bravoure.

Quinzième témoin. François Toucher, 50 ans, capitaine en retraite.

L'accusé a été notre chef. Il nous électrisait par son sang-froid, sa bravoure et son coup d'œil d'aigle. (Hilarité prolongée). C'était un brave militaire, vif et loyal. Je n'ai jamais entendu dire de mal de lui ni de sa famille. (On rit.)

Seizième témoin. François Lopès, 47 ans, capitaine d'infanterie.

D. Quelle a été la conduite du prince à Zaatcha?

R. Il était doux, bienveillant, plein de sollicitude pour les blessés et les malades. Il était brave aussi. Dans les trois affaires, il a fait le coup de feu avec nous. C'était un brave militaire, bon et généreux. Nous l'aimions tous. Il méprisait le danger. A cette époque j'étais sous-officier et le prince était chef de bataillon.

Incident.

L'accusé (se levant et étendant le bras d'un geste menaçant vers le banc des avocats). — Le brave officier Toucher, dont

Mᵉ Laurier paraît plaisanter, parce qu'il s'exprime mal, a eu la poitrine traversée à trois pas de moi par une balle en servant la France. S'il n'a pas de rhétorique, il a plus de courage que la faction à laquelle appartient Mᵉ Laurier. (Interruption.)

Cette violente sortie produit une émotion profonde. Mᵉ Laurier se lève. Le silence se fait. L'honorable avocat s'exprime ainsi :

— Permettez-moi de dire que la cour nous a demandé, et ce n'était pas nécessaire, d'avoir de la déférence pour l'accusé et du respect pour elle. La cour attestera que nous n'avons manqué ni à l'un ni à l'autre. Mais je constate que sans le moindre prétexte je viens d'être l'objet, de la part de l'accusé, d'une attaque inqualifiable.

L'accusé (se levant et criant). — Vous avez ri de mon camarade !

Du fond de la salle, à ces mots, M. Ulric de Fonvielle bondit et, le bras tendu vers le prince, s'écrie :

— Et vous, vous avez ri de mon camarade après l'avoir assassiné.

A ce cri, le prince se lève, croise les bras, regarde Ulric de Fonvielle et se met à rire en signe de défi. Ulric de Fonvielle s'élance vers lui en criant : Misérable ! On l'arrête, les gendarmes le retiennent, une sorte de lutte s'engage et les gendarmes entraînent M. de Fonvielle hors de la cour.

Le prince reste debout, les bras croisés, en riant, on le fait sortir de la salle.

Une grande agitation règne dans la salle. L'audience est interrompue.

M. le président. — Où est le sieur Fonvielle ?

M. le commissaire central. — Il est sorti de la salle, monsieur le président, on le garde dans le couloir.

M. le président. — Qu'on le garde, et s'il résiste, qu'on le dépose dans la maison de sûreté.

On ramène l'accusé. Il est très-pâle.

M. le procureur général. — Un fait grave s'est produit à l'audience. Le sieur Fonvielle qui avait été entendu comme témoin s'est livré à une manifestation qui ne saurait rester impunie. (Sensation.) Je ne crois pas devoir en ce moment le faire amener en présence la cour. L'émotion est grande et sa surexcitation extrême. Je crois convenable de requérir en ce moment que procès-verbal soit dressé, me réservant de faire à la fin de cette audience les réquisitions que je crois nécessaires.

Me Laurier. — Monsieur le président....

M. le président. — Parlez à la cour.

Me Laurier. — Messieurs de la haute cour, j'ai tout le sang-froid voulu, tout le calme possible. Nous n'apportons dans ces débats aucun élément irritant. Nous devons donner, nous les avocats, l'exemple du calme, de la modération, même sous l'injustice, même sous l'insulte.

Cet exemple, nous l'avons donné depuis le commencement de ces débats, nous continuerons à le donner.

Mais en même temps que nous avons ce devoir de modération auquel nous n'avons pas manqué, nous avons l'obligation de faire respecter en nos personnes et en la personne des témoins la liberté de la défense.

Or, tout à l'heure, gratuitement, sans provocation, sans prétexte, un des avocats présents à cette barre a été l'objet d'une attaque directe, personnelle, de la part de l'accusé.

En ce qui me touche, je fais volontiers litière de l'injure qui m'a été adressée. Je ne me suis pas permis de plaisanter sur la déposition d'un témoin. Si le prince a cru voir chez moi cette intention, il s'est trompé, et je puis lui dire en outre qu'il n'a pas le droit de scruter mes intentions. Je veux et j'ai le droit de vouloir que la défense soit respectée. Personne plus que moi ne respecte, je ne dirai pas la personne, mais la situation de l'accusé... Qu'il respecte la nôtre!...

Je supplie la cour de bien vouloir rétablir le calme et la paix dans ces débats. En présence de l'avanie qui nous est faite, en présence de la qualification de faction appliquée à un grand parti, qui est le nôtre, que nous revendiquons bien haut, ayant l'habitude d'en planter et d'en défendre partout le drapeau...

M. le président. — Me Laurier, parlez des réquisitions de M. le procureur général. Vous y opposez vous? Nous ne faisons pas de politique ici, nous faisons de la justice.

Me Laurier. — Je réponds au ministère public. Je m'oppose aux réquisitions prises et comme en pareille matière on donne les motifs de son opposition, je les donne respectueusement. J'ai le droit de repousser un outrage avec calme, modération et justice.

Je supplie la cour de repousser les réquisitions de M. le procureur général, de prendre en considération la parole

6

menaçante, injurieuse de l'accusé, cette parole qui devait faire sortir M. de Fonvielle de toute patience.

Je supplie la cour de le faire réintégrer à l'audience. Je suis sûr qu'il sera le premier à rentrer dans la ligne de modération dont on n'aurait pas dû le provoquer à sortir.

M. le procureur général. — Je n'ai pas parlé des paroles regrettables prononcées par l'accusé. Je ne me suis occupé que du tumulte causé à l'audience et de celui qui en a été l'auteur. Il faut que procès-verbal soit dressé et que M. le commissaire central soit entendu comme témoin sur les faits qui se sont passés et sur les paroles prononcées qui, me dit-on, ont été offensantes pour la cour.

Mᵉ Laurier. — Je demande que la cour suspende l'audience pendant dix minutes pour que je puisse conférer avec M. Ulric de Fonvielle.

M. le procureur général. — Je demande que la Cour se prononce sur mes réquisitions.

M. le président. — La cour se retire pour délibérer.

Il est midi et demi. L'audience est levée.

Pendant la suspension, un témoin se trouve mal dans la salle voisine de l'audience. On vient chercher le docteur Morel qui le saigne.

L'audience est reprise à une heure et quart.

M. le président donne lecture d'un arrêt qui prend acte de la réquisition du procureur général, dresse procès-verbal de ce qui s'est passé, et se réserve de statuer ultérieurement, s'il y a lieu, sur l'incident.

« La haute cour.

« Ouï le réquisitoire de M. le procureur général,

« Ouï Mᵉ Laurier, avocat, en ses conclusions,

« Après en avoir délibéré conformément à la loi, faisant droit aux réquisitions de M. le procureur général, lui en donnant acte,

« Le procès-verbal suivant a été dressé :

« L'an 1870, le jeudi 24 mars, à une heure de relevée, la haute cour de justice étant en séance, et au moment où le sieur Lopès, témoin assigné à la requête de l'accusé, déposait devant la cour, l'accusé s'est levé, et, se tournant vers le barreau, a dit : « On a ri de la déposition de mon vieux camarade Toucher, qui a eu la poitrine traversée d'une balle à dix pas de moi, en combattant les ennemis de la France; il a plus de courage que toute la faction à laquelle appartient Mᵉ Laurier. »

« A ce moment un grand tumulte a éclaté dans l'auditoire, le témoin de Fonvielle se levant sur son banc a crié: Vous avez assassiné Victor Noir! et a proféré d'autres paroles violentes qui, au milieu du bruit qu'elles ont soulevé, ne sont pas parvenues jusqu'à la cour, et dont il pourrait être ultérieurement informé.

« En conséquence dudit procès-verbal, la haute cour ordonne qu'il sera informé sur lesdits faits pour être ensuite par le procureur général requis et par la haute cour statué ce qu'il appartiendra.

L'accusé. — Je voudrais parler.

M. le président. — Accusé, je vous recommande, à vous, le plus grand sang-froid. Vous avez été la cause première du fâcheux incident qui vient de se produire. Je vous excuse, mais n'y revenez pas.

L'accusé. — Je ne me suis pas adressé au barreau, mais à Me Laurier seulement.

M. le président. — Vous avez eu tort. Nous ne souffrirons pas qu'on insulte les avocats.

Me Leroux. — Nous demandons qu'on respecte l'accusé.

M. le président. — Nous y veillons. L'incident est clos.

Me Leroux. — Je dirai dans ma plaidoirie quels sont les motifs de l'irritation du prince.... Depuis deux mois tous les journaux le traitent d'assassin....

M. le président. — Nous en gémissons plus que personne.

Me Laurier. — Nous constatons que de cette barre rien n'a été dit qui dépasse le droit et le devoir de la défense.

M. le président. — C'est parfaitement vrai.

On reprend l'audition des témoins.

Audition des témoins.

Dix-septième témoin. Jean-Baptiste Roudet, 35 ans, docteur en médecine à Paris.

Ce témoin dépose que la conduite du prince en Afrique a été pleine de bravoure. Il a quitté le siége de Zaatcha parce qu'il traînait en longueur et qu'on l'attendait en France pour siéger à la Constituante.

Dix-huitième témoin. Dominique Giacommetti, 47 ans, commissaire de police à Paris.

En 1850, le prince se rendait à Marseille, lorsqu'un individu voulut entrer de force dans le compartiment qu'il avait loué. Cet individu, nommé Osilli, a poussé une dame qui se trouvait avec le prince et a insulté le prince très-grossièrement. Le prince m'a prié de provoquer cet homme en duel. L'autre ne voulait pas se battre, c'était un père de famille. Sur l'intervention de M. Barthélemy, ancien représentant du peuple, le prince a accepté ses excuses.

Mᵉ Demange. — On a mis dans les journaux que le prince avait menacé Osili d'un coup de revolver et avait voulu le tuer. Nous voudrions savoir si c'est vrai.

R. Non. Il a voulu se battre, puis a accepté les excuses.

Le dix-neuvième témoin, M. d'Ornano, confirme la déposition précédente. Il devait, avec M. Giacommetti, servir de témoin au prince dans son affaire avec M. Osili, à Marseille.

Vingtième témoin. — Edmond-Joseph Bousquet, 45 ans, propriétaire à Passy.

Il y a un an à peu près, j'étais allé provoquer M. Noir en duel de la part d'un de mes amis. Noir refusa de se battre. Mon ami me dit : « S'il refuse, je le forcerai en le frappant. » J'en prévins Noir qui me dit : « J'ai changé d'avis, je me battrai ; mais si votre ami avait voulu lever la main sur moi, je l'aurais tué. » Et il me montra des balles qu'il venait de retirer, disait-il, de son revolver.

M. le président. — C'était donc un homme violent?

R. Je ne l'ai vu que cette fois-là.

Vingt et unième témoin. — Gustave Hess, 52 ans, fabricant de tissus à Auteuil.

Je demeure près de chez le prince. On tirait souvent des coups de pistolet dans son jardin.

D. Quelle était la réputation du prince ?

R. Je n'en ai jamais entendu dire du mal.

Vingt-deuxième témoin. — Adolphe Givet, 48 ans, rentier, à Auteuil.

Je n'ai eu qu'à me féliciter de mes rapports avec le prince. C'étaient de simples rapports de voisinage.

Il vivait en bon père de famille et n'avait jamais de discussion avec ses voisins.

Vingt-troisième témoin. — Simon Hayem, 59 ans, manufacturier, à Paris.

J'ai habité douze ans Auteuil. Je n'ai jamais entendu parler en mal du prince. Il avait la réputation de vivre en bon citoyen, en bon père de famille.

Vingt-quatrième témoin. — Jules-Antoine Servoni, 42 ans, employé à Paris.

D. Que pensez-vous de la moralité de M. de Fonvielle ?

R. En 1860, j'étais officier dans l'armée méridionale sous Garibaldi. Un jour nous avons capturé un individu suspect qui conduisait une charrette sur la route de Capoue. Il y avait sur cette charrette vingt-six matelas, 15 000 francs, cinquante cuillers et trente-six fourchettes en argent.

Pendant qu'on dressait procès-verbal, M. de Fonvielle a volé 15 000 francs. (Murmures.)

M. le président. — Nous n'avons pas le droit de contrôler les témoins de la défense, mais nous regrettons que celui-ci ait été appelé.

Me Demange. — Nous l'avons appelé parce qu'on a assigné hier M. de Kergomard.

M. le président. Je regrette qu'on parle de ces faits. N'insistons pas.

Me Laurier. — J'insiste au contraire. On voudrait assassiner moralement M. de Fonvielle. Il faut que cela soit tiré au clair.... Demandez donc au témoin s'il n'a pas été lui-même condamné par un conseil de guerre. (Interruption.)

Le témoin. — Oui, à trois ans de travaux publics pour désertion.

M. de Kergomard (rappelé). — Le fait dont j'ai déposé hier, n'est pas le même que celui dont parle M. Servoni.

Je dois dire cependant que j'étais brouillé avec M. de Fonvielle, et on aurait eu bien soin de me dire du mal de lui, s'il y avait eu à en dire. Depuis, je suis revenu sur mes dispositions à son égard et je suis sûr qu'il a toujours été très-honorable.

Me Laurier. — Je demande qu'on entende M. Blouet, un témoin auquel nous avions renoncé hier.

Vingt-cinquième témoin. Émile Blouet, quarante-six ans, professeur habitant la Sicile.

Je me trouvais à Paris, l'autre jour, lorsque j'ai lu dans les journaux qu'un garibaldien se permettait de dire que M. Ulric de Fonvielle avait commis une action indélicate en Italie. Je viens opposer à cette assertion un démenti formel. Un vol a été commis, en effet, dans le corps garibaldien, mais le coupable n'était pas M. Ulric de Fonvielle, mais une autre personne. J'ajouterai que M. le général Cluseret, qui commandait le corps de volontaires devant Capoue, a emmené après cela M. Ulric de Fonvielle comme son aide de camp, en Amérique, ce qu'il n'aurait pas fait si un reproche aussi grave avait pu être adressé à M. de Fonvielle.

Mᵉ Laurier. — J'ajouterai que nous avons entre les mains une dépêche expédiée d'Amérique par le général Cluseret. Elle dit ceci : Servoni ment.

M. le président. — Laissons cet incident qu'en a eu tort de soulever.

L'audiencier. — M. le président, il n'y a plus de témoins.

PLAIDOIRIES.

M. le président. — La parole sera d'abord aux parties civiles. Vous êtes-vous entendus, messieurs ?

Mᵉ Laurier. — Mon confrère, Mᵉ Floquet, portera d'abord la parole pour M. Noir père. Je parlerai, moi, pour M. Louis Noir. Ce sont deux causes absolument différentes.

L'audience est suspendue à deux heures vingt minutes.

Pendant la suspension de l'audience, on fait parvenir à Mᵉ Laurier le brevet de chevalier de l'ordre du mérite militaire d'Italie, donné à M. Ulric de Fonvielle à la suite précisément de cette campagne dans laquelle le témoin Servoni prétend qu'il se serait rendu coupable d'un acte d'indélicatesse.

M. Ulric de Fonvielle se promène dans la cour de la caserne de gendarmerie qui touche à la salle d'audience. Il nous raconte qu'au moment où il s'est élancé vers le prince, un Corse s'est jeté au-devant de lui en criant : « Vive l'Empereur ! » Un autre criait : « A mort le Fonvielle ! »

Pendant ce temps, un huissier vient lui porter un mandat de comparution devant M. Gouin, juge d'instruction, chargé d'exécuter l'arrêt de la cour sur l'instruction de l'incident.

L'audience est reprise à trois heures.

M. le président. — La parole est à Mᵉ Floquet.

Plaidoirie de Mᵉ Floquet.

Messieurs les jurés,

Je ne vous entretiendrai pas des émotions qui ont suivi l'événement d'Auteuil ; elles sont encore présentes à vos consciences. On vous a parlé, pour vous prémunir contre elles, des discussions passionnées qui ont retenti dans les journaux, les brochures, les livres, sur ce lugubre drame. Ces émotions, ces discussions étaient bien naturelles. Mais j'ai le droit et le devoir de vous dire, au nom de M. Salmon-Noir, père de la victime, au nom de Mme Salmon-Noir, mère de la victime, que quoique frappés douloureusement dans leurs plus chères affections, ils ont, eux, gardé jusqu'ici le plus respectueux silence. Mme Salmon a pleuré silencieusement son fils, celui qu'elle aimait le mieux, parce qu'il était le plus jeune. M. Salmon ne voulant pas que son silence passât pour faiblesse ou lâcheté, a parlé une seule fois. C'était le 12 janvier, jour même de ces funérailles solennelles qui témoignèrent de la douleur publique. Le père de famille, quoique bien malade, se rendit à une heure matinale, où la place publique était encore déserte, à la maison où gisait le cadavre de Victor Noir, et les paroles qu'il y prononça, il me les a remises écrites sur son lit de douleur où la maladie le retient, et signées de sa main, pour qu'elles ne puissent être ni exagérées ni atténuées. Les voici :

« Paris, le 19 mars 1870.

« Quoique bien malade, je suis parti de chez moi le 12 janvier, jour de l'enterrement de mon fils Victor, afin de le voir une dernière fois. Arrivé là, il y avait exposition publique. Je suis monté seul, comme un étranger. En le voyant étendu sur son lit de mort, après l'avoir regardé un instant, je lui ai posé un doigt sur le front et j'ai prononcé ces paroles, qui sont les seules et véritables dites par moi dans la chambre mortuaire :

« Victor, écoute, ton père ne demande qu'une chose, jus-
« tice, non pas la justice des princes à l'homme du peuple ;
« mais une justice légale, loyale et véritable, autrement je
« rentre dans mon droit, un Corse t'a frappé, en Corse j'a-
« girai. »

« Je suis redescendu seul et revenu en me traînant à pied chez moi à neuf heures et demie. »

Depuis ce jour M. Salmon-Noir est rentré dans le silence qu'il a voulu garder jusqu'à l'heure de ce débat. Dans ce débat enfin, il m'a chargé de le reprendre et d'y prendre telle attitude qui me paraîtrait conforme à la vérité des faits. Eh bien ! après avoir scrupuleusement étudié la procédure écrite, après avoir attentivement suivi les débats oraux, je viens, comme M. Salmon le 12 janvier, vous demander aujourd'hui justice légale, loyale et véritable.

Je ne m'occupe pas de savoir si la manière dont je veux discuter cette grande affaire correspond à la surexcitation de la curiosité publique. J'entends rester dans la seule démonstration de cette vérité que Pierre-Napoléon Bonaparte est un meurtrier vulgaire.

M. le Président. Veuillez parler un peu plus haut, Maître Floquet, vos paroles n'arrivent pas complétement jusqu'à nous.

Me Floquet. Soyez assuré, Monsieur le Président, que vous m'entendrez parfaitement tout à l'heure.

C'est seulement le principe de l'égalité devant la loi que j'entends invoquer contre l'accusé. Oui, je suis de l'avis de M. le Président quand il vous disait, au début de cette session, que la France était profondément attachée au principe de l'égalité pour la conquête duquel elle a versé tant de sang et de larmes. Mais ce principe d'égalité qu'on proclame bien haut, on se dispense assez facilement de le mettre en pratique !

Et quand je parle ainsi, je ne fais pas allusion à la juridiction exceptionnelle qui a été réunie pour juger un prince. Cette juridiction, nous l'acceptons, puisque nous plaidons devant elle. Je ne parle pas non plus de ces distinctions entre divers personnages amenés devant vous, Millière, par exemple, inculpé dans un complot fantastique, arrivant ici entre deux gendarmes ! un député de Paris serré de près par deux agents de la force publique, tandis que le prince se présente avec une escorte qui ressemble plus à une escorte d'honneur qu'à la garde d'un accusé !

Je veux négliger ces nuances dans les apparences, si choquantes qu'elles puissent être pour toute conscience jalouse du principe d'égalité. Je veux aller au fond des choses, car c'est au fond des choses surtout que se trouve dans ce

procès les traces de la violation du principe d'égalité. Et je
dis qu'en violant l'égalité dans la procédure suivie contre l'accusé, on nous a mis dans la nécessité de faire de grands
efforts pour prouver une culpabilité aussi claire que la lumière du soleil.

Si au numéro 59 de la rue d'Auteuil eût habité un
simple citoyen. Si dans cette maison, le 10 janvier 1870, à
deux heures de l'après-midi, un meurtre eût été commis sur
un autre citoyen, et que la victime fût venue tomber pante-
lante sur le seuil de la maison; si une troisième personne
eût essuyé deux coups de pistolet et fût sortie en plein jour,
criant : « A l'assassin ! » croyez-vous que le meurtrier fût
resté tranquillement dans cette maison de la rue d'Auteuil,
depuis deux heures jusqu'à six heures du soir? Croyez-vous
qu'on l'aurait aussi, pendant quatre heures, laissé libre de
ses mouvements, recevant ses amis qu'il envoie chercher,
lançant des dépêches dans toutes les directions, organisant
son système de défense, sous la protection des agents de police, qui se chargent d'écarter la foule justement irritée, mais
qui ne se permettent aucun acte d'instruction ni aucune recherche contre celui que le flagrant délit et la clameur publique signalent aux investigations de l'autorité? Croyez-vous
qu'il en eût été ainsi pour un simple citoyen ?

Eh bien ! voyons ce qui a été fait vis-à-vis du prince
Pierre Bonaparte.

Je le sais bien, on nous affirme que l'égalité est suivie,
parce que dans la soirée du 10 janvier un décret a été rendu
qui mettait le prince en accusation et convoquait la chambre
d'instruction de la Haute Cour. Mais jusque-là que s'est-il
passé? Deux agents de police seraient entrés chez l'accusé à
deux heures, puis à deux heures et demie; aucun d'eux n'a
fait aucune constatation, opéré aucune saisie, pris aucune précaution pour que les premières preuves du crime ne pussent
disparaître. Un peu plus tard arrive, M. Terrieu, commissaire de police, qui remplace son collègue, M. Roidot, qui
est en ce moment à la préfecture. Ce commissaire va agir
officiellement, faire les premières informations, il est entre
le cadavre, encore chaud, et le meurtrier, il va agir et préparer utilement, à ce moment fugitif où tous les acteurs,
tous les témoins de l'événement sont en présence, et peuvent
laisser échapper la vérité du premier mouvement. Non,
M. Terrieu se contente d'avoir avec Monseigneur le Prince
une conversation officieuse dont il ne dresse même pas procès-

verbal! Vers cinq heures et demie, enfin, arrive M. le commissaire Roidot, il voit le prince, mais le laisse encore chez lui jusqu'à six heures passées.

A la fin de la journée seulement, on conduit à la Conciergerie celui qui a commis le crime à deux heures, et, jusqu'à ce moment, aucun acte, même préparatoire, d'instruction, n'a été fait.

A la Conciergerie, nous savons comment les choses se passent d'ordinaire, surtout pour un homme accusé d'un crime aussi grave, d'un meurtre flagrant. Il est mis dans une cellule, isolé, tenu au secret, au moins jusqu'à ce que les interrogations aient eu lieu, et que l'instruction soit suffisamment avancée, et avant qu'il ait eu le temps de concerter sa défense avec les témoins. Le prince accusé, au contraire, a pu, dès la première heure et tout le temps de l'instruction, recevoir ses amis, dîner avec eux, recevoir tous ceux qu'il voulait, même les Sociétés de sauveteurs et les députations de soldats corses. La prison était pour lui un domicile ouvert, où pouvaient pénétrer tous ceux qui avaient des renseignements à lui donner ou à recevoir de lui.

Le résultat de ces communications ouvertes, entre l'accusé et ses amis du dehors, a été l'organisation d'un système que les officieux du prince ont pu facilement introduire dans l'instruction. Le prince Bonaparte a quelques amis dévoués et qui proclament ici même leur dévouement, ce qui est à leur honneur, puisque le prince est accusé. Ces amis se sont dit que la première chose à faire était d'écarter tout d'abord l'odieux qui enveloppait les actes du prince dans la sombre journée du 10 janvier. Pour cela, il fallait représenter le prince lui-même comme en butte à une vaste conspiration, à un guet-apens permanent qui le menaçait et contre lequel il se serait seulement défendu en frappant Victor Noir et Ulric de Fonvielle, venus à Auteuil comme agents de cette conspiration, de ce complot, selon l'expression favorite de l'accusé à cette audience même.

Aussitôt les officieux se sont mis en campagne pour organiser les preuves de ce complot. Nous avons encore vu dans les débats oraux une trace de ce système du complot, c'est la déposition étrange du témoin Villion. Vous l'avez entendu! Il vous a répété ici qu'étant allé, le 5 janvier, acheter deux mètres de drap, il avait surpris, entre deux commis du magasin, cette conversation bizarre : « Ah! il va y avoir du nouveau ; on va aller proposer un duel à Pierre

Bonaparte, et, s'il refuse, on le tuera dans son bureau. Et c'est la bande de Rochefort qui fera cela. » M. Villion affirme cela ; il l'a raconté à sa couturière et à son ouvrier, qui affirment le lui avoir entendu raconter. Mais les deux commis auxquels M. Villion impute d'avoir prononcé ou écouté ces paroles, les ont niées dans l'instruction, les ont niées à l'audience avec énergie. Jamais ils n'ont rien dit de pareil à la prophétie ridicule que leur prête Villion.

Dans l'instruction, on avait accumulé bien d'autres inventions, destinées à prouver ce complot imaginaire dont M. Pierre Bonaparte aurait été la victime désignée ; mais devant la fragilité de ces inventions, on a été obligé de les reléguer dans l'ombre.

Ainsi, par exemple, un beau jour, Mme Peytel (Mlle Marie-Alexandre Dumas) raconte, dans son salon, devant le docteur Piorry, ami du prince, et devant M....., capitaine d'infanterie, qu'un M. Popesco, officier d'état-major au titre étranger, lui aurait rapporté qu'il tenait d'une dame amie de Victor Noir, que, la veille de l'événement d'Auteuil, Victor Noir aurait dit à cette dame : « Demain, je vais à Auteuil et si Pierre Bonaparte ne marche pas droit, je lui ferai son affaire. » M. Piorry, homme sérieux, n'attacha aucune importance à ce commérage de quatrième bouche ; mais M. le capitaine Moulin se rendit à la Conciergerie, informa le prince de ce détail important, et aussitôt l'instruction s'en empara. Mme Marie Dumas fut interrogée ; elle affirma l'anecdote. Mais M. Popesco fut appelé à son tour, et il déclara que jamais, au grand jamais, il n'avait dit un mot qui pût ressembler à ce roman, et le roman dut être abandonné avec les conséquences qu'on en prétendait tirer pour l'édification du complot prétendu.

Un autre jour, on vient apprendre à l'instruction qu'un M. Rodgi, colonel en retraite, étant dans un cabinet de lecture, avait entendu deux personnes raconter un sérieuse histoire. D'après ces personnes, M. le général Lebreton, député, aurait raconté, dans un des bureaux de la Chambre, que le jour même de l'événement, un de ses amis, colonel d'un régiment de Paris, se trouvant à déjeuner au café Durand, aurait entendu deux personnes, qui déjeunaient à côté de lui, dire, en tirant leurs montres : « Il est une heure et demie ; en ce moment ils sont à Auteuil, et on lui fait son affaire. » C'était grave, et le complot était bien établi, si le propos était exact. On entend le général Lebreton. Il répond que le récit vient de M. de Plancy. On interroge M. de Plancy. M. de Plancy dépose, en effet, quelque chose d'analogue, sauf la précision, et avec cette première variante, que le colonel, qu'il désigne sous le nom de colonel de Lasalle, aurait entendu le propos en se promenant sur le boulevard, au sortir de déjeuner au café Durand. On interroge M. le colonel de Lasalle, colonel de dragons. M. le colonel de Lasalle déclare qu'il a entendu la conversation, non le jour de l'événement, 10 janvier, mais le lendemain, 11; qu'il n'était pas à déjeuner chez Durand, mais qu'il revenait du Gymnase, et qu'à la hauteur de la rue de Choiseul, il a croisé deux personnes qui parlaient avec animation de l'événement de la veille, sans qu'il pût même dire (ce sont les expressions textuelles de la déposition du colonel) *dans quel sens ils en parlaient !!!*

Non-seulement ce propos, qui paraissait si grave, s'évanouit dès qu'on l'examine de près en remontant aux sources, non-seulement il ne peut plus servir de fondement à l'hypothèse du complot, mais il prouve, en passant, comment les choses et les paroles les plus insignifiantes s'enveniment en passant de bouche en bouche; et cette remarque, nous aurons à l'appliquer à plus d'une des allégations de ce procès.

Toujours est-il que, malgré les efforts de tous les officieux, il faut renoncer à l'idée d'un complot politique organisé contre le prince, et il y faut renoncer, quoique nous ayons vu en tête du dossier une lettre de Londres fort explicite, fort circonstanciée et dans laquelle un personnage, qui donne son nom et son adresse, prétend avoir découvert, dans les conversations de quelques Français, réunis dans une taverne, la preuve que depuis longtemps, depuis une époque antérieure à l'élection de Rochefort, une conspiration était montée pour faire sauter les Tuileries avec une mine qu'on allumerait à Auteuil.

Une conspiration politique contre Pierre Bonaparte! Et pourquoi faire! Malgré l'outrecuidante prétention de l'accusé, de parler de la conspiration de la rue Saint-Nicaise, et de la tentative d'Orsini, à propos du meurtre d'Auteuil, y a-t-il une importance politique quelconque dans un personnage qui n'a jamais joué un rôle dans nos affaires politiques, qui n'était ni aimé, ni accepté par les républicains au milieu desquels il siégeait, quand il se disait républicain, et qui depuis l'Empire n'est accepté ni aimé par les Impérialistes?

Le complot politique ne pouvant être sérieusement établi, on s'est réfugié dans une seconde hypothèse : des officieux ont dit qu'il y avait, permettez-moi la vulgarité de l'expression, un coup monté pour empêcher une rencontre entre Pierre Bonaparte et Rochefort.

On a cherché à soutenir que les amis de Rochefort ont voulu empêcher qu'il se battît, et que dans ce but, Paschal Grousset a envoyé ses témoins dans la journée du 10, avec mission d'obtenir une rencontre entre lui, Grousset, et Pierre Bonaparte, ou de lui faire violence s'il refusait cette rencontre.

Ce système est mis en avant dans l'instruction par un M. de Coetlogon, qui est très-officieux dans ce procès. Il raconte, en effet, à M. le Conseiller instructeur que, se trouvant le 11 et le 17 janvier au *Grand café de la Paix*, il a recueilli des conversations, d'où il résulterait que M. de Pont-Jest aurait affirmé que ce coup aurait été monté à la *Marseillaise* le 9 au soir, moment où serait arrivée la lettre de provocation du prince à Rochefort; qu'un autre monsieur directeur d'un journal étranger, aurait insisté sur ce fait, en disant qu'il en connaissait personnellement les détails, et que notamment, il savait qu'avant de partir pour Auteuil, sous la porte cochère de la rue d'Aboukir, 9, M. Victor Noir aurait tenu un propos significatif, en disant : « Je lui ferai son affaire. » Vérifications faites dans l'instruction, il a été démontré par les déclarations de M. Pont-Jest et du rédacteur du journal étranger, qu'ils n'avaient émis, au *Café de la Paix*, que des suppositions et des raisonnements, mais qu'ils ne savaient et n'affirmaient rien de précis. Quant au propos attribué à Victor Noir, il résultait tout simplement d'une lettre anonyme insérée précisément le 17 janvier, dans le journal le *Pays*, et dont M. de Cassagnac, lui-même, a été obligé de reconnaître qu'il ignorait complétement l'origine.

Mais tout le bruit fait autour de ce prétendu coup monté doit aussi s'évanouir en présence de l'évidence des faits. Les vrais témoins de l'affaire, MM. de Fonvielle, Paschal Grousset, Millière, avaient déclaré unanimement que la lettre à Rochefort n'était arrivée à la *Marseillaise* que le lundi 10 janvier au matin.

L'envoi des témoins de Grousset, décidé depuis le 8 au soir, ne pouvait donc avoir but d'empêcher une rencontre qui n'était pas alors prévue.

7

Eh bien! il a été établi par un fait matériel que ces témoins, qui sont les nôtres disaient exactement la vérité! En effet, quoique M. de Cassagnac ait commencé de dire à l'audience qu'il croyait avoir porté à Paris, le dimanche soir, la lettre de Pierre Bonaparte à Rochefort, il est établi par la déposition du domestique du prince, de Coffinet, que c'est ce domestique qui a mis cette lettre à la poste, qu'il l'a mise après une heure et demie de l'après-midi, entre trois et six heures, a-t-il affirmé. Or il a été constaté par le rapport de la direction des postes d'Auteuil que les lettres déposées à ce bureau le *dimanche* après une heure et demie ne sont distribuées dans Paris que le lendemain. Donc la lettre à Rochefort n'est arrivée à la *Marseillaise* que le lundi 10 janvier dans la matinée.

Il est vrai que malgré les conseils donnés la veille par Rochefort qui ne voulait pas que les rédacteurs de la *Marseillaise* se fissent provocateurs en duels, que malgré la provocation adressée à Rochefort, M. Paschal Grousset a persisté dans la résolution très-antérieurement prise d'envoyer ses témoins à M. Pierre Bonaparte; mais ces témoins, MM. de Fonvielle et Victor Noir, n'étaient ni les agents d'une conspiration politique contre Pierre Bonaparte, ni les complices d'un coup monté pour empêcher à tout prix la rencontre entre l'accusé et Rochefort. C'étaient de simples témoins chargés de préparer une rencontre entre M. Grousset et M. Bonaparte. Il y a plus, c'étaient des témoins disposés à la conciliation. M. Chabrillat vous a dit qu'il avait rencontré Victor Noir le 9 au soir, et que résistant au désir de faire parler de lui il avait prié qu'on n'annonçât pas cette démarche dans le *Figaro*, parce que si on en parlait l'affaire était inévitable, tandis qu'on espérait l'arranger. Plusieurs témoins sont aussi venus vous dire que Victor Noir avait l'ambition de paraître *gentleman* dans cette circonstance, qu'il se préoccupait naïvement de sa toilette, de ses gants, de sa tenue en un mot, et de l'allure courtoise qu'il voulait avoir dans la demeure princière où l'appelait une mission dont il ne pouvait s'empêcher d'être un peu enorgueilli. Ce ne sont donc point des témoins implacables qui se rendent à Auteuil.

Mais on a dit et répété que cette démarche était contraire à toutes les règles qui président au duel, que jamais les témoins ne se mettent directement en contact avec les parties et qu'en manquant à ces règles M. Grousset et ses amis ont

provoqué la catastrophe. Assurément je n'ai pas la prétention d'être expert en cette matière, mais j'ai consulté des
hommes plus compétents, je me rappelle bien des précédents
et j'affirme que dans la généralité des cas les choses se passent ainsi, que les témoins de celui qui provoque sont envoyés à la personne de qui la réparation est réclamée non
pour fixer avec elle les conditions du combat, non pour discuter, mais uniquement pour lui demander les noms de
deux autres témoins avec lesquels on s'abouchera, on exa-
minera, on discutera et on décidera la *question même* de la
rencontre.

Ah! celui qui a eu la fatale pensée de mettre en présence
ces passions enflammées dont le contact devait nécessairement amener une catastrophe, ce n'est pas M. Grousset. Celui qui a violé toutes les règles de ce duel, c'est l'accusé lui-
même quand il écrivait à Rochefort la lettre de provocation
que je dois vous relire pour bien établir de quel côté étaient
les intentions suspectes :

Paris, 9 janvier 1870.

Monsieur,

Après avoir outragé, l'un après l'autre, chacun des miens
et n'avoir épargné ni les femmes ni les enfants, vous m'insultez par la plume d'un de vos manœuvres.

C'est tout naturel et mon tour devait arriver. Seulement,
j'ai peut-être un avantage sur la plupart de ceux qui portent
mon nom, c'est d'être un simple particulier tout en étant
Bonaparte.

Je viens donc vous demander si votre encrier est garanti
par votre poitrine ; et je vous avoue que je n'ai qu'une médiocre confiance dans l'issue de ma démarche.

J'apprends en effet par les journaux que vos électeurs
vous ont donné le mandat impératif de refuser toute réparation d'honneur et de conserver votre précieuse existence.

Néanmoins, j'ose tenter l'aventure dans l'espoir qu'un faible reste de sentiment français vous fera vous départir, en
ma faveur, des mesures de prudence et de précaution dans
lesquelles vous vous êtes réfugié.

Si donc, par hasard, vous consentez à tirer les verrous
protecteurs qui rendent votre honorable personne deux fois
inviolable, vous ne me trouverez ni dans un palais ni dans
un château. J'habite tout bonnement 59, rue d'Auteuil, et je

vous promets que si vous vous présentez, on ne dira pas que je suis sorti.

En attendant votre réponse, monsieur, j'ai bien l'honneur de vous saluer.

PIERRE-NAPOLÉON BONAPARTE.

Encore une fois quel est celui qui a manqué aux usages reçus et tenté le sort, si ce n'est celui qui a ainsi provoqué son propre adversaire à venir chez lui et qui l'y a attendu le pistolet en poche?

Victor Noir et M. de Fonvielle arrivent chez le prince avec la mission et dans les dispositions que vous connaissez maintenant. De quel côté les premières violences sont-elles probables? Pour répondre à cette question de vraisemblance morale je dois examiner successivement les trois personnages entre lesquels va se passer le drame que vous avez à juger.

Victor Noir? Je n'ai pas grand chose à dire de lui. Sa vie a été bien courte. Nous devions espérer que la tombe le protégerait contre des recherches injurieuses sans être utiles et qu'on ne l'accuserait ici, après l'avoir tué, que si les faits qu'on aurait à lui imputer auraient un caractère de précision et de gravité indispensables à la défense. Dans ce cas j'aurais reconnu que l'intérêt sacré de la défense ne peut s'incliner même devant le respect dû à une tombe. Hélas! on a fait venir ici trois ou quatre personnes qui ont entendu, paraît-il, Victor Noir, dans un ou deux cafés, élever la voix dans une querelle et avec cela on veut établir que Victor Noir était un homme qui fréquentait les cafés, y avait des discussions continuelles, s'y montrait violent et emporté. Eh bien, tenez, un des témoins amenés par la défense elle-même a fait le véritable portrait de Victor Noir, quand il a rappelé cette circonstance où le pauvre garçon avait d'abord refusé une rencontre avec un homme dont il soupçonnait l'honorabilité et auquel il offrit spontanément toutes les réparations possibles dès qu'il eut appris que ses soupçons n'étaient pas fondés. Victor Noir c'était la franchise et la loyauté dans la vivacité naturelle à son âge. Quoique jeune il avait traversé bien des épreuves. Il avait d'abord travaillé de ses mains, car c'était l'opinion de son père que ses enfants apprissent un état manuel qui pût les mettre, en toute circonstance, à l'abri du besoin. Plus tard il se lança dans le journalisme. Il y fut protégé et instruit par un homme que nous avons tous connu, dont l'esprit et le talent sont incontestés, et qui, après avoir dirigé avec énergie un journal d'opposition, occupe aujourd'hui une des premières situations dans le gouvernement, M. Weiss. Victor Noir rédigeait les échos dans le *Journal de Paris*. Il s'était fait une position qui était solide parce que c'était surtout un rôle d'utilité. Il avait vingt et un ans, il était heureux, vivant de sa plume; il avait heureusement traversé la première existence de bohême littéraire, il rêvait le mariage, la vie calme, laborieuse, tranquille.... la balle de Bonaparte vient briser tout cela! (Émotion.)

M. de Fonvielle? C'est le second acteur du drame qui s'est terminé par la mort de Victor Noir. C'est un homme ardent, vous le savez, mais c'est un homme d'une loyauté et d'une franchise absolue. Je le connais depuis longtemps, je l'estime, et je lui demande la permission de le lui dire je l'aime fraternellement.

On a essayé d'insinuer que c'est un homme dont la parole passionnée ne mérite pas de confiance. M. de Coetlogon est encore venu raconter dans l'intruction qu'une dame Bertrand, voyageant vers le 20 janvier en chemin de fer, avec plusieurs personnes, aurait entendu un M. Rambaud rapporter que dans un déjeuner auquel il aurait assisté avec deux amis de Fonvielle, ces deux amis auraient déclaré que M. de Fonvielle aurait reconnu que le prince avait été souffleté par Victor Noir, et qu'il aurait ajouté : « Je sais bien que le prince a été provoqué, mais je ne le dirai pas, parce que la mort de Noir sert la république, et qu'il est permis de mentir et de se parjurer contre les Bonaparte. » Tout aussitôt on interroge toutes les personnes qui avaient voyagé avec Mme Bertrand, mais dans leur bouche le propos perd singulièrement de sa précision. Il devient plus vague encore quand on interroge M. Rambaud, et celui-ci déclare que jamais il n'a cru à des allégations qu'il ne tient pas d'ailleurs de deux amis de Fonvielle, comme on l'avait prétendu, et qui remontent à une époque antérieure à l'événement, puisque, d'après le témoignage de M. Vachter, ils auraient été tenus en 1868. M. Vachter lui-même, ici, a été obligé de dire qu'on avait exagéré tout cela. Et M. Rambaud a proclamé qu'il connaissait trop bien M. de Fonvielle pour douter un seul instant de sa loyauté.

Mais on a été plus loin : on a osé produire un témoin qui accuse M. de Fonvielle, officier des volontaires de Garibaldi, d'avoir volé 1500 francs dans un fourgon confié à sa garde. Et, précisément, c'est au 26 octobre 1860 qu'on place ce vol, c'est-à-dire à la date même de l'action d'éclat qui lui a valu la médaille du mérite militaire. C'est tout couvert encore de la glorieuse poussière de cette action d'éclat que le jeune officier aurait mis la main dans un fourgon et volé de l'argent! et c'est un Cervoni, le condamné aux travaux publics, qui vient affirmer cette chose! Eh bien! nous, les amis de Fonvielle, nous le couvrons tous contre de pareilles calomnies, et nous vous répondons : Vous avez menti! (Applaudissements) Et ce qui confond encore cette calomnie, c'est que le général Cluseret, en partant pour l'Amérique, où il allait commander un corps de troupes dans la grande lutte pour l'unité menacée, M. Cluseret prit avec lui comme aide de camp... qui? M. de Fonvielle, le voleur du 26 octobre!

Vous connaissez les deux premiers personnages, et, si attentivement qu'on ait recherché dans leur vie passée, on n'y trouve aucune condamnation pour faits de violence. Examinons maintenant le troisième et dernier personnage : l'accusé Pierre Bonaparte.

Dans tout son passé M. le Président ne lui a rappelé qu'un seul fait à sa charge, la condamnation qui l'a frappé en 1849 pour avoir donné un soufflet, en pleine assemblée nationale, à un de ses collègues, à un vieillard, M. le docteur Gastier. En présence des vivacités de l'accusé vis-à-vis de mon confrère Laurier, il convient de faire observer que l'accusé en 1849 n'était pas plus respectueux qu'aujourd'hui vis-à-vis du barreau, puisque, s'il faut en croire le propre apologiste du prince, celui-ci s'emporta contre le regretté Me Bac avocat de M. Gastier, et se permit de lui crier : « Prenez garde, si vous ne cessez vos personnalités, qu'il ne vous en arrive autant qu'à votre client » ! Il est vrai que le même apologiste raille beaucoup M. le docteur Gastier, de ce qu'en face d'un sanglant outrage il ait eu recours aux armes de la procédure. Mais il est bon de rappeler que la poursuite eut lieu à la requête de M. le Procureur général; et j'ajoute que si mes informations sont exactes, et j'ai des raisons de les croire telles, M. Pierre Bonaparte aurait pu se trouver en face de son adversaire sur un autre terrain, s'il avait accepté le duel à bout portant que MM. Charras et Baudin proposèrent de la part de leur vieux collègue....

A ce moment l'accusé se lève furieux et prononce quelques paroles qu'on n'entend pas.

M⁰ Floquet. — Mais l'accusé n'a pas été seulement frappé par la justice de son pays. Il a commis dans d'autres pays une série de violences. Voici ce que je lis dans une histoire du prince Pierre Bonaparte à l'occasion de son séjour à New-York : « A quelques jours de là les deux cousins (Pierre et Louis Napoléon Bonaparte) traversant un square furent brutalement heurtés par deux hommes auxquels, l'usage immodéré du vin avait peut-être ôté une partie de la raison. Ils se montrèrent impertinents et l'un deux osa saisir le prince Louis au collet. Prompt comme l'éclair, Pierre Napoléon, se servant d'une canne à épée dont il était muni heureusement, frappa vigoureusement l'agresseur à la tête. »

Le prince parle vivement à son avocat.

M⁰ Demange. — Qui dit cela.

M⁰ Floquet, tranquillement. — M. Della Rocca.... Il y a dans la vie du prince d'autres faits bien plus graves. J'en parlerai dans la mesure de la vérité à moi connue. Je ne dirai que ce qui est certain en faisant toutefois cette observation générale que, sur les récits contradictoires et les points douteux il était facile à l'accusation de porter ici des démonstrations certaines. Elle n'avait qu'à interroger les chancelleries auprès desquelles elle peut pénétrer. Et on a le droit de s'étonner que l'instruction se soit si peu occupée des antécédents de l'accusé quand elle a recherché avec tant de zèle les moindres faits contre Fonvielle et Victor Noir.

Ce qui est certain c'est que en 1836, Pierre Bonaparte a été condamné à mort par la justice du pape, pour avoir tué un officier de gendarmerie et gravement blessé deux gendarmes. Il y a à ce sujet deux versions. Celle des apologistes du prince, soutient qu'il s'agissait d'une affaire politique, et que c'est en luttant courageusement contre les *sbires* du pape que le patriote Bonaparte en a tué ou blessé trois. L'autre version dit que Pierre Bonaparte était recherché par la gendarmerie pour des faits graves et pas du tout politiques, et que le meurtre n'a pas d'excuses.[1] Je ne veux pas

1. Voici le procès-verbal de l'arrestation :

« L'ordre de la suprême secrétairerie d'État d'arrêter les deux frères don Pietro et don Antonio Bonaparte, princes de Canino, devant être exécuté avec toute finesse (*con ogni cautela : cautela* veut dire réserve, précaution, ruse, finesse), M. le capitaine Guadagnini en chargea le lieutenant comte Cagiano, lequel, apprenant le crime, se montrait désireux de faire lui-même l'arrestation de ces deux Bonaparte dont il avait été l'ami.

« A peine arrivé à Canino, Cagiano s'est mis de concert avec les me prononcer entre ces deux versions, n'ayant pas les documents officiels qui pourraient asseoir ma conviction. Je répète seulement que l'instruction pouvait se procurer facilement ces documents et qu'elle ne l'a pas voulu ; et je retiens seulement ceci qu'en 1836 M. Bonaparte avait déjà blessé un homme en Amérique, tué ou blessé trois hommes en Italie.

En 1838, le prince est à Corfou. Un jour il veut faire une partie de chasse. Il monte en bateau, il se fait conduire sur les côtes d'Albanie. Comme toujours il était muni d'armes de précision. Quand il rentra le soir, il avait tué un homme, peut-être même deux ! Sur ce point encore il y a deux versions.

D'après l'une il aurait été en état de légitime défense et il aurait seulement tué deux brigands qui voulaient l'attaquer lui et ses nombreux compagnons ! D'après l'autre version, il aurait couché à terre un officier de douane qui élevait la prétention de visiter le bateau qui venait d'accoter.

L'accusé avec animation. — « Ceci sera démenti par un document officiel....

Le Président. — Calmez-vous, accusé.

Me Floquet. — Ici encore se renouvelle mon étonnement et je dis que si l'instruction, si minutieuse dans les recherches

maréchaux des logis Pifferi et Rinaldini, ainsi qu'avec deux autres sous-officiers. Deux carabiniers expérimentés, se promenant sur la place, ont attendu les susdits frères Bonaparte, un desquels, qui était D. Pietro, apparut sur la porte du café, armé d'un fusil à deux coups ; ce que voyant, le lieutenant Cagiano (qui était dans le café) s'est approché de lui et lui a parlé. Mais le Bonaparte, soupçonnant quelque chose, a demandé à Cagiano ce qu'il venait faire à Canino, et s'il venait pour l'arrêter. Mais pendant que Cagiano répondait d'une manière évasive et demandait à voir le fusil que portait Bonaparte et en vantait la beauté, le maréchal Rinaldini survenant a pris le prince par le bras, et le lieutenant lui a intimé l'arrestation.

« Mais Bonaparte, faisant toute la résistance possible et se débarrassant de l'étreinte du maréchal, saisit dans ses hautes guêtres de cuir un poignard (*vibrando immediatamente un colpo al tenente nella parte del cuore che lo rese immediatamente cadavere*), le plongea immédiatement dans le cœur du lieutenant, qui est tombé mort. Puis il s'est retourné vivement contre le maréchal, qu'il a blessé mortellement de six coups du même poignard, et a blessé également un carabinier, qui accourait au secours du lieutenant tué. Tout aussitôt la gendarmerie s'est précipitée, le carabinier Montanari arrivant le premier, qui, voyant à terre et son officier et le maréchal, a asséné sur la tête de Bonaparte un coup de crosse qui l'a renversé. Et Bonaparte suppliant a demandé qu'on lui laissât la vie. En même temps, le carabinier Cialdea a déchargé sur le prince à brûle-pourpoint un pistolet qui ne l'a point blessé. »

contre Victor Noir, l'avait voulu, elle aurait interrogé le gouvernement anglais qui aurait fait connaître l'exacte vérité. En l'absence de documents absolument officiels, je vous soumets des écrits quasi-officiels. Voici par exemple une lettre qui émane d'un homme qui était fonctionnaire à Corfou, en 1838, et raconte la triste action de Pierre Bonaparte.

A Monsieur l'Editeur du DAILY-NEWS.

Monsieur l'Editeur,

J'étais à Corfou, employé responsable du gouvernement anglais, et je puis garantir l'authenticité des faits suivants :

Le prince Pierre Bonaparte loua un bateau à Corfou, pour le conduire sur la côte d'Albanie, dans le but d'y faire une partie de chasse.

Le bateau était manœuvré par deux marins natifs de l'île, dont *j'ai eu moi-même* l'honneur de recevoir et *d'écrire les dépositions*, après le malheureux conflit avec les Palikares. Voici la vérité établie par ces dépositions :

Lorsque la barque arriva à Sajades, sur les côtes d'Albanie, un officier de douane essaya d'accoster, pour constater l'origine et l'endroit d'où venait le bateau ; alors *sans aucune espèce de provocation, le prince l'étendit raide mort!* Ce Palikare, officier de douane, était un *vieillard*, père d'une nombreuse famille.

Immédiatement la barque reprit le chemin de Corfou. Le prince fut chassé de l'île. Le gouvernement ionien, dans la personne de sir Howard Douglas, alors *lord high Commissionner*, eut la triste satisfaction de payer une généreuse indemnité à la famille de l'officier assassiné.

JOSEPH CARTWRIGHT.

Corcyra-Villa, Holloway, 12 janvier 1870.

Le journal anglais le *Times*, ayant inséré une lettre anonyme, quoique signée *Veritas*, qui démentait ce récit, M. Joseph Cartwright a écrit de nouveau en ces termes :

A l'Editeur du TIMES.

« Monsieur,

« Il est de mon devoir de venir défendre la vérité de mes affirmations concernant l'affaire du prince P. N. Bonaparte avec de prétendus brigands sur les côtes d'Albanie, attaquée par votre correspondant « *Veritas.* »

« Au moment de l'affaire, j'étais greffier du bureau de police de Corfou, sous les ordres de M. Demetrio Zervo, inspecteur, et j'avais ainsi le moyen d'être bien renseigné. Je répète et j'affirme qu'une seule personne a été *tuée* par le prince, et que cette personne était, non pas un brigand, mais un officier de la douane.

« Je nie de la manière la plus formelle que M. Barclay, du 11e régiment, ou aucun autre officier anglais, ait jamais été capturé par des brigands albanais. . . . .

« Je nie, en outre, que lord Charles Wellesley, colonel du 53e, ou *au*-

cun officier anglais alors à Corfou, se soit jamais associé à la prétendue ovation dont parle « Veritas. »

» Il n'y avait à Corfou aucun juge ou magistrat anglais, les Ioniens étant, sous ce rapport, gouvernés par les juges du pays; la Haute Cour d'appel seule était présidée par deux juges anglais, qui, dans ce cas, se trouvaient sans pouvoirs.

« Comme moi, « Veritas » reconnaît que le prince fut chassé de Corfou.

« La » razioni di Stato » (raison d'Etat) mentionnée dans l'ordre d'expulsion du prince, était une manière délicate de lui faire connaître l'ordre du gouvernement ionien qui, le fatal événement *n'ayant pas eu lieu dans l'étendue de sa juridiction*, ne pouvait agir plus sévèrement.

» L'original de cet ordre, transmis par la police et dont vous donnez le contenu, a été écrit dans les bureaux *dont je faisais partie*, par M. Scarpa, secrétaire de l'inspecteur, signé par l'inspecteur, et *une copie a été conservée dans les livres de la police de Corfou.*

« Permettez-moi, en terminant, d'ajouter que, dans son excursion à la côte d'Albanie, le prince était accompagné d'un monsieur *Barca*, armurier à Corfou.

« Votre serviteur, etc.,

« JOSEPH CARTWRIGHT.

« Corcyra, villa Hollovay, 20 janvier 1870. »

Ainsi en 1838, à l'âge auquel est mort Victor Noir, Pierre Bonaparte avait blessé un homme, en Amérique, tué un homme et gravement blessé deux autres, en Italie, tué un homme à Corfou, et quoi qu'on dise pour sa justification, ces trois cadavres le montrent autrement violent que Victor Noir, quoique celui-ci ait quelquefois parlé trop haut dans un café! (Mouvement sympathique.)

Ainsi le prince Bonaparte est une sorte d'aventurier, je dis le mot sans y attacher une signification exagérée, et j'y attache ce sens que Pierre Bonaparte n'ayant et ne voulant se faire aucune place bien définie dans le monde, n'y cherchant à être d'aucune utilité sociale, a passé sa vie dans les aventures.

L'accusé avec animation. — Dites dans l'exil....

Le Président. — Calmez-vous, accusé.

L'accusé. — Il y a un complot pour me faire départir du calme que je veux garder....

Le Président. — Eh! bien, il faut déjouer ce complot en restant calme.

Me Floquet. — Il était en exil, dit l'accusé, ah! oui, nous savons que depuis soixante-dix ans la France a eu beaucoup d'exilés; il y a eu les Bonapartes exilés par les Bourbons, mais il y a eu aussi de plus nombreux citoyens exilés

par les Bonapartes, et ceux là nous les avons connus; même
à l'étranger, ils cherchaient dans le travail les moyens de
soutenir leurs familles, dans l'étude et la méditation ils éle-
vaient leurs intelligences pour de meilleures destinées!
Mais l'accusé comme tous les princes semblait croire que
le métier des armes est le seul qui ne déshonore pas, il
offrait son épée tantôt au général Santander, tantôt et in-
différemment à la Belgique, à l'Espagne, à la Russie, à l'É-
gypte, à la Suisse! Jamais il n'a su se constituer une existence
régulière.

En 1848 la *faction* qui triomphait alors lui ouvrait les
portes de la patrie et lui offrait l'occasion de la servir en le
nommant chef de bataillon au titre étranger dans la légion
étrangère. C'était une grande faveur, la seule qu'autorisaient les
lois et règlements militaires, qui règlent impérieusement l'a-
vancement des officiers, au titre français. Mais l'accusé entendait être officier au titre français, et il croyait qu'il devait
l'être parce qu'il était un Bonaparte. Cependant en 1849, il
consent à aller en Afrique avec la pensée que sous la prési-
dence de son cousin on ne pourra refuser de le nommer officier au titre français.

Je ne veux pas dire que Pierre Bonaparte s'est conduit en
lâche en Afrique, mais ce que j'ai le droit de dire c'est qu'il
n'a même pas su se soumettre à la discipline militaire.

En effet peu de semaines après son arrivée en Afrique, il
se dégoûte de la vie militaire, il déclare qu'il veut rentrer à
Paris. Pour couvrir son départ le général Herbillon le charge
d'une mission ayant pour objet de presser à Alger le départ
des renforts nécessaires au corps qui se trouvait devant la
Zaatcha, Pierre Bonaparte n'accomplit même pas sa mission.
Il ne va pas à Alger auprès du gouverneur comme cela lui
était prescrit par son supérieur. Il s'embarque à Philippeville et arrive inopinément à Paris. Ce fait d'indiscipline
était si grave, qu'un décret signé de la main même de son
cousin Louis Bonaparte destitua Pierre Bonaparte! Puisqu'on a insisté sur ce point tout à l'heure, je lis le décret :

« Le président de la République.

« Considérant que M. Pierre-Napoléon Bonaparte, nommé
au titre étranger, chef de bataillon dans le 1er régiment de la
légion étrangère, par arrêté du 19 avril 1848, a reçu, sur sa
demande, un ordre de service, le 19 septembre 1849, pour
se rendre en Algérie ;

« Considérant qu'après avoir pris part aux événements de guerre dont la province de Constantine est en ce moment le théâtre, il a reçu du général commandant la division de Constantine l'ordre de se rendre auprès du gouverneur général de l'Algérie pour remplir une mission concernant l'expédition de la Zaatcha ;

« Considérant qu'il n'a pas rempli cette mission, qu'il ne s'est pas rendu auprès du gouverneur général, mais qu'il s'est embarqué à Philippeville pour revenir à Paris ;

« Considérant qu'un officier servant en France, au titre étranger, se trouve en dehors de la législation commune aux militaires français, mais qu'il est tenu d'accomplir le service auquel il s'est engagé ;

« Considérant que M. Pierre-Napoléon Bonaparte en sa dite qualité, n'était ni le maître de quitter son poste sans autorisation, ni le juge de l'opportunité de son retour à Paris.

« Sur le rapport du ministre de la guerre,

« Décrète :

« Art. 1er. M. Pierre-Napoléon Bonaparte est révoqué du grade et de l'emploi de chef de bataillon à la légion étrangère.

« Art. 2. Le ministre de la guerre est chargé de l'exécution du présent décret.

Fait à Paris, à l'Élysée national, le 19 novembre 1849.

« LOUIS-NAPOLÉON BONAPARTE,

« *Le ministre de la guerre,*

« D'HAUTPOUL »

M. Pierre Bonaparte fit entendre de violentes réclamations, et les porta à la tribune nationale ; et voici le débat qui eut lieu à ce sujet. Il éclaire ce point de la vie du prince qu'on cherchait à obscurcir tout à l'heure :

« M. Pierre Bonaparte.—Citoyens représentants du peuple, je n'ai que quelques mots à dire sur la question que ce décret soulève en général, et sur ce qui me regarde en particulier, si l'Assemblée veut bien m'entendre.

« En principe, je soutiens avec une profonde conviction et avec indignation, quand je pense qu'on ose soutenir le contraire dans cette enceinte, qu'un membre du pouvoir législatif, quelle que soit la mission temporaire qui ait pu lui être confiée, en vertu de l'art. 85 de la loi électorale organique, ne peut être retenu malgré lui loin du sanctuaire national où s'accomplit son mandat. (Mouvements divers.) Jaloux de vos droits, qui sont ceux du pays, il importe que vous fassiez intervenir à cet égard une décision souveraine qui réprime les outrecuidantes prétentions d'un gouvernement trop disposé à faire bon marché du grand caractère dont les représentants du peuple français sont revêtus. J'aurai l'honneur, dans ce but, de vous proposer un ordre du jour motivé à la fin de la discussion.

« Passant à ce qui me regarde, l'exercice du droit imprescriptible que je viens de dire m'a paru d'autant plus opportun que, dans ma conviction, nos institutions républicaines, auxquelles je suis voué corps et âme, sont sur le point de courir des dangers. (Mouvement.).

« Je désire, citoyens représentants, qu'on ne se méprenne pas sur la portée de mes paroles. L'indigne manière dont j'ai été traité, l'injustice et l'ingratitude dont j'ai à me plaindre, ont pu modifier mes sentiments envers mon parent, Louis-Napoléon Bonaparte, mais non envers le président de la République. Tant qu'il saura maintenir la Constitution, ou que la majorité de l'assemblée déclarera qu'il l'a maintenue, je le soutiendrai vigoureusement, tout en conservant, bien entendu, ma liberté d'appréciation parlementaire.

« Mais c'est de ses conseillers, ministres ou autres, de ses familiers surtout que je me défie. Leur persistance à éloigner tout ce qui naturellement était intéressé à l'éclat du drapeau populaire relevé le 10 décembre, suffit pour justifier mes défiances. A mon cousin et collègue Napoléon Bonaparte comme à moi, ils ont fait donner une mission dont ils se sont ensuite subrepticement efforcés de rendre l'accomplissement impossible. »

Le ministre de la guerre répond et vous allez voir en quels termes :

« M. le ministre de la guerre. — M. le général Herbillon, commandant militaire de la province de Constantine et des troupes qui font le siége de Zaatcha, a donné, il est vrai, à M. Pierre Bonaparte, un ordre qu'il m'a remis entre les mains. Je lui ai dit : « Cet ordre vous couvre. » C'était tout simple et s'il ne vous avait pas couvert, savez-vous ce que j'aurais fait. Je serais venu ici, j'aurais demandé à l'Assemblée l'autorisation de vous poursuivre. Je vous aurais fait arrêter et conduire par la gendarmerie à Constantine, et là vous auriez été traduit devant un conseil de guerre. (Marques générales d'approbation.)

« Je n'ai pas agi ainsi parce que je ne devais pas le faire. Il ne restait aux yeux du ministre de la guerre qu'une faute, une faute grave, c'était de ne pas avoir accompli un mandat reçu. Ce mandat était important. Il disait à M. Pierre Bonaparte d'aller à Alger, pourquoi faire? C'était une chose à peu près inusitée qu'un officier commandant une troupe et une troupe devant l'ennemi, en fût détaché pour aller devant le gouverneur d'Alger demander des secours. Mais enfin, j'accepte cette mission, tout étrange qu'elle puisse paraître. Du moins fallait-il l'accomplir? »

Et alors M. Pierre Bonaparte propose un ordre du jour ainsi conçu :

« M. le président. — Voici l'ordre du jour motivé que M. Pierre Bonaparte propose à l'Assemblée :

« Considérant que les missions ou commandements temporaires dont les représentants du peuple peuvent être investis, conformément à l'art. 85 de la loi électorale organique, ne peuvent leur enlever leur droit d'initiative parlementaire, ni l'indépendance de leur caractère législatif;

« Considérant qu'il ne peut appartenir à personne d'empêcher ou d'interdire, pour quelque raison que ce soit, l'accomplissement de leur mandat,

« L'Assemblée passe à l'ordre du jour. »

Maintenant, voici le résultat :

« M. le président. — Je mets aux voix l'ordre du jour motivé présenté par M. Pierre Bonaparte. » (Personne ne se lève à l'épreuve; l'Assemblée presque entière se lève à la contre-épreuve.)

Voilà le jugement de l'Assemblée nationale sur la conduite militaire de M. Pierre Bonaparte. Vous le connaissez maintenant, violent jusqu'aux derniers excès dans ses emportements, indisciplinable à tous les points de vue de la sociabilité humaine.

Vous avez devant vous les trois personnages de la scène d'Auteuil. De qui attendez-vous la première violence?

M. le président. — Si vous voulez, Me Floquet nous renverrons l'audience à demain pour entendre le reste de votre plaidoirie, cela, à ce qui me semble, ne souffre aucune difficulté puisque vous entrez dans un autre ordre d'idées.

Me Floquet. — Je ferai comme il plaira à la cour.

L'audience est suspendue à cinq heures moins dix minutes.

Jugement de M. Ulric de Fonvielle.

A la reprise de l'audience, M. le procureu rgénéral requiert la mise en jugement de M. de Fonvielle.

On introduit l'accusé. L'émotion de l'auditoire est à son comble. Ulric de Fonvielle s'avance à la barre des témoins et on le fait asseoir.

Me Laurier. — Nous demandons l'ajournement de ce débat parce que nous avons des témoins à faire citer.

M. le président. — Je crois que c'est inutile, car tous les témoins sont encore à l'audience.

Premier témoin, commissaire de police. — Quand l'accusé a parlé, M. de Fonvielle s'est levé, et ayant monté sur son banc, il a dit : « Comment, vous avez assassiné mon ami, vous l'avez assassiné lâchement, et vous osez me regarder en face ! »

Il me semble, mais je ne puis l'affirmer, qu'il s'est écrié : « A mort! à mort! » et en sortant, il a dit : « Oh! les brigands! »

Le président. — Qu'avez-vous à répondre? Vous ne deviez pas vous laisser aller à cette violence, un accusé mérite toujours de certains égards. Maintenant, vous avez proféré des menaces contre la Cour.

Ulric de Fonvielle. — M. le président, je n'ai eu nullement l'intention de manquer de respect à la Cour. Mais en entendant Pierre Bonaparte insulter mon ami, je n'ai pu maîtriser mon indignation. Je regrette ce mouvement, car je sais que tous les accusés doivent posséder certaines immunités.

Ce que j'ai dit est simplement ceci :

« Et pourtant vous avez assassiné Victor Noir! Regardez-moi bien en face, Pierre Bonaparte, et dites-moi, osez me dire que vous ne l'avez pas tué lâchement, déloyalement? Vous êtes un assassin! un assassin! ».

Je n'ai rien dit de plus.

Deuxième témoin, capitaine de gendarmerie. — J'étais au milieu de l'audience, lorsque, à une interruption de l'accu-

sé, M. de Fonvielle est monté sur son banc et s'est écrié :
« Vous l'avez assassiné lâchement. » J'ai cru entendre les
mots : « A mort! à mort! » mais je ne puis l'affirmer.

J'ai pris sur moi de le faire sortir, parce que je voyais
que l'exaspération du fond de la salle pouvait amener un
incident très-regrettable.

M. de Fonvielle. — Je ferai remarquer que les uns ont
crié : « A la porte, » les autres ont peut-être dit : « A mort, »
et les agents ont pu se tromper, en m'attribuant ce dernier
cri que je n'ai point proféré.

Grégoire, quarante-un ans, gendarme. — J'ai vu M. de
Fonvielle se mettre debout sur son banc et crier : « Vous
l'avez assassiné! » Puis, en s'en allant, il a crié : « A mort!
à mort! »

Troisième témoin, gendarme. — J'ai entendu crier : « A
mort! à mort! » Cela a même produit une certaine émotion
dans la salle.

Noiret, quarante-deux ans, gendarme. — J'étais avec
mon maréchal des logis, près d'un monsieur que je ne connais pas, quand, à une interruption de Pierre Bonaparte, il
s'est écrié : « Oui, vous avez assassiné Victor Noir! »

Il a proféré ensuite quelques mots que je n'ai pas entendus. (Mouvement sympathique.)

Cinquième témoin, gendarme. — J'ai entendu crier : « A
mort! à mort! » J'ai fait sortir le prévenu de suite. (Murmures.)

Archambaud, trente-neuf ans, architecte. — M. de Fonvielle était placé derrière moi quand je l'entendis s'écrier :
« Vous avez assassiné Victor Noir, à mort! à mort! » (Murmures.)

Hamelin. — Pendant les quelques paroles de Me Laurier, M. de Fonvielle s'est écrié : « Oui, vous avez assassiné
Victor Noir, » et il a ajouté : « A mort! à mort! »

Quelques personnes disaient près de lui : « Courage!
courage! »

Millière, cinquante-deux ans, directeur de la *Marseillaise*.
— Je me trouvais derrière M. de Fonvielle, quand, tout à
coup, il s'est levé et s'écria, en fixant l'accusé : « Oui, vous
avez assassiné mon ami : vous êtes un assassin! » et je crois
même qu'il l'a tutoyé.

Maintenant je dois dire que je suis enchanté de m'être
trouvé entre deux gendarmes, car ils pourront affirmer la
véracité de mon assertion.

De mon côté j'ai fait asseoir plusieurs personnes qui s'é-
taient levées, car je voulais éviter à tout prix un tumulte qui
n'était pas convenable et qui était même dangereux.

Neuvième témoin, gendarme. — J'étais assis et je n'ai
pas entendu crier : « A mort! à mort! »

Haranger, gendarme. — J'étais présent au moment de
l'observation de l'accusé à Me Laurier, quand M. de Fonvielle s'est levé en disant : « Vous avez osé parler de mon
camarade, vous qui l'avez assassiné! »

Je le touchais, mais je n'ai pas entendu crier : « A mort!
à mort! »

Arthur Arnould. — J'étais très-bien placé pour entendre
de Fonvielle, n'étant séparé de lui que par Millière et les
deux gendarmes qui le gardent.

Au moment où Pierre Bonaparte venait d'insulter grossièrement Me Laurier, Ulric de Fonvielle a bondi, puis,
montant sur son banc, et tendant le bras vers l'accusé, il a
crié : « Vous avez, devant moi, lâchement assassiné mon
ami Victor Noir! Osez me regarder en face et me dire non!»

Mais Ulric de Fonvielle n'a pas insulté la Cour, je l'affirme sur l'honneur!

Jules Claretie. — Je l'ai entendu dire : « Et cependant
vous n'en avez pas moins assassiné mon ami! Osez me regarder en face et le nier! »

Quant à avoir prononcé d'autres paroles, je puis affirmer
que celles qu'il a pu prononcer n'étaient pas adressées à la
Cour, il était brutalement repoussé par les personnes qui
l'entouraient.

M. Habeneck confirme la déposition du témoin précédent
et ajoute : « C'était un cri du cœur! »

Le président blâme vivement le témoin pour cette appréciation.

Me Siebecker. — M. Fonvielle s'est écrié : « Osez donc
dire que vous n'avez pas assassiné mon ami, et regardez-
moi en face! »

M. Fonvielle. — Je vous garantis que je n'ai pas dit autre chose. — Quant au cri : « A mort! à mort! » je le nie
absolument, et je crois que la meilleure raison que je puisse
invoquer, c'est qu'il n'aurait eu aucun sens dans ma bouche.

M. le procureur général. — Le fait qui vient de se passer
est un fait outrageux envers la haute cour, car des cris comme
ceux que s'est permis le *sieur* de Fonvielle constituent un

M. Tardieu. — Mais cette question ne devrait pas m'être posée.

M. Pinel. — Êtes-vous sûr que le rein n'ait pas été contusionné ; une balle peut parfaitement percer le cœur et néanmoins contusionner le rein.

M. Tardieu. — Le rein a été touché.

M. Pinel. — Si le rein a été touché, il s'est produit une émission d'urine ; si, au contraire, le rein n'a pas été touché, cette émission d'urine est un phénomène tout moral.

M. Tardieu. — Du reste, ce fait est constant dans tous les cas de mort violente ; quand on tue un animal, cet animal a des évacuations ; les convulsions sont aussi très-ordinaires.

M. Grandperret. — Voilà tout ce que je voulais savoir.

Un juré. — Un individu frappé d'une balle, et qui a eu le cœur traversé, peut-il faire quelques pas encore ?

Seconde question : Est-il possible que cet homme soit ramassé ayant encore son chapeau à la main, bien qu'il n'ait plus sa connaissance.

M. Tardieu. — Ce sont des faits exceptionnels, mais cela arrive souvent. Ayant le cœur atteint, l'on peut descendre un escalier. J'ai souvent cité l'exemple d'un jeune homme qui, s'étant donné un coup de couteau dans le cœur, a pu descendre vingt-quatre marches et en remonter quinze pour arriver dans une autre chambre.

Suite de la plaidoirie de Mᵉ Floquet.

Mᵉ Floquet. — Je ne répondrai pas aux lectures qui viennent d'être faites à propos de Victor Noir ; je crois avoir expliqué hier les antécédents de l'accusé et des deux autres acteurs du drame sans avoir besoin d'insister davantage. Je ne renouvelerai qu'une réflexion, c'est que si l'instruction avait voulu recueillir les antécédents de l'accusé avec le même soin qu'elle l'a fait pour Victor Noir, avec le même soin que l'on a apporté pour produire devant vous de simples soupçons, ou les simples préliminaires d'une instruction qui a pu être faite contre la victime, nous aurions ici des documents d'une autre gravité que ceux dont on vous a donné lecture.

Victor Noir a été l'objet d'une instruction dans une affaire où mon confrère plaidait ; celui-ci vous expliquera que

Victor Noir était parfaitement innocent, et qu'il n'a pas paru devant la justice puisqu'il y a eu une ordonnance de non-lieu. A Bordeaux, il n'a pas été poursuivi, et non-seulement il n'a pas été poursuivi, mais encore il n'a pas même eu besoin pour cela d'une ordonnance de non-lieu. Le commissaire central de police a jugé les faits trop insignifiants pour en faire même l'objet d'un simple procès-verbal.

Si, au contraire, on avait cherché, comme je le disais tout à l'heure, dans les chancelleries anglaises, dans les chancelleries de Rome, on aurait trouvé la trace de condamnations bien autrement graves ayant frappé l'accusé, et on aurait trouvé la preuve des meurtres dont je vous ai parlé.

Ceci dit, je reviens à ma plaidoirie. Je me suis attaché hier à écarter toutes les allégations et hypothèses tendant à établir, selon l'expression favorite de l'accusé, « un complot, » une conspiration menaçant le prince et le mettant pour ainsi dire en état permanent de légitime défense ; j'ai recherché de quel côté les premières violences étaient rendues le plus probables, par la comparaison des caractères, des habitudes, des antécédents des trois personnages du drame d'Auteuil. Aujourd'hui, je veux me renfermer dans la relation particulière et funeste qui a mis, le 10 janvier, l'accusé et ses victimes en présence. L'événement est terriblement simple. Le 10 janvier, à deux heures, les deux jeunes gens entraient chez le prince. Quelques minutes plus tard, l'un d'eux tombait mort à la porte de la maison fatale ; l'autre, poursuivi comme dans une chasse à l'homme, sortait échevelé, criant « à l'assassin ! »

Le résultat matériel, incontestable de l'entrevue c'étaient : un meurtre sur la personne de Victor Noir ; une tentative de meurtre sur la personne d'Ulric de Fonvielle. Et ce sont ces deux chefs que l'acte d'accusation a dû relever contre l'accusé, malgré tous les efforts des officieux du prince.

Tout à l'heure, M. le président nous avertissait que la cour poserait la question d'excuse résultant d'une provocation. La défense, de son côté, annonçait qu'elle soutiendrait la non-culpabilité, le meurtre ayant été commis ou tenté en état de légitime défense.

Tout d'abord, nous aurions le droit de dire : Les faits matériels sont incontestables. Nous n'avons à prouver que cela. Si on oppose, en faveur de l'accusé, l'excuse de la provocation ou le moyen de justification tiré de la légitime défense, ce sont là des exceptions que la défense doit prouver. Nous attendons ses preuves. Mais je reconnais que dans un aussi grand débat, il ne convient pas de se réfugier dans des discussions de chicane et dans des moyens de procédure.

Le système de la défense apparaît suffisamment, et ses arguments sont assez visibles dans l'instruction elle-même pour que nous les combattions dès à présent. Ce sera d'ailleurs le moyen d'éviter les longues répliques.

On dit que l'accusé était, le 10 janvier, en état de légitime défense. Qu'est-ce, en droit, que l'état de légitime défense? C'est la situation de celui qui défend sa personne ou celle d'autrui contre un danger réel résultant d'une agression injuste. Si, dans cette situation, un homme en tue un autre, il n'est pas coupable et il n'encourt aucune pénalité : l'homicide est légitime. Lisons, à ce sujet, ce que disent les auteurs mêmes de la loi, dans l'exposé des motifs du Code pénal : « L'homicide est légitime lorsqu'il a été commandé par la défense de soi-même, soit qu'on ait été frappé, ou qu'on se trouve dans un pressant danger de l'être, et que, ne pouvant attendre du secours de la loi, entraîné par l'instinct conservateur de son existence, on repousse la force par la force; ou que, voulant arracher un homme à un péril imminent, on ôte la vie à celui qui allait donner la mort.... » Ainsi il faut danger de mort pour fonder le cas de légitime défense, et celui-là n'est pas en danger de mort, et n'est pas par conséquent en état de légitime défense, qui donne la mort pour éviter ou venger un outrage, fût-il le dernier et le plus cruel des outrages, comme un soufflet, par exemple; et c'est ce que nous dit encore le législateur, quand il s'exprime ainsi : « Le citoyen qui repousse un outrage grave n'est pas mis, comme celui dont parle l'article, dans la nécessité d'opposer la force à la force; s'il frappe, s'il blesse, s'il tue, ce n'est que pour venger une injure et pour punir l'homme qui l'a offensé. Or, le droit de punir ne peut être confié qu'à l'autorité publique; et, en tout cas, il serait contre toutes les règles de laisser l'offensé se constituer juge dans sa propre cause. »

Le danger actuel, le danger de mort qui met seul en état de légitime défense existait-il pour l'accusé le 10 janvier?

Existait-il par la seule présence de ces jeunes gens dont vous connaissez le passé, qui n'étaient pas les agents d'une conspiration, qui venaient comme simples intermédiaires pour préparer une rencontre loyale entre deux adversaires, et qui ne devaient pas s'attendre à se trouver en face d'un assassinat?

On dit qu'ils étaient armés! Mais tout le monde ne l'était-il pas dans cette maison d'Auteuil, véritable arsenal, depuis le prince jusqu'aux domestiques qui, on vous l'a dit, étaient autorisés à porter des armes.

Ils étaient menaçants? Mais le témoignage domestique et peu suspect de la fille Gillet démontre qu'ils sont entrés avec des airs peut-être un peu railleurs, mais avec convenance et le chapeau à la main, dans le salon du prince!

Pour constituer un danger subit et réel, il faut donc quelque chose de plus, et c'est pourquoi l'accusé a tant insisté à l'audience pour établir qu'au moment même où Noir le souffletait, de Fonvielle avait déjà le revolver en main et le menaçait. Ce point sur lequel l'accusé insiste à l'audience, il l'avait, il est vrai, déjà indiqué dans le récit publié par le *Figaro*, dans le récit publié par le *Pays*, dans la déposition faite à M. le commissaire Roidot, c'est-à-dire dans les déclarations faites après cinq heures de l'après-midi, quand le système de défense a été préparé par toutes les communications avec les amis du dehors.

Mais ce système est invraisemblable. D'abord il est certain que Fonvielle avait son pistolet dans sa poche, et dans l'étui, et d'après la version même de l'accusé rien dans son langage ne nécessitait que Fonvielle retirât instantanément le pistolet de sa poche et de l'étui. Ensuite, comment se fait-il que si l'accusé eût été menacé du pistolet de Fonvielle, il ait tiré sur Noir qui n'était pas armé? En supposant vraie l'allégation de Bonaparte, il était en légitime défense contre Ulric de Fonvielle et il tire contre Noir! Il est menacé par Fonvielle et il tue Noir! Ah! je sais bien qu'on a trouvé pour se tirer de cette invraisemblance des sentimentalités. On a dit et répété : « En présence de l'outrage et du danger, j'ai choisi de venger l'outrage. » Et certain interlocuteur du prince à la Conciergerie se serait même écrié, après avoir entendu cette phrase : « Ah! vous êtes bien le digne héritier du vainqueur d'Austerlitz! (On rit.)

L'accusé. — Ils auraient été soixante que j'aurais tiré sur celui qui m'avait frappé.

Me Floquet. — C'est possible; et si cela était ce serait peut-être chevaleresque, mais au point de vue légal vous ne seriez pas et vous n'avez pas été en état de légitime défense contre Noir.

Mais le système de l'accusé n'est pas seulement invraisemblable; il n'est pas vrai.

En effet, avant que le système de défense fut combiné, il avait parlé à M. Morel; et dans sa première déposition M. Morel, qui n'est pas suspect, déclare qu'il y a succession entre le coup de pistolet tiré sur Noir et le fait par Fonvielle de s'être armé à son tour de son revolver : « Qu'à la suite de diverses paroles échangées sur un ton menaçant de la part des inconnus, l'un d'eux lui avait donné un soufflet sur la joue gauche, le prince s'était alors armé d'un revolver qu'il porte toujours sur lui, et avait tiré sur celui qui l'avait frappé; cet inconnu s'était immédiatement retiré. Son ca-marade, menaçant le prince d'un pistolet dont il était armé, le prince avait par deux fois tiré sur lui sans l'atteindre. » (Déposition de M. Fonvielle le 11 janvier.)

M. Terrien, ce commissaire complaisant qui est venu chez le prince à trois heures et demie, et qui s'est borné à échanger avec lui une aimable conversation, au lieu de sai-sir les pièces à conviction et de constater les traces du crime, M. Terrien, qui, lui non plus, n'est pas suspect, M. Ter-rien, dans sa déposition écrite, constate aussi la succession entre le coup tiré sur Noir par le prince et l'action de Fon-vielle découvrant son arme pour tenir le prince en respect: « C'est alors, dit M. Terrien d'après le récit du prince, que prenant son pistolet dans sa poche il a ajusté Victor Noir et a fait feu sur lui. Victor Noir est presqu'aussitôt sorti du salon. Mais, a ajouté le prince, son camarade avait tiré de sa poche un pistolet renfermé dans son étui, et cherchait à s'en servir contre lui. Le prince ajusta de Fonvielle..... » (Déposition de M. Terrien.)

Pour donner plus d'apparence à sa version, l'accusé avait soutenu avec énergie qu'il avait ramassé lui-même, aussitôt après la sortie de Fonvielle, l'étui de son revolver dans le salon même. La vérité l'oblige à renoncer à cette affirmation, car elle est contredite par les domestiques qui ont ramassé l'étui dans l'escalier de service par lequel Fonvielle était des-cendu.

Enfin, la preuve certaine que Fonvielle n'avait pas encore son revolver en main au début de la scène, au moment où Noir a été tué, c'est l'expérience faite devant vous sur le vê-tement de Fonvielle.

Par le trajet de la balle qui a traversé le paletot de bas en haut, il est démontré que Fonvielle a été frappé au moment même où il soulevait le côté gauche de son vêtement pour y prendre de la main droite le pistolet qui y était placé. Donc

jusque-là le revolver était resté dans cette poche et ne pouvait menacer M. Pierre Bonaparte.

Me Floquet joint à cette explication une démonstration
matérielle. Il s'attache ensuite, par l'examen du plan des
localités, à prouver que Fonvielle est sorti par la salle de
billard directement sur l'escalier de service, et non pas,
comme l'affirme le prince, par la salle à manger. Cette démonstration détruit l'argument de l'accusé consistant à dire :
la preuve que je ne poursuivais pas Fonvielle et que je me
contentais de me défendre contre ses menaces, c'est que je
n'avais qu'à traverser le billard pendant qu'il passait par la
salle à manger pour me retrouver en face de lui sur le palier
et le tuer à bout portant.

Enfin, l'accusé a voulu établir le cas de légitime défense
contre Noir aussi bien que contre Fonvielle, en insinuant
que Noir avait aussi un pistolet et en affirmant qu'il portait
à la main la canne à épée attribuée à Fonvielle. Mais il est
d'une part établi par l'instruction que Noir n'avait certainement pas de pistolet, et, d'autre part, la canne à épée a été
trouvée non pas, comme le soutenait le prince, à droite, du
côté de la console où s'était arrêté Noir, mais à gauche, du
côté du canapé, au point où Fonvielle l'a laissée tomber avec
son chapeau et où elle a été ramassée par un domestique peu
suspect, qui en a déposé.

Ainsi, tout le système sur lequel est fondé le cas de légitime défense s'écroule ; la légitime défense n'existait ni quand
l'accusé a tué Victor Noir, ni quand il a tiré ses deux coups
de feu contre Ulric de Fonvielle.

Si l'accusé n'était pas dans le cas de légitime défense qui
fait disparaître toute culpabilité, a-t-il été l'objet d'une de
ces provocations outrageantes qui excusent un mouvement
précipité de violence, et atténuent, dans des proportions léga-
lement définies, la pénalité encourue pour le fait matériel
du meurtre et de la tentative de meurtre ? On prétend trouver les preuves d'une provocation, 1° dans la trace d'un coup
qui aurait été constaté sur la joue de l'accusé le 10 janvier
après l'événement; 2° dans les aveux même de Fonvielle,
qui aurait déclaré devant diverses personnes que Noir avait
souffleté le prince.

La trace du coup reçu par le prince, à quel moment
apparaît-elle dans les récits publiés? Peu d'instants après la
catastrophe. M. Morel, qui est arrivé pour faire sa seconde
visite au rhume de cerveau du prince, aurait constaté

8

cette fameuse trace du coup porté par Noir. Aussitôt, il s'élance dans la rue pour faire dévier la clameur publique et expliquer à la foule que le meurtre a été légitimé par une voie de fait violente.

Le docteur Morel, en effet, parcourt la rue, le marché, les environs de la pharmacie où a été déposé le cadavre, et partout il va disant : « Le prince a été provoqué, menacé, frappé.... Il a la joue grosse comme cela, » et il indique du geste une grosseur de plusieurs centimètres. Il rencontra, dit-on, quelques incrédules, et l'un d'eux s'aventura jusqu'à s'écrier : « Bah! le prince est bien capable de s'être fait cela lui-même pour se préparer un moyen de défense. » Ces exagérations, ces détails, rapportés par un témoin, M. Sauton, ont été niés par M. Morel; mais une enquête faite par M. le commissaire Roidot, délégué par le conseiller instructeur, a confirmé tout ce qu'avait dit M. Sauton, et les exagérations relatives à la joue du prince, et l'incrédulité de quelques-uns, et le propos caractéristique d'un des auditeurs du docteur, de l'homme d'affaires du prince.

Si le prince avait la joue grosse comme cela, c'était le moment de faire constater une chose aussi importante. M. le docteur Morel a affirmé que telle avait été immédiatement sa pensée et qu'il s'était spontanément mis à la recherche de M. le docteur Pinel pour l'amener faire cette constatation. Malheureusement les affirmations de M. Morel sont contredites par les dépositions identiques de MM. les docteurs Dumange et Sammazeuilh qui revendiquent pour eux l'honneur d'avoir poussé M. Morel à faire faire les constatations auxquelles il ne pensait pas lui-même. Ainsi la visite du docteur Pinel au prince a été presque imposée au docteur Morel. Enfin celui-ci se décide et il amène M. Pinel au domicile de l'accusé. Là que se passe-t-il? M. Pinel déclare que les volets étaient fermés, qu'il faisait très-sombre, que le prince s'est impatienté, s'est refusé à tout examen sérieux, et que tout ce que le médecin a pu voir, à la légère, c'est derrière l'oreille, dans la région mastoïdienne, la trace d'une ecchymose déjà en voie d'évolution. Vous avez entendu M. Pinel. Il ne s'est pas montré assurément hostile à « monseigneur, » mais à travers toutes ses timidités et ses explications, ce qui reste, ce sur quoi il persiste avec énergie, c'est que la trace par lui constatée ne pouvait être celle d'un soufflet récent. Il est vrai que M. Morel pour expliquer cette différence entre la joue « grosse comme cela » et la trace anodine constatée par M. Pinel, il est vrai que M. Morel s'est hâté de dire dans l'instruction que M. Pinel a constaté « les traces encore apparentes quoique très-affaiblies du coup qui venait d'être porté ! »

Cependant quelques heures plus tard, vers quatre heures, ces traces apparaissent éclatantes à bien des personnes que vous avez entendues ici, à MM. de Grave, de Cassagnac, Casanova, de La Bruyère, qui les ont vues même persister pendant plusieurs jours. Mais comment se fait-il que M. de Grave, qui a vu cette trace si éclatante du coup reçu par le prince, n'en dise mot dans le récit circonstancié qu'il publie le 10 au soir dans le journal *le Figaro ?* Comment se fait-il que M. de Cassagnac qui « a été frappé » de la gravité de cette trace n'en fasse non plus aucune mention dans le récit circonstancié qu'il publie le 10 au soir dans le journal le *Pays ?* Comment se fait-il que la description de cette trace si sérieuse ne figure pas non plus dans le procès verbal dressé le jour même de l'événement par M. le commissaire Roidot ? Il faut bien remarquer que dans aucun des écrits rédigés au moment même où cette trace devait être la plus apparente, il n'en est fait la moindre mention. Elle n'est affirmée que dans les dépositions ultérieures de ceux-là même qui ont écrit leurs impressions toutes chaudes, au soir de la catastrophe !

D'après M. Darleux, agent de police, cette trace était « un peu rouge ; » d'après le brigadier Balagna elle était « un peu jaunâtre ; » M. de Cassagnac l'a vue « noire avec des reflets jaunes ; » M. de Casanova l'a vue « violacée. » Eh ! bien si je consulte la science, je dis que cette trace était celle d'un coup ancien. En effet un jeune médecin déjà distingué et qui est déjà une autorité, M. le docteur Ornimus m'affirme cela, et m'a envoyé pour le prouver un extrait du traité de médecine légale de MM. Briand et Chandé, où il est dit : « Si l'action des corps contondants s'est bornée à l'épaisseur de la peau (ce qui est le cas d'un très-fort soufflet) .... En général la couleur bleuâtre se manifeste du deuxième au troisième jour, la couleur verdâtre ou plombée vers le cinquième ou sixième et la teinte jaunâtre du septième au huitième. » Donc si la trace a réellement existé c'était celle d'un coup ancien.

M. le docteur Tardieu a été appelé à se prononcer ; mais chose étrange il n'a été appelé, ni le soir de l'événement, ni dans les jours qui ont suivi et pendant lesquels la trace aurait persisté, à la décrire et à l'apprécier ! Il n'a jamais vu l'accusé. On lui a donc demandé non pas un rapport médical pour lequel sa compétence est connue, mais un vrai jugement sur les rapports de ses confrères dans lesquels M. Morel affirme, M. Pinel nie, et M. Sammazeuilh ignore. M. Tardieu ne conclut aussi que sur ces hypothèses et il conclut par une hypothèse. Il suppose incidemment que la trace qui lui est décrite par M. Morel peut avoir été produite par les gros boutons de manchette de Noir. Mais si cela était vrai, on aurait certainement retrouvé aussi sur le poignet de Noir la trace du contre-coup des boutons sur la peau du bras. Aussi M. Tardieu n'insiste-t-il pas sur cette hypothèse. Il s'arrête à celle d'un coup porté à poing fermé. Mais Noir avait des gants neufs, très-étroits, et qui ont été retrouvés intacts sur les mains du cadavre. S'il avait porté un coup aussi violent que celui que prétend avoir reçu le prince, le gant aurait été déchiré. Il y a plus: si Noir, ce colosse dont on a parlé, avait porté un coup si violent, le prince qui se dit valétudinaire aurait été étourdi, au moins pendant quelques instants et n'aurait pu viser et tuer instantanément Victor Noir, si préparé qu'il eût été à tirer sur ces ambassadeurs qui ne soupçonnaient guère les projets de l'assassin !

Nous avions aussi notre hypothèse, plus vraisemblable que celle de la défense. Nous avions tout lieu de croire que dans les jours les plus voisins de l'événement le prince avait fait un assaut d'armes au sabre, et qu'un coup de parade avait porté violemment sur l'oreillette de son masque et produit l'ecchymose dans la partie mastoïdienne ; M. de Cassagnac a nié cet assaut ; nous soumettons notre hypothèse au jury.

J'examine maintenant les prétendus aveux échappés à Fonvielle et établissant que l'accusé aurait reçu un soufflet de Noir et qu'il était par conséquent violemment provoqué.

Ces prétendus aveux auraient eu lieu dans deux circonstances. D'abord, pendant le trajet du cadavre porté à la pharmacie, Fonvielle se serait écrié : « C'est égal, il a tué mon ami, mais il a reçu un fameux soufflet. » Ensuite, pendant que le cadavre était dans la pharmacie, M. de Fonvielle serait sorti et aurait raconté à des groupes divers que Victor Noir aurait donné un soufflet au prince.

Voyons d'abord les prétendus aveux faits autour de la pharmacie. Quelle est leur première origine? M. Roidot, commissaire de police, vous l'a dit, ils lui ont été révélés par une lettre que lui a écrite, le soir du 10, son collègue M. Terrien, qui semble en cette affaire l'officieux du prince et rassemble des témoignages en sa faveur. M. Terrien écrit ceci :

XVIᵉ arrondissement.   Paris, ce 10 janvier 1870.

COMMISSARIAT DE POLICE
     du quartier
de la porte Dauphine
   et des Bassins.

En dînant ce soir avec M. Giraudon dans un café près de la demeure du prince Pierre Bonaparte, un monsieur à barbe noir, âgé de 25 à 30 ans, nous a dit devant plusieurs personnes avoir entendu de Fonvielle déclarer publiquement, soit dans la rue, soit chez le pharmacien où se trouvait le corps de Victor Noir, que celui-ci avait le premier frappé au visage le prince. Il sera facile de retrouver ce monsieur avec les indications qui vous seront données par M. Giraudon et dans le café.

Il y avait là un monsieur décoré, âgé d'environ 55 ans, qui vous connaît et travaille, je crois, chez Rotschild.

L'individu avait des renseignements absolument semblables à ceux qui m'ont été donnés par le prince lui-même, et il les avait envoyés au journal le *Figaro*.

Ces renseignements concordent aussi avec ceux que M. Périnet vient de vous transmettre avant mon retour.

À vous,

Signé : TERRIEN.

Voilà un récit bien circonstancié et qui semble attribuer à M. de Barthélemy l'initiative d'une affirmation importante relative aux aveux de Fonvielle. M. Giraudon, l'officier de paix, est interrogé et sa déposition semble confirmer les allégations de la lettre de M. Terrien dans leur ordre et leur enchaînement. Mais on interroge M. Barthélemy et voici que tout est complétement bouleversé. Lisons la déposition de M. Barthélemy :

« Je me rendis au café des Fleurs, j'y rencontrai deux personnes qui dînaient sur une table séparée, dont l'une se fit connaître pour un commissaire de police. Il y avait à peine quelques minutes que ces messieurs avaient commencé à dîner, lorsque M. Hesse, qui demeure à Auteuil et que je connais, entra dans le café.

« Il arrivait de Paris ayant lu dans le journal le *Parlement* que le prince Pierre avait tué un homme chez lui. Il était très-ému et demandait des renseignements sur un événement aussi grave, *alors le commissaire de police s'est fait connaître et a dit qu'il sortait de chez le prince, qui lui avait raconté l'événement et lui avait dit qu'il avait reçu un soufflet de Victor Noir, auquel soufflet il avait répondu par un coup de feu.*

« M. Hesse qui ignorait les détails de cet événement témoigna sa satisfaction de ce qu'on ne pouvait pas imputer un crime au prince.

« *J'ajoutai de mon côté que le récit du commissaire de police me paraissait d'autant plus exact qu'il était conforme à l'opinion que je m'en étais faite moi-même* SOIT PAR LE RÉCIT DU DOCTEUR MOREL *soit par* LE MOT SOUFFLET *recueilli ainsi que je l'ai dit plus haut de la bouche même de M. de Fonvielle, soit enfin par la déclaration que je viens de rappeler de M. Vinviolet.*

« *Demande*. — Nous avons placé sous les yeux du témoin une lettre en date du 10 courant adressée par M. Terrien à son collègue M. Roidot et dans laquelle il était dit que, pendant le repas au café des Fleurs, un monsieur à barbe noire, âgé de vingt-cinq à trente ans, et qui n'est autre que le témoin lui-même, aurait devant plusieurs personnes entendu de Fonvielle, déclarer publiquement, soit dans la rue soit chez le pharmacien, où se trouvait le corps de Victor Noir, que celui-ci avait le premier frappé au visage le prince.

« *Réponse*.—J'étais en effet pénétré de cette idée que j'avais entendu de Fonvielle déclarer que c'était Victor Noir qui avait frappé le prince, mais ayant rencontré le docteur Sammazeuilh je lui fis part de mes impressions; il me répondit: vous avez bien entendu de Fonvielle parler d'un soufflet, mais lui avez-vous entendu dire par qui le soufflet avait été donné? Je répondis alors négativement parce qu'en réfléchissant sur ce que j'avais entendu je ne trouvais dans mes souvenirs rien que le mot soufflet, sans indication de la personne qui l'avait donné. » Et pour que le point de départ des impressions de M. Barthélemy ne soit pas douteux, lisons aussi ce qu'il dit au commencement de sa déposition :

« Je me trouvais devant la porte du pharmacien lorsque le docteur Morel arriva et raconta l'événement qui venait de se passer en présence de plusieurs personnes. Il ajouta qu'il sortait de chez le prince où il avait constaté une contusion sur la joue de ce dernier.... Après avoir quitté le docteur je m'approchai du pharmacien et je revis encore le corps de Victor Noir. M. de Fonvielle était sur le trottoir placé devant la porte ; il racontait l'événement qui venait de se passer chez le prince. *Je ne saisis dans ce récit que le mot soufflet, et en rapprochant ce mot du récit que venait de faire devant moi M. le docteur Morel, je demeurai convaincu que M. de Fonvielle avait dit que c'était Victor Noir qui avait souffleté le prince.* »

Ainsi les déclarations de M. Barthélemy détruisent de tout point la trame conçue par le commissaire officieux du prince M. Terrien. Ce n'est pas M. Barthélemy qui a eu l'initiative du récit fait dans le café des Fleurs, c'est M. Terrien lui-même ; M. Barthélemy n'a fait qu'y donner un assentiment fondé sur ses propres impressions ; et avec loyauté M. Barthélemy déclare que ces impressions étaient erronées, qu'il avait confondu les récits de M. Morel et de M. de Fonvielle, et que de cette confusion seule était sortie pour lui la conviction que M. de Fonvielle avait avoué un soufflet donné par Noir à M. Bonaparte.

Si j'ai insisté sur la question Barthélemy, c'est que nous avons lieu de nous étonner que M. le procureur général n'ait pas assigné à cette audience un témoin si utile, qui avait été entendu dans l'instruction et qui contredit le système de la provocation mis en avant par la défense. Si j'ai insisté c'est aussi que ce qui s'est passé à propos de M. Barthélemy jette une vive et décisive lumière sur les autres témoignages relatifs à l'aveu de Fonvielle, témoignages qui sont aussi basés sur une confusion entre ce que disait M. Morel et ce que disait M. de Fonvielle à la foule qui les interrogeait sur l'événement.

Voyons rapidement ces témoignages.

Le témoignage de M. Mourgouin ? je n'ai rien à dire contre la personne de ce témoin. Il a toutes les apparences de l'honnêteté. Il aurait entendu de Fonvielle dire devant la pharmacie que Victor Noir aurait donné un soufflet au prince. Il hésite même et n'oserait affirmer si c'est un soufflet ou l'apparence d'un soufflet. C'est encore là la même impression indécise que celle causée à M. Barthélemy par la confusion entre la version de Morel et la version de Fonvielle qui circulaient dans les groupes, pendant ces heures agitées.

Deux témoins, MM. Chippe et un autre, disent que M. Mourgouin a été vis-à-vis d'eux très-affirmatif et qu'il leur a même déclaré qu'il avait aidé à transporter le cadavre, et que c'est pendant ce transport que le propos de Fonvielle aurait été tenu. Mais M. Mourgouin donne le plus formel démenti à ces assertions. Vous savez par l'incident de M. de la Salle, par l'incident Barthélemy, et tant d'autres encore, comment les paroles s'altèrent et se défigurent en passant de bouche en bouche. Il en a été ainsi pour la déclaration de M. Mourgouin qui devient très-hésitante à l'audience et n'est au fond que le résultat d'une confusion pareille à celle de M. Barthélemy.

Je ne connais pas M. Vinviollet. D'ordinaire quand dans une instruction se produisent des témoins aussi favorables au système des accusés, on prend des renseignements très-exacts sur la moralité et les intérêts de ces témoins. Dans l'instruction contre le prince il n'en a pas été ainsi et je ne puis savoir de M. Vinviollet que ce qu'il dit lui-même. Ce très-jeune architecte est l'ami, le locataire de M. Périnet, et M. Périnet est précisément le secrétaire de M. Terrien, ce commissaire de police qui a abaissé la loi devant la personne du prince, qui n'a fait contre lui, comme c'était son devoir et son droit aucun acte d'instruction préliminaire, et qui loin de là, et dès la première heure, s'est occupé à recruter les témoins favorables au système de l'accusé. Aussi ne faut-il pas trop s'étonner que M. Vinviollet persiste dans une déclaration que M. Barthélemy a abandonnée comme le résultat d'une confusion et dans laquelle M. Mourgouin hésite à cette barre.

On aura beau démontrer, à M. Vinviollet, que pour l aussi il y a eu confusion entre les récits de M. Morel e ceux de M. de Fonvielle. Il est engagé par ses relations e les déclarations écrites que M. Périnet s'est hâté de rédige le 10 à six heures. M. Vinviollet est inébranlable et soutien que M. de Fonvielle a dit devant la pharmacie que Victo Noir avait donné un soufflet au prince.

Mais d'abord dans le témoignage de M. Vinviollet, il y une partie certainement fausse. Ce jeune architecte soutien qu'en sortant de la maison du prince, Fonvielle tenant encor son arme en main, se serait écrié : « Si mon pistolet n'ava pas raté je lui crevais le ventre ! » Or tous les témoins q ont vu sortir Fonvielle, et notamment le brave facteur Rou tan qui a désarmé Fonvielle, donnent le démenti le plus fo mel à M. Vinviollet et affirment que Fonvielle n'a poussé que ce cri bien légitime : « à l'assassin! »

Quant à la seconde partie de son témoignage, il a voulu la corroborer en disant qu'il avait raconté à diverses personnes le récit de Fonvielle. Mais sur ce point encore il reçoit le démenti de MM. Musset et Odobez qu'il avait désignés et qui affirment que jamais Vinviollet ne leur a dit tenir de Fonvielle l'aveu du soufflet que Noir aurait donné au prince. Et ici encore j'ai le droit de m'étonner que M. le procureur général ait négligé d'assigner à cette audience ces témoins, parce qu'ils étaient défavorables au sysème de provocation, et qu'après les avoir entendus dans l'instruction on ait laissé à la partie civile le soin de les amener ici, dans l'intérêt de la vérité !

Ainsi parmi ces personnes si nombreuses qui ont circulé devant la pharmacie et autour de la maison du prince le 10 janvier, on n'en a trouvé qu'une seule qui affirme avec persistance avoir entendu Fonvielle dire devant la pharmacie que Noir avait souffleté le prince. Et cette personne c'est M. Vinviollet, un témoin ami de la police officieuse du prince, un témoin démenti dans des points essentiels par tous ceux auxquels il a fait lui-même appel !

Ah ! pardon, il y a encore le témoignage uniforme des agents de police du poste d'Auteuil. Parmi ces témoins celui qui a entendu Fonvielle le premier, qui a pu causer librement avec lui tandis qu'il le conduisait au poste pour y faire sa déclaration, l'agent Boissière est obligé de confesser la vérité en ces termes: « Fonvielle m'a raconté que son ami s'était approché du prince en levant la main et lui disant : vous êtes un lâche, et il lui a donné un soufflet. *Je n'ai pas compris si c'était M. Victor Noir qui avait donné ou reçu le soufflet.* » Il est vrai que tous les autres agents s'accordent dans un témoignage uniforme duquel il résulterait que, dans le poste de police, M. de Fonvielle aurait indiqué par un geste, non par des paroles, que Victor Noir avait donné ou simulé un soufflet au prince. Mais de cette déclaration reçue officiellement au poste de police le brigadier Balagna a dû dresser un procès-verbal. Le lendemain de son interrogatoire devant le conseiller instructeur le 20 janvier, il a bien transmis à ce magistrat un prétendu double de ce rapport. Mais où il est l'original? Je défie qu'on produise cet original portant la preuve qu'il a été rédigé le 10 janvier au moment où M. de Fonvielle faisait sa déclaration. Et tant qu'on ne produira pas cet original je repousse comme absolument suspecte, la prétendue déclaration, concertée après coup, des agents d'Auteuil.

En ce qui touche maintenant le second propos attribué à M. Fonvielle pendant le transport du cadavre de la maison du prince à la pharmacie, il y a un seul témoin, le boucher Lechantre.

Le 2 février, trois semaines après le crime, un M. Lechantre est venu dire dans l'instruction que, pendant qu'il transportait le corps de Victor Noir, quelqu'un avait dit derrière lui : « Il a tué mon ami, mais il a reçu un fameux soufflet. » Il a reconnu plus tard Fonvielle à sa voix. Pourquoi avoir attendu le 2 février pour faire cette importante révélation, quand il est certain que Lechantre a été interrogé par le commissaire de police le 11 janvier? On avait dû vous interroger, vous, qui aviez porté le corps de la victime, et à votre premier interrogatoire, vous ne dites rien de ce propos. Il vous a fallu être poussé à cette déclaration par l'agent de police Champagne!

Et cette exclamation ainsi poussée à haute voix par Fonvielle, ni Moron, ni Tautsch, qui portaient avec vous le cadavre ne l'ont entendue! Et certes si elle avait été poussée par Fonvielle, M. Vinviollet qui marchait à droite de Fonvielle, M. Roustan qui marchait de l'autre côté de Fonvielle, l'auraient entendue mieux que vous. Or M. Roustan ne l'a pas entendue, et M. Vinviollet, qui n'est pas suspect de partialité en faveur de Fonvielle, ne l'a pas entendue davantage!

Mais il y a quelque chose qui s'élève plus haut encore que cette discussion contre la réalité des aveux attribués à Fonvielle, c'est la vraisemblance elle-même. Comment supposer que le même jour, dans l'espace de quelques heures, à quelques minutes de distance, M. de Fonvielle ait dit à M. Mortreux, à M. Sammazeuilh, à M. Lallemant, secrétaire du commissaire Roidot, que Victor Noir avait reçu un soufflet du prince, et puis à M. Vinviollet, à M. Lechantre, aux agents de police que le soufflet avait été donné par Noir et reçu par le prince? C'est en vain qu'on a essayé de mettre M. de Fonvielle en contradiction avec lui-même sur les heures et les circonstances accessoires, Me Floquet démontre que M. de Fonvielle n'a jamais varié dans ses dires, tandis que, dans les déclarations du prince il y a eu toutes les tergiversations imaginables. Me Floquet, qui en a relevé bien d'autres dans le cours de la discussion, signale notamment les variations de l'accusé sur le moment où MM. de Fonvielle et Noir sont arrivés à Auteuil. L'accusé, par exemple, a dit dans l'instruction qu'il était en pantalon à pieds, et ici il a soutenu qu'il n'avait jamais eu de pantalon à pieds...

L'accusé. — Jamais.

Me Demange. — Ne parlez pas à l'accusé.

Me Floquet. — Auriez-vous la prétention de m'interdire de parler à qui me convient?

Me Demange. — Non, je vous le demande comme confrère.

Me Floquet. — L'accusé, ce me semble, n'est pas ici sur un trône! J'ai le droit de le regarder et de lui parler. Mais je n'ai pas l'intention d'insister sur ce détail de savoir s'il avait ou non un pantalon à pieds. Ce qui est certain c'est que vous avez d'abord dit que vous étiez dans votre chambre, malade, quand M. Noir et de Fonvielle vous ont été annoncés. Or cela n'est pas vrai. Vous étiez dans votre salon avec Mme la Princesse. Cela a été établi par la déposition de la femme de chambre, et vous avez été obligé de le reconnaître dans un autre interrogatoire. Quand on a remis au prince les cartes de MM. Noir et Fonvielle, la princesse est sortie, et le prince est allé dans sa chambre pendant qu'on introduisait les témoins. Or ceci est grave, et la première version de l'accusé avait pour but de dissimuler ce qu'il y avait de suspect dans ce fait d'avoir quitté le salon où il pouvait immédiatement recevoir ses visiteurs et d'avoir été dans la chambre à coucher.

Vous étiez dans votre salon. Pourquoi n'y restiez-vous pas? Qu'alliez-vous chercher dans votre chambre à coucher? Vous alliez chercher le pistolet. Ce pistolet vous ne l'aviez pas sur vous. A qui ferez-vous croire qu'un homme malade, se trouvant en pantalon du matin, dans son salon avec sa femme, ait dans sa poche un revolver?

Le revolver, vous êtes allé tout exprès le chercher quand vous avez appris que vos victimes, ou du moins celles que vous attendiez, étaient là!

J'ai fini, messieurs les Jurés. Vous me rendrez cette justice que, dans ma plaidoirie, si je me suis étendu peut-être un peu trop longuement sur les détails de l'affaire, je n'y ai fait entrer aucune considération étrangère.

Si dramatique que fût l'événement qui a donné naissance à ce grand débat, j'ai imposé silence à mon cœur. J'ai imposé silence à mes convictions politiques pour ne pas répondre à l'accusé quand il a voulu mêler la politique à cette discussion judiciaire, et qu'il a eu l'outrecuidante prétention d'établir une analogie entre le complot de la rue Saint-Nicaise, la tentative d'Orsini et le meurtre d'Auteuil.

Je me suis fixé le devoir de rester dans l'affaire, je vous demande de rester dans l'affaire.

On dit, et je le répète, — parce qu'ici il faut tout dire — on dit que vous êtes les représentants des opinions conservatrices de ce pays, eh bien! je vous le demande, est-ce un état de choses qui nous promet une bien grande sécurité que ce système qui conduit la moitié des citoyens à s'armer de revolvers contre l'autre moitié?

On vous a dit aussi que chez le prince, en dînant, on s'amusait à jouer avec des revolvers, à se montrer, à comparer les armes qu'on portait dans sa poche. Ce sont là·des jeux de princes.

Eh bien! dans notre société démocratique, nous n'acceptons pas ces jeux de princes, et vous démontrerez, messieurs, par votre verdict, que si la violence est partie de haut, la répression ira aussi haut que la violence.

Ce serait faire insulte à M. le procureur général de supposer qu'il ne requerra pas contre l'accusé la pénalité légale. Je me réserve de demander à la Cour les réparations civiles auxquelles ont droit de vieux et malheureux parents privés de leur meilleur soutien dans l'avenir. A vous, messieurs, je vous demande de rendre avec fermeté la justice loyale et légale dont je vous parlais au début de ma plaidoirie, je vous demande de déclarer que, sans excuse, sans être en butte à la moindre provocation, sans être menacé d'aucun péril, Pierre-Napoléon Bonaparte s'est rendu coupable de meurtre sur Victor Noir et de tentative de meurtre sur Ulric de Fonvielle.

Cette plaidoirie, écoutée avec un religieux silence, produit dans l'auditoire, et surtout parmi les membres du jury une profonde impression.

L'audience est suspendue. Il est deux heures et demie.

Plaidoirie de Me Laurier.

Me Laurier. — Messieurs de la cour et messieurs le jurés.

La plaidoirie que vous avez entendue n'est pas à refaire. je ne la referai pas. Mon honorable confrère et ami Me Floquet, a élucidé cette affaire avec un souci scrupuleux de la vérité, avec une connaissance profonde des détails du dossier, avec un tact, une mesure, une sûreté parfaite. Cela est fait, cela n'est point à refaire.

Mais à côté de sa plaidoirie, à côté de ses démontrations, je me propose, messieurs, de présenter un ordre de démonstration tout nouveau, que, tout d'abord, je vais vous indiquer, pour qu'il puisse être bien suivi par votre religieuse attention.

Vous avez entendu dans cette affaire de nombreux témoignages, et vous avez pu être frappés comme moi — passez-moi l'expression du métier — vous avez dû être frappés de ce qu'il y a dans ces témoignages, de diffus, de confus, souvent de contradictoire. C'est que, messieurs, en toutes choses, il n'y a rien de si rare à rencontrer qu'une expérience bien faite, qu'une vérité bien démontrée.

Si j'en voulais une preuve, je la trouverais à cette audience même.

Hier, pour un fait qui s'était passé devant nos yeux, devant nos oreilles à tous, des témoins ont été entendus : les uns disaient d'une façon, les autres d'une autre, tous avaient pourtant le même degré de bonne foi.

Aussi, je ne dois point étonner des esprits bien faits : les choses humaines comportent des doutes en toute matière lorsqu'il s'agit de recourir au témoignage des hommes.

Je me propose donc, appliquant à ce procès une méthode d'investigation sévère, de faire parler ceux que j'appelle les témoins muets, les témoins qui ne mentent pas, les témoins qui ne se trompent pas, les attestations tirées, soit du caractère connu des individus, soit des faits de la cause bien constatés.

Tel est, messieurs, l'ordre de la démonstration que je suivrai dans ma plaidoirie, et dans lequel — sous le bénéfice de ces explications — je vous demande la permission de m'engager.

Le premier point à chercher, la première question qui se

pose, et qui s'impose à l'esprit, c'est celle de connaître le caractère des individus, et en même temps que leur caractère leur situation d'esprit.

C'est là le premier pas. Ce pas nous pouvons le faire avec loyauté et avec sûreté.

Vous n'avez pas connu Victor Noir, messieurs. Les témoins vous l'ont fait connaître quelque peu. Moi qui vous parle, je l'ai connu beaucoup, j'ai été son avocat du temps qu'il vivait et quand il fallait plaider pour lui. Je plaide pour lui mort, après avoir plaidé pour lui vivant.

Eh bien! c'était une aimable et charmante nature. C'était un homme que je chercherai à caractériser d'un mot, de deux mots plutôt — qui disent bien tout ce qu'il était, et tout ce qu'il voulait être : il représentait la bonté dans la force! — Il était grand, de haute taille, énorme, très-hardi de tournure et démarche, la loyauté écrite sur la face, une force d'Hercule, et avec cela une ingénuité d'enfant.

Il avait eu la vie dure à ses débuts; il était un enfant du peuple, un enfant d'ouvrier; il avait souvent eu faim, il avait souvent eu soif. Un jour il rêva des destinées nouvelles, il rêva de se faire une place, — non dans la littérature, mais dans le journalisme, — ce qui n'est pas absolument la même chose. Il eut le bonheur de rencontrer à ses débuts un esprit éminent, un esprit charmant qui lui servit de guide et de soutien, je fais allusion à notre honorable confrère Weis qui, à cette époque, rédigeait un journal de l'opposition et qui, depuis, est passé avec un haut grade dans les conseils du gouvernement.

Eh bien! Victor Noir, dans cette carrière un peu aventureuse, un peu périlleuse, par la plume et quelquefois par l'épée, dans cette carrière, il avait conquis l'estime, l'amitié, l'amitié tendre et dévouée de tous ceux qui l'approchaient. Il était tout en bonté, comme il était tout en force, et étant tout en bonté, il était aussi tout en dévouement.

Jamais ami plus vrai ne s'est rencontré, jamais cœur plus brave n'a battu dans poitrine plus droite. Il allait se marier; il allait épouser la fille du procureur général Aubenas; les bans étaient publiés.

Un beau soir on vint le trouver, on lui parle d'un duel, — Paschal Grousset lui demande d'être son témoin, — il accepte, mais il accepte avec toutes sortes d'appréhensions et de pressentiments. Le lendemain, une heure avant le fatal événement, il déjeune chez son frère entre sa belle-sœur et sa fiancée, entre cette amitié et cet amour, se plaisant à un long espoir, parce qu'il aimait et qu'il avait vingt-et-un ans, et qu'à cet âge-là on croit toujours que la vie sera longue et qu'elle sera douce.

Il s'habille, il se fait ganter de frais, et ganter juste, il donne une main à sa belle-sœur, l'autre à sa fiancée, et le voilà parti! Et deux heures après, on rapportait à la mère, à la belle-sœur, à la fiancée, on apportait le cadavre.

Et voilà les noces que Pierre Bonaparte lui a faites!

Eh bien! messieurs, il faut que je commande à mon émotion; il faut aussi que vous commandiez à la vôtre, et maintenant que je vous ai fait connaître cette brave, cette loyale, cette honnête nature, permettez-moi d'introduire sur la scène celui qui est devenu son adversaire.

Victor Noir avait 21 ans; il avait eu des querelles de jeunesse; il s'était battu deux fois; toujours il avait eu le choix des armes comme offensé. Jamais il n'avait levé la main sur ses adversaires; les deux fois les adversaires avaient levé la main sur lui.

Voilà l'homme! et j'entendais un de ses amis très-intimes et très-émus, — je l'entendais, avec un grand accent de vérité, vous dire : — je parle de Siebecker — « Il y avait dans Noir du chien de Terre-Neuve. » — Eh bien, oui, il y avait du chien dans lui; il y avait du chien pour la bonté, il y avait du chien pour la force, il y avait du chien pour la fidélité et pour la tendresse.

En face de lui se dresse Pierre Bonaparte.

Ah! lui, s'il fallait lui chercher un analogue en dehors de l'espèce humaine!... Partout où il a passé, vous trouvez sur son passage marqué en traces de sang, le mot : *meurtrier*. Meurtrier à Rome, meurtrier en Amérique, meurtrier en Albanie, soldat indisciplinable en Afrique, souffleteur de vieillards à Paris. Voilà l'homme qui va se rencontrer avec le pauvre grand enfant à qui la vie s'ouvrait si longue et si souriante.

Il arrive à Auteuil.

Entrons dans cette maison, cette maison pleine de coups de pistolets et du bruit des armes, cette maison funeste et tragique. Entrons dans cette maison. Qu'y voyons-nous?

Deux hommes montent un escalier, traversent une salle d'armes, attendent dans le salon.

Une porte s'ouvre, deux coups de feu retentissent dans la maison. Personne ne bouge : on est habitué au bruit des pistolets. Un homme est frappé, frappé à mort ; il descend. Personne, pas un domestique ne vient — on est habitué au bruit des armes. Il tombe sur le pas de la porte ! Pas un domestique ne le relève. — Eh bien, on se demande si une pareille scène ne tient pas plutôt sa place dans les annales du seizième siècle que dans celles du dix-neuvième et si l'on est dans la maison d'un Bonaparte ou dans celle d'un Borgia. (Mouvement prolongé.)

Le président. — M⁰ Laurier, mettez un peu plus de convenance dans vos paroles. Lorsque le ministère public se trouve en face d'un accusé, il l'accuse avec convenance. Vous savez que l'accusé est un homme vif et emporté, il ne faut donc pas le faire sortir de son calme, car cela amènerait une scène fâcheuse. (Des bravos se font entendre dans la tribune. La majeure partie de l'auditoire proteste contre ces bravos.)

M⁰ Laurier — A Dieu ne plaise, monsieur le président et messieurs de la cour, que je manque à ce que je me dois d'abord, à ce que je vous dois ensuite. La cour et le haut jury comprend que dans une affaire de ce genre, notre devoir est de pousser notre démonstration jusqu'au bout, de la présenter de la façon la plus nette, la plus ferme. Je ne serai jamais insultant; jamais je ne sortirai du débat, et dans l'ordre de démonstration que j'ai indiqué et déterminé moi-même, je demande de me mouvoir dans la pleine liberté de la défense. (Très-bien ! très-bien !)

Le président. — La défense ne doit pas se permettre des insultes. Nous avons été procureur général et, en cette qualité, nous n'avons jamais tenu le langage que vous tenez. Bornez-vous à prouver que l'accusé a commis le fait, mais ne l'insultez pas.

M⁰ Laurier. — Pardon ! mais je crois être dans la voie de ma démonstration. Du reste, cet incident est vidé ; — je ne fais pas d'éloquence en ce moment, je fais de la pure logique. Eh bien ! je crois que je suis tout à fait dans l'indication logique de mon raisonnement, dans l'ordre de cette démonstration psychologique qui est nécessaire au débat, en signalant les antécédents de l'accusé, et en recherchant les antécédents connus de Victor Noir.

Du reste, messieurs, si j'avais besoin d'une démonstration plus longue, elle me serait fournie par les paroles même qui viennent de tomber du siége si élevé qu'occupe M. le président.

Ma démonstration tend à vous dire, tend à vous prouver

que vous êtes en présence d'un homme indisciplinable, dont les passions sont violentes et incoercibles. C'est là le cœur même du procès, c'est là le vif de la démonstration, et je n'en veux d'autre preuve que ce qui passe à l'audience.

Assurément dans ma carrière, j'ai suivi quelques affaires d'assises ; jamais, quant à moi, je n'ai vu traiter un accusé avec autant de réserve, avec autant d'égards. Je ne m'en plains pas, car j'espère que cela servira de précédent pour les accusés de l'avenir, et je suis heureux de cette constatation.

Mais enfin, le point sur lequel j'insiste, le point de démonstration utile à retenir au procès, c'est celui-ci : la violence habituelle, incoercible du prince Pierre Bonaparte.

Et si, à côté de cela, je voulais encore une preuve, je vous la donnerais dans la situation même de l'accusé. Voyons ! il est de sang royal, de sang impérial, il touche au trône de très-près, et, cependant, vous voyez quelle est sa situation. Rien, rien, rien ! On lui a fait une dotation ; en dehors de cette dotation, il n'appartient à aucun des grands corps de l'État.

Pourquoi cela ? Parce que c'est un esprit indisciplinable, qu'il est violent au premier chef, que c'est un homme qui, dans une vie aventureuse, n'a jamais pu supporter aucun frein ! parce que la violence éclate dans chacune de ses paroles ! Parce que s'il est vrai que Victor Noir s'appelle bonté et patience, celui-ci s'appelle colère et violence !

Voilà la vérité démontrée par les témoignages, démontrée par les investigations auxquelles nous avons pu nous livrer ; démontrée par tout ce qui est le passé, par tout ce qui est le présent de l'accusé.

Eh bien ! que pensez-vous étant donnés ces deux hommes, — du moment où ils vont se choquer, se trouver en présence ? Dites-moi où est la présomption ? Dites-moi qui frappera ? Dites-moi qui éclatera en injures d'abord, et en coups ensuite ?

N'oubliez pas les précédents du procès, n'oubliez pas que l'accusé, qui trouvait que la main de Victor Noir n'était pas une main digne et dont on ne peut rougir ; n'oubliez pas que de la sienne il a écrit les aménités que voici et qui appartiennent au procès.

D'abord, dans l'*Avenir de la Corse*. Il a des ennemis là-bas, tout le monde ne l'aime pas, — cela se comprend du reste. — Eh bien, il veut leur mettre les *entrailles aux champs* !

Voilà comme il écrit; voilà quelles sont ses métaphores. — À un autre, à Tomasi, il écrit : « On vous fera une boutonnière que le docteur Versigny, malgré son talent, ne saura pas guérir. »

Donc, étriper les gens; donc, leur faire des boutonnières, voilà son affaire. Et ce n'est pas tout : quand il s'adresse à Rochefort, dans quels termes le fait-il? Jamais de mémoire d'homme, jamais de mémoire de journaliste français, on n'a envoyé une provocation conçue en pareils termes.

J'ai connu Rochefort; j'ai été son adversaire aux élections; eh bien, je vous déclare, en présence de la Cour, de l'accusé, du jury, que je ne connais pas d'homme plus courageux, plus téméraire. En politique, il peut avoir et il a des idées qui ne sont pas les miennes, mais quand il s'agit de son courage, il est brave comme une lame d'épée.

Voilà la vérité sur Rochefort.

Oh! celui-là, il n'a pas fait de l'escrime une étude approfondie; il n'a pas de salle d'armes. Toutes les fois qu'il va sur le terrain il est blessé et il y va toujours.

Eh bien! n'oubliez pas dans cette affaire si grave, que vous avez sur ce banc un faiseur de boutonnières à coups d'épée qui propose de jeter au vent les tripes de ses adversaires, et qui écrit à un des hommes les plus braves qui soient sous le ciel français : « Venez chez moi, on ne vous « dira point que je n'y suis point, — vous me trouverez. »

Est-ce que ce sont là les formes habituelles du combat? J'aperçois à côté de la cour et dans l'auditoire des officiers en uniforme. Eh bien, je leur demande si jamais une provocation s'est présentée de telle sorte, si jamais on a, dans de tels termes, sollicité la présence de son adversaire à domicile?

Cela ne s'est jamais vu. Mais enfin, j'admets que cela se voie. Eh bien, voyons où nous sommes.

Voilà Victor Noir qui arrive, voilà Ulric de Fonvielle qui arrive. Ils sont attendus. Non-seulement ils sont attendus, mais ils sont sollicités, ils sont appelés.

Ils entrent.

Ils entrent, et Pierre Bonaparte croit qu'il est en présence des témoins de Rochefort. Eh bien, il se présente lui, avec un pistolet dans sa poche, et il a le triste courage de faire entendre à l'audience des témoins pour attester cette féroce habitude qu'il aurait d'être constamment armé d'un revolver.

Eh bien, s'il avait l'habitude de porter un revolver, c'était le cas de ne pas le porter ce jour là, c'était le cas de le déposer, s'il en était muni.

Louis XIV était aussi, lui, d'assez bonne maison ; un jour, un gentilhomme lui manqua de respect et Louis XIV jeta sa canne au loin pour ne point le frapper.

Il fallait le laisser, ce revolver habituel, ce pistolet accoutumé parce que vous saviez que vous alliez vous trouver en présence de témoins.

Un témoin, c'est un parlementaire. Un témoin est sacré, il est garanti, non seulement par ceux qui l'envoient, mais surtout par l'honneur de celui à qui il est envoyé.

Voilà ce que c'est qu'un témoin ; voilà ce que sont les pratiques d'un duel loyal !

Donc, le premier devoir de l'accusé était de ne pas être armé.

Eh bien, non, il a son pistolet dans sa poche, il a la main sur la gâchette de son pistolet, et alors va s'échanger un dialogue :

Lequel ?

Pensez-vous que cet homme soit de sang-froid ? Pensez-vous qu'il va parler avec politesse, comme c'était son premier devoir, son devoir le plus connu et le plus élémentaire ?

Eh bien, non ! Remarquez, messieurs les jurés avec quelle sévérité je fais ma démonstration, en laissant de côté tout ce qui pourrait m'être favorable dans la déposition de M. de Fonvielle ; je prends purement et simplement les faits et gestes du prince ; je m'arme des armes que me fournit l'adversaire.

Eh bien, qu'est-ce qu'il dit ? M. de Fonvielle raconte que le mot de *charogne* est sorti de sa bouche, et si j'en crois toutes les vraisemblances, il y aurait entre le mot *charogne* et les *tripes au vent* une concordance qui me permettrait d'affirmer que le mot a été dit. Mais je veux que ma démonstration me soit rendue difficile ; je veux trouver la vérité, non pas dans les témoins qui ont déposé contre le prince, mais dans le prince lui-même.

Eh bien, « Je me bats avec Rochefort, mais non avec ses manœuvres, » a dit le prince.

Je crois qu'il y a dans son caractère tout ce qui tient au courage de se battre, courage qui lui est rendu facile par sa grande connaissance des armes. — Je crois cela. — Mais enfin, pourquoi « manœuvres? » Qu'est-ce que cela veut dire ? Si je ne me trompe, en bon français, cela veut dire vous êtes les domestiques des haines de Rochefort, et je ne me bats pas avec des laquais, mais avec leur maître.

Eh bien, on a parlé de provocation! mais où donc est la provocation?

Est-ce qu'elle vient de M. de Fonvielle?

Est-ce qu'elle vient de Victor Noir?

Ne sentez-vous pas qu'elle déborde de toutes les paroles et de tous les actes du prince, depuis le moment où il a écrit cet abominable article jusqu'à celui où il a écrit la lettre à Rochefort.

Il n'a pas cessé d'être volontairement agressif, provocateur, et de l'être, non-seulement envers ses adversaires, mais encore envers les témoins, qui devaient être pour lui des parlementaires sacrés.

Voilà la vérité vraie, voilà la vérité attestée par lui-même, la vérité attestée au procès par des actes irrécusables, par des témoins non suspects, puisqu'en première ligne, j'invoque le témoignage de l'adversaire.

A ce moment, que se passe-t-il ? Un crime est commis. Un homme est frappé, frappé à mort par le prince Pierre Bonaparte.

Victor Noir, frappé, traverse toute la maison, il emporte la balle dans le cœur, il tombe sur le seuil de la porte.

Qui l'a tué ?

C'est l'accusé.

Qui a provoqué ?

Qui a prononcé le mot « manœuvres ? »

C'est l'accusé.

Qui a mal reçu les témoins et les a insultés?

Maintenant, il dit qu'il a été souffleté.

Et ce n'est pas l'habitude de Victor Noir de souffleter les gens, car dans les deux duels qu'il a eus, il a toujours été souffleté.

Mais enfin, on dit : c'est un homme très-vigoureux, très-violent; il s'est laissé aller à un entraînement dont la conséquence a été d'abord un coup porté au prince, puis un coup de pistolet tiré par le prince sur Victor Noir.

Voilà comment se passent entre ces deux hommes, le mort et le vivant, l'agression, la demande et la réponse.

Quels témoins sont là?

Il y en a un, un seul. — Ah! messieurs, que n'a-t-on pas fait contre ce témoin? Que n'a-t-on pas fait pour supprimer son témoignage, pour déshonorer sa personne?

Eh bien! vous l'avez vu à l'audience, M. de Fonvielle. — C'est un homme violent, c'est un homme qui n'est pas maître de ses émotions, et cela s'explique du reste. C'est un homme qui ne peut pas facilement supporter la vue de l'accusé.

Après? Est-ce un faux témoin?

Après? Est-ce un voleur?

On a eu le cruel et inutile courage de faire entendre à l'audience un soldat échappé d'une prison, d'une condamnation à trois ans de fers, et cet homme de bien est venu raconter à MM. les jurés que M. de Fonvielle était un voleur.

Eh bien! nous avons voulu aller aux preuves; nous avons appelé ici deux hommes dont l'un est l'ennemi de M. de Fonvielle, c'est M. Kergomard. Et cet homme a dit : « Je suis son ennemi, je ne l'aime pas; j'ai servi avec lui, jamais aucun soupçon n'a pesé sur lui. »

A côté de ce témoignage nous avons le témoignage de M. Blouet; à côté du témoignage de M. Blouet, nous avons le témoignage illustre de ce républicain austère qui a donné un royaume à son maître et qui, en échange, en a reçu l'exil et l'ingratitude.

A côté de ce témoignage de Garibaldi, nous avons celui de M. Malenchini, et enfin celui du général Cluseret qui nous télégraphie d'Amérique : « Cervoni ment! »

Voilà le témoin à l'aide duquel on se propose de détruire le témoignage de M. de Fonvielle. Eh bien! votre Cervoni, je vous le rends, gardez-le; M. de Fonvielle, je le garde, moi, je garde cet homme d'honneur, entendez-vous! je garde cet honnête homme.

Il a déposé sous la foi du serment, et il a été l'objet de l'attentat le plus abominable, le moins justifié. — Il a dit la vérité. — Mais encore une fois, je ne veux pas de la vérité dite par M. de Fonvielle.

Vous me dites que c'est une vérité passionnée, soit! Rayons-la du débat. Mais, au point où nous en sommes, n'oubliez pas que nous avons cette partie de notre démonstration faite, à savoir que le prince est d'une violence inexprimable, qu'il est un provocateur, qu'il a provoqué sous toutes les formes ses adversaires, et qu'il a manqué, lui, Corse, aux premières lois de l'hospitalité, l'hospitalité qu'on doit à des témoins. Voilà ce qui est établi. — Je supprime M. de Fonvielle. — Est-ce que vous croyez que je suis désarmé?

Eh! messieurs, j'entends venir la cohue des témoins qui ont cherché à établir autour de cette affaire...

Le président, interrompant. — Vous ne pouvez pas appeler des témoins une cohue.

M⁰ Laurier. — Vous verrez par la suite de ma phrase que ce mot n'a rien d'offensant.

Le président. — Le début ne l'annonçait pas.

M⁰ Laurier. — Je vais supprimer le mot cohue, et le remplacer par ce mot « la masse » la masse des témoins qui sont venus créer autour de ce procès ce que j'appellerai la légende de décharge.

Eh bien, vous les avez vus. Vous ne les avez pas tous vus. On en a passé, et des plus mauvais. Mais parmi ceux qu'on a cités rien n'est plus facile que de suivre la trame de ce qui constitue, au point de départ peut-être, et au point d'arrivée certainement une contre-vérité.

C'est que, voyez-vous, il y a dans l'ordre métaphysique, un phénomène tout particulier qui a son analogue dans l'ordre physique. Vous connaissez tous le phénomène des tables tournantes, vous savez que les tables tournantes ont pour cause, dans leur mouvement, un ébranlement instinctif, incoercible, tout à fait indépendant de la volonté du sujet.

Eh bien! de même qu'il y a les tables tournantes dans l'ordre physique, il y a dans l'ordre judiciaire, et particulièrement dans cette affaire, la *vérité tournante* (On rit). Je vais vous la faire saisir.

Vous prenez ces dépositions légendaires. Vous trouvez toute sorte de monde, toute sorte d'officieux, d'empressés, qui viennent apporter des témoignages au prince. Pendant ce temps-là, le prince est en prison et on l'a constitué, je ne dirai pas prisonnier, mais gardien de ses geôliers. Il est prisonnier dans les conditions que vous savez, et MM. de Coëtlogon, Bertrand, et celui-ci, et celui-là, qui tous apportent des faits qui prétendent devenir, par un effet de grossissement, une vérité juridique. Mais comment un bavardage, au point de départ, pourra-t-il devenir une vérité au point d'arrivée?

Il n'y aurait qu'un moyen, ce serait de supprimer le débat et le jury. — Lorsqu'on presse les témoins, on n'y trouve absolument rien que des démentis qui s'entre-croisent, que des bruits misérables colportés tantôt par des langues de femmes, tantôt par des langues d'hommes qui sont femmes par ce point-là (on rit — plusieurs dames protestent) au dehors il s'établit toute espèce de bruits et d'échos, qui, arrivés à cette audience, sont obligés de disparaître.

Vous en avez une belle preuve que voici :

Un propos a été tenu chez le citoyen, — pardon, chez M. Mortreux.

J'ai failli l'appeler citoyen. Dans mon langage, citoyen n'est pas une injure.

Donc le propos suivant a été tenu chez M. Mortreux, par M. de Fonvielle. « Il a tué mon ami, mais il a reçu une fameuse gifle. »

Le propos n'a pas été tenu, et je veux vous dire pourquoi. Parce que c'est un propos bête et stupide.

Mais il y a des gens qui l'ont entendu dire devant M. Mortreux. Il y a là particulièrement le témoin Natal, un Anglais. Il arrive à votre barre et déclare qu'il ne connaît pas le prince, mais que, sur sa bonne réputation, il croit pouvoir affirmer qu'il est incapable d'avoir commis le fait qui lui est reproché.

Il ajoute : « Ce propos a été tenu par Mortreux, qui l'a répété devant moi à une personne qui se trouvait là, M. Morel. »

On fait venir M. Morel. M. Morel n'est pas un rédacteur du journal de Rochefort ; c'est un anti-Marseillais ; il est au *Moniteur* ; il a très-bonnes façons et a déposé de la façon la plus ferme et la plus nette. Il a dit à Natal : « Ce mot-là n'a pas été dit. »

On l'a pris, repris, retourné dans tous les sens. Non ! non ! Il affirme, et, messieurs, il a une bonne raison, c'est qu'il est journaliste, c'est-à-dire indiscret par profession. Il est venu là pour savoir, et vous comprenez que si ce *reporter* avait entendu ces paroles, il est évident qu'il ne les aurait pas passées sous silence dans sa narration.

Eh bien, voilà un des témoins les plus énergiques. Il y en a encore trois ou quatre qu'il faut que j'élimine pour faire disparaître ce que j'appelle la légende du procès.

La légende ? Savez-vous qui l'a faite ? Savez-vous ! C'est un chêne que cette légende, mais qui a semé le gland ?

Sans rien dire de désobligeant au témoin, je crois que le docteur Morel n'a pas été étranger à cette incubation. (Rires.)

Je crois bien que le docteur est un brave homme, mais son témoignage s'est présenté d'une façon tout à fait bizarre. Il me semble qu'on pourrait le ranger dans la catégorie des témoins domestiques, témoins essentiellement suspects. Il est le médecin du prince, il est l'ami du prince. Aussi, entre temps, il fabrique et il fait vendre par Mme Sarah Félix *l'eau des Fées* pour la teinture des cheveux. (Explosion de rires.)

Voilà le portrait du personnage. Je ne lui donne pas un coup de crayon trop fort, — vous l'avez vu et entendu.

Eh bien, le docteur Morel est sorti de l'appartement du prince en criant tout haut : « Il a reçu un soufflet, il a la joue grosse comme cela. »

Nous avons entendu à l'audience un homme qui, dans cette matière est une lumière, le docteur Tardieu. Le docteur Tardieu a dit : « Un coup, et surtout un coup de poing laisse plusieurs traces. »

Il y a la rougeur et le gonflement. La rougeur peut disparaître, mais le gonflement reste. Voilà ce que dit le docteur Tardieu, et j'ajoute, voilà la déposition du bon sens!

Eh bien! l'histoire de ce soufflet est une des plus curieuses qui se puissent voir : c'est un *soufflet intermittent.* (On rit.)

Henri IV disait : « Paris vaut bien une messe. » Je ne serais pas étonné qu'on se fût dit autour de l'accusé qu'un soufflet vaut bien un acquittement.

Ce qu'il y a de sûr, c'est qu'il y a des minutes dans lesquelles ce soufflet paraît et d'autres dans lesquelles ce soufflet ne paraît pas.

C'est un soufflet factice, un soufflet à volonté.

Voilà le docteur qui sort de chez le prince. Première apparition du soufflet et d'un soufflet de première grandeur.

Voilà le commencement.

Le docteur Pinel se présente. Lui ne voit pas de soufflet du tout, et, alors le docteur Morel de l'expliquer. Le docteur Morel dit que le docteur Pinel trouve la trace du soufflet encore apparente, quoique très-affaiblie.

Tout à l'heure, il avait la joue grosse comme ça, le docteur Pinel arrive, il ne voit pas de soufflet, ou il voit peu, et le docteur Morel lui dit : « Les traces du soufflet sont encore apparentes, mais très-affaiblies. »

Arrivent alors messieurs de Cassagnac et de la Garde. Oh! alors, le soufflet reprend des proportions et des dimensions considérables.

Il a paru disparaître, il reparaît avec un degré d'intensité extraordinaire, il a fait comme la Renommée : *crescit eundo.*

C'est toute l'affaire cela ! Plus nous nous éloignerons du moment où le soufflet aura été donné, plus le soufflet grossira, à ce point qu'aujourd'hui ce n'est même plus un soufflet, il est devenu, — et c'est là son état dernier, — il est devenu un gros, un vigoureux coup de poing. Et en effet, ce soufflet a augmenté en raison inverse du carré des distances et du temps. Une heure après avoir été reçu, le docteur Pinel n'en trouve plus de trace, mais huit jours après on en constate encore la trace à la Conciergerie.

Voilà un soufflet bien extraordinaire, et qui tient de la prestidigitation. — Qu'il ait été donné à un moment quelconque, je l'admets volontiers, je le crois. — Mais quand a-t-il été donné ? La question n'est pas de savoir si la joue du prince a été souffletée, mais la question est de savoir quand et par qui ?

Eh bien ! je vous dis que Victor Noir n'a pas donné le soufflet. Je vous le dis avec le premier témoin qui s'appelle la vraisemblance ; je vous le dis avec les antécédents connus des deux individus ; je vous le dis avec la violence bien connue du prince rapprochée du caractère de l'autre ; je vous le dis en dehors de la déposition de M. de Fonvielle et avec la déposition du docteur Pinel, qui, sur ce point, a voulu tout atténuer à l'audience. — Je réponds avec le docteur Tardieu : Vous n'enlèverez pas le gonflement. Eh bien ! pas de rougeur, pas de gonflement, pas de soufflet. — Ce soufflet n'est mis au monde que postérieurement à la visite du docteur Pinel.

Voilà la vérité. Remarquez quel soin scrupuleux je prends d'écarter tout ce qui ressemble à un témoignage qui pourrait être passionné. Ce témoignage, je l'invoquerai à la fin, mais quand il aura reçu des circonstances de la cause un tel appui, qu'il sera devenu inébranlable.

Jusqu'ici, il est certain que le soufflet n'est pas donné, qu'il s'agit d'un soufflet de fantaisie. — Attendez ! Je vais vous en donner de nouvelles et de plus fortes preuves.

On a fait entendre d'autres témoins. Je vais prendre les meilleurs, les plus forts, Vinviollet, Lechantre, Mourgouin. — On les a fait entendre sur quel propos ? Sur ce propos que M. de Fonvielle aurait tenu : « Victor Noir a donné un soufflet au prince. »

Vous avez déjà vu combien ce propos est contradictoire avec l'attitude qu'on attribue à Fonvielle. Ce n'est pas tout. Quand vous arrivez à l'audience, lorsque vous serez tout près, ces témoignages, qu'y trouvez-vous? Vous trouverez Mourgouin qui, après avoir dit non, finit honnêtement par dire ni oui, ni non. — Donc, rayons-le.

Lechantre! vous savez qu'il a dit : « A ce moment-là il y avait autour du cadavre cinq ou six personnes, » qui ont été entendues et qui ont toutes dit non!

Vous avez entendu un brave homme d'Alsacien, cet homme qui, avec sa pantomime expressive et son mauvais français, vous a expliqué comme quoi il avait porté Victor par la tête. Eh bien! il a dit : « Non! le propos n'a pas été tenu. »

Et puis, vous avez Vinviollet, l'ami du secrétaire du commissaire de police, le plus terrible, mais le plus nul des témoins « testis unus, testis nullus. »

Et après lui? Rien! rien! si ce n'est le cortége de tous les témoins qui étaient là, MM. Sammazeuilh, Mortreux, Grousset, Sauton, qui disent : Non! le propos n'a pas été tenu.

Voilà où vous en êtes avec votre soufflet! Voilà comment échoue votre misérable invention.

Mais, messieurs, je n'ai pas fait encore ma preuve; je ne l'ai pas achevée dans l'ordre d'idées que je vous ai indiqué. Nous allons la saisir par un autre côté; nous allons vous la donner, réduite, — comme disent les chimistes, — à l'état métallique.

Voyons! veuillez ne pas oublier qu'il est un point essentiel, celui de savoir si l'accusé a été provoqué. N'oubliez pas dans quels termes précis il pose la question : « Victor Noir m'a donné un vigoureux coup de poing et, en même temps, M. de Fonvielle m'a mis en joue et tenu sous son feu. »

Eh bien! voyons; M. de Fonvielle vous a tenu sous son feu; vous avez tué son ami devant lui, il n'a pas tiré. Vous l'avez tiré, vous l'avez touché, il n'a pas tiré.

Ah! voilà un feu singulier. Et à côté de ce pistolet qui part si bien et qu'on recharge à l'instant, je suis bien étonné de trouver ce pistolet qui part si mal, ou plutôt qui ne part pas du tout.

Mais à quel moment l'accusé a-t-il tiré? Il est obligé de vous dire : « J'ai tiré en même temps que j'ai reçu le soufflet, et j'ai tiré étant sous le feu de M. de Fonvielle. »

C'est la démonstration forcée, nécessaire de sa situation.

Eh bien! cela n'est pas possible! Cela n'est pas vrai!

Non! au moment où Victor Noir a reçu la mort, M. de Fonvielle n'avait pas mis le prince en joue.

Non! le coup du prince n'a pas été frappé en même temps que M. de Fonvielle le menaçait de son revolver.

Je ne dois pas m'arrêter à cette question de savoir s'il est vraisemblable qu'ajusté par M. de Fonvielle, il ait tiré d'abord sur Victor Noir. — Il a trouvé cela, dit-il, plus chevaleresque, soit; — ce qui est plus chevaleresque encore, c'est de dire la vérité. La vérité est ici affirmée par des témoins irrécusables, par des témoins muets, par des témoins qui déposent et qui ne mentent jamais.

Vous avez vu les habits de M. de Fonvielle? Voilà mon témoin, mon témoin qui a vu le feu, mon témoin qui ne peut pas mentir. Vous savez comment le coup est placé. — La balle est entrée par le dedans du paletot et est sortie par dessus. — On vous a dit que les armes à feu avaient des caprices singuliers. — Oui, mais ce qui est en dehors de tout caprice, c'est l'attestation écrite, c'est la signature du trajet de la balle, laissée dans le vêtement de M. de Fonvielle.

Je ne veux pas fatiguer la cour bien longtemps. L'avantage des discussions si serrées, si précises que celle à laquelle je me livre devant vous, c'est qu'elles ont pour condition d'être courtes. Eh bien! je dois vous dire, — et ce point est essentiel au débat, — je dois vous dire ceci : Impossibilité absolue, radicale d'expliquer le trajet de la balle si M. de Fonvielle n'a pas son paletot béant.

A quel moment le paletot de M. de Fonvielle a-t-il pu être béant? A un seul moment, lorsque dans la lutte, voyant son camarade ajusté et tiré par le prince, il s'est mis en devoir de saisir son revolver.

A ce moment, il a cherché dans sa poche le revolver. Le revolver était là, cela n'est pas douteux. Eh bien! je vous défie de me trouver une meilleure attestation que celle que je vous donne, un meilleur témoin qu'au moment où M. de Fonvielle a été frappé il était en train de s'armer, mais non encore armé.

Si cela est vrai, quelle est la conséquence, logique, nécessaire, forcée, inévitable? C'est que le prince a tiré sur ce malheureux enfant désarmé, à côté de M. de Fonvielle désarmé.

Un meurtre s'est accompli sans provocation et en même sans défense.

Voilà le premier témoin du procès, c'est le paletot de M. de Fonvielle. Voilà un témoin qui ne peut pas mentir; voilà une certitude juridique.

Est-ce la seule? Non! Victor Noir avait des gants. Vous n'avez pas oublié cette scène d'intérieur, cette scène de famille, et ses deux mains livrées l'une à sa belle-sœur, l'autre à sa fiancée! Vous n'avez pas oublié qu'il était ganté de neuf.

Vous avez entendu les témoins du procès. Tous ont dit : « Les gants étaient parfaitement intacts. »

Intacts! Pourquoi cela? Parce qu'il n'y a pas eu de soufflet, parce qu'il n'y a pas eu de coup de poing, parce que sous l'effort de ses mains d'hercule crispées, la peau des gants eût volé en éclats.

Ces gants sont un témoin muet encore, et un témoin irrécusable. Ces gants étaient intacts, absolument intacts, le fait vous a été rapporté par tous les témoins qui ont constaté l'état du cadavre de la victime.

Ainsi, voilà le paletot de M. de Fonvielle qui dépose, voilà les gants de Victor Noir qui déposent. Il y a autre chose de pleinement démonstratif et de plus grave que tout cela.

Victor Noir a été frappé, il est descendu effaré, mourant, ne faisant plus que des mouvements automatiques, frappé à mort, le plomb dans le cœur. Il est venu s'échouer sur la porte de cette maison meurtrière. — Là, il y avait deux témoins, il y avait Paschal Grousset et Fautsch ; ils l'ont vu s'affaisser, ils l'ont vu mourir, ils ont recueilli son dernier souffle.

Eh bien! à ce moment, le pauvre enfant, il tenait son chapeau dans sa main crispée, dans la main droite. — Nous avons fait expliquer les témoins, dans la main droite.

Ah! voilà qui vous accuse; voilà qui vous confond; voilà qui vous condamne.

Ah! cette main droite, quand on soutient qu'elle a donné un vigoureux coup de poing!

Ah! cette main droite dont le gant est resté intact!

La victime tient son chapeau, son chapeau de noce. Il arrive épuisé, haletant, le sang s'extravase du cœur... Il tombe mourant, son chapeau à la main!

Ce n'est pas une démonstration que cela? Ce n'est pas incompatible avec le soufflet donné de la main droite? Mais il a son chapeau à la main! Mais il a ses gants! Et ce chapeau attesté par des yeux bien intéressés à bien voir, par des témoins que j'ai fait bien s'expliquer, ce chapeau est là, c'est un témoin celui-là! Ce n'est pas une langue de femme ni d'homme, C'est un témoin muet, irrécusable.

Il y a là un concours de circonstances qui crient la vérité.

C'est que, messieurs, toutes les fois qu'un crime est commis, il s'engage entre le criminel et la société une lutte qui a pour but d'obtenir les traces que l'une veut découvrir, et que l'autre veut faire disparaître.

Eh bien! ces traces, elles existent toujours quelque part, elles existent ici d'une façon providentielle, avec une circonstance extraordinaire que je signale à MM. les jurés comme un élément de démonstration solennelle : le trajet de la balle, les gants, le chapeau. Voilà trois témoins qui ne mentent pas, qui ne peuvent pas mentir, qui viennent, froidement, impassiblement accuser Pierre Bonaparte et lui dire : « Tu es l'homme, « *tu es ille vir*, » c'est toi, Bonaparte, qui as assassiné Victor Noir! »

L'accusé s'adressant à Me Laurier, — Vous avez menti!

Me Laurier. — Si je mentais, moi, ces témoins ne mentent pas. Ils parlent, ils causent, ils n'ont aucune passion; ce sont des témoins qu'on ne peut ni séduire, ni corrompre.

Le docteur Morel, lui-même ne peut pas empêcher les gants et le chapeau d'être ce qu'ils sont, ni la balle d'avoir parcouru le trajet qu'elle a parcouru à travers la poitrine de M. de Fonvielle.

Tout à l'heure, je ne voulais pas de la déposition de M. de Fonvielle, parce qu'elle était passionnée, parce que moi-même je la déclarais suspecte. Mais maintenant qu'elle est vérifiée, non pas par des témoignages humains, mais par des faits certains et irrécusables, je m'en empare, je prends cet homme, cet honnête homme qu'on a traîné dans la boue, qu'on a voulu déshonorer, qu'on a appelé lâche quand il est signé brave par les braves des braves.

Je le prends, oui! je le prends dans son honneur, et son honneur, je le mets sous la sauvegarde de tous ceux qui le connaissent, je le mets sous la sauvegarde de la justice, je le mets sous la sauvegarde des démonstrations éclatantes qui viennent donner à ce témoignage, — par leur adhérence, — une force que sans cela il n'aurait pas, et qu'il a.

Maintenant j'ai fini. Je vous avais promis d'être clair; je vous avais promis d'être net, d'être précis, — je l'ai été.

Je dépose respectueusement, je dépose dans vos consciences ces démonstrations. Et permettez-moi de vous le dire en finissant : je ne sais pas ce que sera votre verdict; il ne m'appartient pas de scruter le secret de vos conciences, mais ce que je sais, c'est que ce pauvre enfant a été jugé. Il a été jugé déjà par le peuple.

Le jour de ses funérailles, une faction qui s'appelle deux cent mille citoyens l'accompagnent à sa dernière demeure, et, ce jour-là, on a vu, on a senti errer et peser sur Paris cette grande douleur dont Tacite disait : C'est la douleur sans voix, *sine vocé dolor*.

Dans un immense recueillement, ces deux cent mille jurés, ces deux cent mille consciences l'ont accompagné. Peuple, il a été enterré par le peuple!

Il a trouvé là, le pauvre et cher enfant, il a trouvé là des cœurs fidèles, et lui qui, dans sa vie de jeune homme, avait de certaines préoccupations; — non pas de gloire, mais de renommée, — il a acquis par le verdict de ce jury, par le verdict de la démocratie, il a acquis l'immortalité.

A côté de lui, un autre verdict a été prononcé, il a créé pour le meurtrier l'immortalité de l'infamie.

Le président. — Je ne comprends pas que vous insultiez ainsi l'accusé. Nous nous y attendions pourtant, et voilà pourquoi nous regrettons qu'on ait ainsi admis l'intervention passionnée des parties civiles. (Bravos.)

Me Floquet se retournant : « Silence aux Corses. »

L'audience est levée.

Audience du 26 mars.

Un peu avant l'ouverture de l'audience, M. Ulric de Fonvielle, se présentant à l'entrée des témoins, est arrêté par la gendarmerie et conduit au pénitencier pour y subir ses dix jours de prison.

L'audience est ouverte à onze heures.

Un audiencier. — Plusieurs témoins demandent à se retirer.

Me Laurier. — M. Seinguerlet et M. le docteur Sammazeuilh demandent également la permission de quitter l'audience.

Mᵉ Leroux. — M. le docteur Pinel également.

M. le président. — Il n'y a pas d'opposition? Ces témoins peuvent se retirer. M. le procureur général a la parole.

M. le procureur général Grandperret :

Messieurs,

Vous avez à prononcer sur une scène tragique qui a pris les proportions d'un événement public, et dont la France entière s'est émue. Cet événement a été jusqu'à ce jour commenté, apprécié selon les passions soulevées; vous allez, vous, messieurs, le caractériser selon la justice, et après tant de jugements haineux ou aveugles, faire entendre la légitime sentence! Elle recevra de vous une suprême autorité, car vous êtes les juges les plus élevés dans l'ordre des juridictions criminelles, et l'opinion publique met en vous sa confiance!

Ce n'est point que des objections ardentes ne se soient produites contre la convocation de la Haute Cour de justice. L'accusé a été le premier à décliner une juridiction qu'on lui reprochait comme une faveur, qu'il repoussait comme une inégalité, qu'il redoutait comme une immunité périlleuse. Ses amis se joignaient à lui pour réclamer la compétence ordinaire de la Cour d'assises. Ses adversaires, de leur côté, protestaient violemment contre ce qu'ils appelaient un injuste privilége.

De telle sorte que les sentiments les plus contraires s'unissaient dans la même revendication, et qu'on avait ce spectacle étrange de voir se confondre dans un même grief l'hostilité et la sympathie. Mais la justice, qui n'est ni l'une ni l'autre, et dont les sollicitudes purement sociales sont à la fois plus calmes et plus hautes, trouvait ses sûres garanties dans la juridiction supérieure que la loi a impérieusement établie, et qui, par conséquent, ne pouvait être, dans la cause, ni choisie ni évitée.

C'est la vôtre, messieurs, celle que le premier président Barthe caractérisait devant le Sénat dans les termes suivants, après avoir exposé les cas dans lesquels la Haute Cour devait être convoquée :

« Quand de telles nécessités se produisent, disait-il, que les règles soient posées d'avance et ne paraissent jamais inspirées par les besoins ou les exigences du moment; que la punition du crime soit certaine, mais aussi que l'innocence ne soit jamais exposée à succomber sous la pression d'influences extérieures; et comme il s'agit d'un fait judiciaire qui est un événement public, que tout, jusqu'à la solennité des formes, rassure les esprits et impose silence aux passions. »

Voilà, messieurs, pourquoi vous êtes ici. Quant à nous, dont le devoir est de réclamer bonne justice, nous nous présentons avec une absolue confiance devant ces magistrats parvenus aux plus hauts honneurs de la carrière; devant ce jury qui est une imposante assemblée; devant ces juges venus de tous les points de la France et qu'elle semble avoir elle-même désignés; devant cette juridiction qui, dans son ensemble, offre la plus haute expression de la conscience sociale, de la justice du pays, et au sein de laquelle vous sentez, comme nous, que tout s'agrandit et s'élève, non-seulement les formes judiciaires, mais le sentiment du devoir, les pensées, les aspirations, et pour tout dire d'un seul mot, les âmes elles-mêmes! (Sensation.)

Eh bien! c'est devant vous que nous venons rechercher la vérité, ce qui est dans cette cause la vérité judiciaire, sans y rien ajouter, sans lui rien refuser.

Celui qui s'appelle aujourd'hui l'accusé, c'est un prince! qualité redoutable qui, loin d'être pour lui une protection ou une source d'espérance, est bien plutôt un fardeau et un danger; car si le grand principe de l'égalité devant la loi pouvait, ce qu'à Dieu ne plaise! jamais fléchir, ce ne pourrait être que pour mesurer les responsabilités aux situations et les voir grandir avec elles!

Là sans doute doit être une des inquiétudes de la défense.

L'accusation a la sienne, elle aussi, et nous voulons vous la dire. Elle éprouve l'appréhension de voir l'accusé recueillir aujourd'hui un trop grand avantage de l'indignation qu'a soulevée le débordement d'outrages dont il a été l'objet depuis le jour de son arrestation.

Je ne veux aborder ici aucun sujet qui ne se rattacherait pas étroitement au procès. Je n'imiterai pas l'organe de la partie civile, qui s'est complu dans le souvenir des journées qui ont suivi la mort de la victime frappée à Auteuil. Je ne dirai rien, ni des horribles calculs politiques qu'on a fondés sur un cadavre, ni de ce vent de colère qu'on a soufflé sur les masses pour les soulever, ni de ces entreprises de désastres et de ruines qui s'affichent au grand jour et qui ont un instant redoublé d'audace. Ce sont là les tristesses et les plaies de notre temps; nous n'en dirons rien.

Mais ce qui est plus particulièrement dans la cause, et ce que je ne peux passer sous silence, c'est le fait que nous avons vu se produire; ce fait, si contraire à la générosité des mœurs françaises, à la loyauté nationale, comme aux règles les plus élémentaires de la justice et qui a consisté dans la violence forcenée des attaques, des calomnies, des insultes, dont on a voulu accabler un homme placé sous le coup d'une prévention judiciaire, et au moment d'une chute qui le précipitait du rang de prince à celui d'accusé. On s'est rué sur lui, non pas seulement comme auraient fait des adversaires politiques, des ennemis passionnés, mais à la façon d'une meute acharnée à mettre une proie en lambeaux !

Eh bien, nous qui accusons le prince, qui venons établir sa culpabilité, qui venons demander contre lui une condamnation, nous vous conjurons, Messieurs, de vous dégager, au moment de rendre votre verdict, de la réaction de mépris et de répulsion qui a pu se faire dans vos esprits contre tous ces efforts tentés pour vouer un accusé à l'animation publique ! Nous vous supplions d'oublier tout ce qui n'est pas la cause elle-même, de vous enfermer dans son cadre judiciaire, de l'étudier dans ses éléments propres, dans ses circonstances établies, et de déclarer la responsabilité criminelle de l'accusé telle que vos consciences l'auront appréciée, c'est-à-dire, j'en suis sûr, sans l'exagérer ni la méconnaître !

Où est donc la vérité dans cette affaire ? quels ont été les préliminaires de l'événement d'Auteuil ? quels en furent les acteurs ? quelles ont été les circonstances de cette entrevue violente qui s'est terminée par la mort d'un homme ? — Les préliminaires ? c'est une polémique de journaux inspirée par des passions politiques surexcitées, amenant des provocations réciproques, des résolutions de part et d'autre excessives. Les acteurs ? ce sont des journalistes appartenant au parti le plus exalté, et en face d'eux, un prince qui porte le nom que vous savez. Enfin le drame lui-même ? Les deux journalistes pénètrent chez le prince; on entend trois coups de feu; l'une des deux personnes qui viennent d'entrer reparaît bientôt en chancelant sur le seuil qu'elle avait si malheureusement franchi. Elle s'affaisse, elle tombe, on l'emporte pour la secourir, mais elle touche aux derniers soupirs, une balle lui a frappé le cœur et la vie s'éteint.

Que s'était-il donc passé, et laquelle faut-il croire des

deux versions qui sont en présence? Était-ce un des deux témoins chargés de remettre un cartel qui s'était emporté jusqu'à des violences manuelles envers l'adversaire et qui avait subi une terrible représaille! ou bien était-ce l'adversaire qui avait commis, sans motif et sans provocation, un acte de cruauté? C'est là, messieurs, une question prédominante dans le procès; et, selon que votre opinion se sera fixée dans un sens ou dans l'autre, votre verdict en recevra, personne n'en saurait douter, une considérable influence?

Que dit le prince? que dit M. de Fonvielle?

D'après l'accusé, lorsque Fonvielle et Victor Noir se sont fait annoncer, il les a pris pour des envoyés de M. Rochefort, auquel il avait lui-même adressé un cartel. Ils se sont présentés avec arrogance; l'un d'eux a tendu la lettre par laquelle M. Grousset les avait chargés de demander réparation par les armes d'un article que le prince avait publié dans l'*Avenir de la Corse*. La réponse a été : *Avec Rochefort, volontiers; avec ses manœuvres, non!* Victor Noir a frappé l'adversaire au visage, en même temps qu'Ulric de Fonvielle s'armait d'un revolver et avant que le prince eût le sien à la main. Après le coup de feu dont Victor Noir a été atteint, Fonvielle s'est accroupi derrière un fauteuil et a visé le prince; c'est alors que celui-ci a tiré une première fois sur lui. Fonvielle a fui par la salle de billard voisine du salon; il s'est retourné dans la salle de billard pour ajuster de nouveau le prince, menace qui a déterminé, de la part de celui-ci, un second coup de feu resté comme le précédent sans résultat.

C'est ainsi, messieurs, que l'accusé raconte cette scène à jamais déplorable. Mais, d'après M. de Fonvielle, le drame s'est autrement accompli. Victor Noir n'a point frappé l'accusé; c'est au contraire celui-ci qui, avant de faire feu sur la victime, l'a outragé d'un soufflet porté avec violence. Puis aussitôt après avoir tiré un coup de pistolet sur Victor Noir, l'accusé a déchargé de nouveau son arme sur Ulric de Fonvielle, dont le paletot a été troué par une balle ; Fonvielle a saisi un pistolet qu'il avait dans sa poche, mais il n'a point voulu faire usage de son arme, pour qu'on ne pût pas prétendre plus tard que le prince s'était trouvé en butte à une agression. Enfin celui-ci s'étant placé sur la porte par laquelle Victor Noir était sorti, Fonvielle s'est élancé par une autre porte et a pu échapper au péril qui le menaçait, mais non sans avoir essuyé un second coup de feu tiré par l'accusé.

Telles sont, messieurs, au moins dans leurs parties principales, les deux versions qui sont en présence ; elles se trouvent en désaccord sur la circonstance qui fait certainement l'objet de votre vive préoccupation, c'est-à-dire l'acte de brutalité outrageante qui a été, dans la scène du 10 janvier, le premier des incidents dont le dernier est resté si douloureux. Le prince et Fonvielle, au nom de Victor Noir, se rejettent réciproquement l'initiative de la violence.

Mais ni l'une ni l'autre de ces versions ne peut, par son autorité propre, s'imposer à vos consciences. Dans le langage d'un accusé, l'intérêt de la vérité et celui de la défense peuvent se trouver tantôt unis, tantôt séparés ; vous devez être soigneux à le contrôler, et ce doute qui plane sur les déclarations du prince n'est pas absolument la moindre amertume de sa position, car je ne comprends rien de plus poignant pour lui que de s'être placé dans une situation qui permet de discuter la sincérité de sa parole. Quant à M. Fonvielle, c'est à vous, messieurs, d'apprécier s'il a fait entendre une déposition impériale ou s'il s'est présenté avec l'attitude suspect d'un adversaire, s'il s'est posé en face l'accusé comme un témoin ou comme un ennemi ?

C'est donc sur l'ensemble des éléments du procès que votre conviction doit se former, et je dois en faire devant vous, messieurs, l'attentif examen.

Je dédaignerai les critiques dirigées contre les mesures prises après l'événement d'Auteuil. Les faits répondent d'eux-mêmes.

Dès que l'autorité judiciaire a été avertie, l'arrestation du prince a été prescrite et les ordres les plus précis ont été envoyés dans les gares des chemins de fer et aux frontières ; mesures que devaient rendre inutiles, je dois le reconnaître, la volonté du prince de se constituer prisonnier. Puis le même jour, dans la soirée, la Haute Cour de Justice était convoquée par un décret : je ne crois pas qu'il fût possible d'agir avec plus de rapidité et de résolution.

Je n'ai pas non plus à revenir sur la condamnation déjà subie par l'accusé pour coups et blessures, car M. le président vous a donné lecture du texte même du jugement. Je me borne à dire que l'acte de violence qui l'a motivé est un fâcheux précédent dans un procès de la nature de celui que nous avons à juger.

J'aborde tout de suite les circonstances qui ont déterminé la provocation adressée à l'accusé par Paschal Grousset.

Depuis quelques temps, un journal intitulé la *Revanche*, qui se publie en Corse, se livrait contre la mémoire de l'empereur Napoléon Ier à des outrages qui font aujourd'hui partie du bagage des feuilles démagogiques.

Vous savez quelle était la situation du prince Pierre. Il ne jouait aucun rôle d'homme public, il n'a jamais pénétré dans les conseils de l'Empire, il a toujours vécu complétement à l'écart; mais il a le culte de la gloire impériale, et il s'indignait de ces odieux outrages qui blessent si profondément le sentiment national, et qui, de plus, pour lui, s'adressent à un majestueux patrimoine de famille. Il n'y aurait rien eu là que de respectable si le prince, sous l'influence de son irritation, ne s'était laissé entraîner à des excès de langage qui ne peuvent être justifiés.

Le journal la *Revanche* avait engagé une polémique ardente avec une autre feuille, l'*Avenir de la Corse*, rédigé à Paris sous la direction de M. de la Rocca. Ce dernier avait publié, le 20 décembre dernier, dans son journal, un article intitulé : *Influence de Napoléon sur les destinées de la Corse*, et il avait demandé au prince Pierre son appréciation sur cet article. Le prince répondit par la lettre que vous connaissez et qui fut insérée, le 30 octobre, dans l'*Avenir de la Corse*; elle contient des passages d'une violence déplorable, qui devait provoquer de la part du rédacteur de la *Revanche* une réplique non moins agressive et qui parut dans cette feuille le 5 janvier.

Le prince Pierre adressa un cartel à l'auteur de cet article; et comme un autre journal, la *Marseillaise*, s'était rendu solidaire de la polémique soutenue par la *Revanche*, le prince demanda également une réparation par les armes à son rédacteur en chef M. Rochefort.

Cette provocation parvenait au bureau de la *Marseillaise* le 10 janvier au matin; mais dès la veille M. Grousset avait chargé Fonvielle et Victor Noir de se rendre chez l'accusé et de lui demander satisfaction de l'article qu'il avait publié le 30 décembre dans l'*Avenir de la Corse*.

L'instruction judiciaire a établi que la réception de la lettre adressée par l'accusé à Rochefort a été postérieure à la mission donnée par Grousset aux deux personnes chargées de se rendre à Auteuil.

En effet, par qui a été ouverte la lettre du prince à Rochefort? le témoin Millière répond : Par moi. Quel jour l'a-t-il ouverte? c'est le 10 janvier, en dépouillant au bureau de la *Marseillaise* la correspondance arrivée le matin ; il a immédiatement porté cette lettre à son destinataire. Cette déclaration de Millière est corroborée par le témoignage de l'un des serviteurs du prince, le témoin Goffinet, qui a été chargé d'affranchir et de mettre à la poste la lettre de provocation. Il l'a jetée dans la boîte d'Auteuil le dimanche 9 janvier, entre deux et trois heures ; or, il résulte de renseignements certains que les dépêches, déposées au bureau d'Auteuil les dimanches et jours de fêtes après une heure et demie, ne sont distribuées à Paris que le lendemain matin. Eh bien, Goffinet déclare qu'il a porté la lettre à la poste après son repas habituel du milieu du jour, qui se termine ordinairement vers une heure et demie ; il place la mise à la boîte entre deux et trois heures, d'où il résulte que la lettre ne pouvait parvenir à Rochefort que le lendemain ; et en présence de cette déposition, il est impossible de contester sérieusement l'affirmation de Millière, d'après laquelle M. Rochefort n'a connu le cartel du prince que dans la matinée du 10 janvier.

Il n'est pas moins certain que, dès la veille, Victor Noir et Fonvielle avaient reçu de Grousset la mission de se rendre à Auteuil, car dans la soirée du 9 janvier Victor Noir avait fait confidence au témoin Chabrillat de la provocation imminente de Grousset ; seulement il avait prié M. Chabrillat de n'en point parler dans le journal auquel il appartient.

Eh bien, Messieurs, après avoir ainsi constaté que M. Grousset avait projeté son duel avec le prince avant que le cartel de celui-ci fût parvenu à Rochefort, après nous être fixés sur ce point, nous devons ajouter, pour faire connaître toute notre pensée, que le cartel de Grousset n'en reste pas moins fort insolite à nos yeux, et que la démarche faite en son nom à Auteuil s'est produite dans des conditions étranges. S'agissait-il réellement pour lui d'obtenir réparation d'une offense? ou n'obéissait-il pas plutôt à une inspiration haineuse et au désir de susciter un scandale qui tournerait à l'avantage de son parti? le doute ne me semble pas possible, surtout après son attitude à l'audience.

D'abord elle est venue bien tard, cette provocation de Grousset ; elle était motivée, dit-il, par la lettre que le prince avait fait insérer dans *l'Avenir de la Corse*. Or, cette publication avait eu lieu le 30 décembre, et ce n'est que

10

le 10 janvier que les témoins de Grousset se rendaient à Auteuil. Grousset prétend, il est vrai, n'avoir connu que le 8 janvier l'article du prince. On le lui avait envoyé de Corse, dit-il, avec le numéro de la *Revanche* du 5 janvier, contenant une réponse de M. Tomasi, le tout accompagné d'une lettre pleine de pressentiments sinistres et prévoyant des éventualités menaçantes pour la sûreté des rédacteurs de la *Revanche*; c'est alors que Grousset avait résolu d'intervenir.

Mais le rédacteur de l'*Avenir de la Corse*, M. de la Rocca, répond à ces allégations, que le numéro du 30 décembre contenant la lettre du prince, avait été adressée le même jour au bureau de *la Marseillaise*, et le témoin affirme d'autant mieux cet envoi que c'est lui-même qui l'aurait fait.

Or si sa déposition est sincère, vous trouveriez peu vraisemblable que l'article du prince ayant été connu au bureau de la *Marseillaise* dès le 30 décembre, fût resté jusqu'au 8 janvier ignoré de Grousset, qui se prétend animé d'une si vive sollicitude pour les rédacteurs et les affaires du journal *la Revanche*, et s'il n'a pas ignoré la lettre, comment a-t-il attendu du 30 décembre au 10 janvier pour se sentir personnellement désigné et insulté?

Au surplus, si la lettre du prince était, comme nous l'avons dit, violente et blâmable, elle n'était point restée impunie; car non-seulement la *Revanche* du 5 janvier avait pris d'amples représailles; mais la *Marseillaise*, parue dans la matinée du 9 janvier, avait à son tour répliqué avec la saveur qui lui est particulière; et c'est après cette double réponse, bien suffisante pour que toute colère fût exhalée, que Grousset, contre lequel la lettre du prince ne contenait aucune attaque et qui n'y était même pas nommé, venait cependant en demander réparation, lorsque dix jours s'étaient écoulés déjà depuis la publication du 30 décembre. Évidemment cette provocation reposait sur un prétexte, elle avait pour but de surexciter la querelle engagée, de fomenter un bruyant scandale, d'exploiter la situation en vue du public et de préparer de graves incidents, sans qu'on eût souci d'en voir sortir quelque malheur!

En effet, il y avait quelque chose dans l'air, au moins, s'il faut en croire la déposition du témoin Villion. Il se trouvait, a-t-il dit, le 5 janvier, chez un marchand de draps, et pendant qu'il y faisait une emplette, un commis aurait dit près de lui : « Il va se passer quelque chose de drôle ces jours-ci, « on doit provoquer le prince Bonaparte, et s'il ne se bat « pas, on le tuera. Ce sont des acolytes de Rochefort, des « têtes brûlées. »

Villion a-t-il réellement entendu ces propos, ou bien les a-t-il inventés ? Il a contre lui la personne à qui il les attribue, c'est le témoin Rimbaux. Vainement Villion, mis en sa présence, a-t-il persisté dans la déclaration que je viens de rappeler. Rimbaux a décliné les paroles qu'on voulait placer dans sa bouche ; et il faut ajouter à l'appui de son désaveu que l'employé qui a servi Villion et qui par conséquent se trouvait près de lui dans le magasin, n'a pas entendu les propos dont il s'agit.

Cela semblerait de nature à ne faire accorder qu'une foi hésitante au témoignage de Villion. Et cependant cette déposition est tellement précise, elle vous est si bien affirmée, non comme le résultat d'un fragile souvenir, mais comme l'expression d'une certitude, qu'il nous est impossible de méconnaître son importance, et de ne pas présenter les réflexions qui peuvent être favorables à la sincérité du témoin.

Villion, affirme avoir entendu les propos, et sa déclaration reçoit une forte empreinte, tout à la fois de la précision qu'il y apporte, de la persistance qu'il y a mise et du serment dont il l'accompagne.

Lorsqu'il dépose pour la première fois dans l'instruction, il ne se borne pas à raconter vaguement que les paroles menaçantes pour le prince auraient été proférées devant lui, il dit en quel lieu elles ont été prononcées, il dépeint la personne qui les a fait entendre ; il assure qu'il la reconnaîtra et il offre, notez ceci, d'être confronté avec elle. Si Villion arrange arbitrairement un récit, au moins le combinera-t-il de manière à éviter une confrontation, il aura, par exemple la précaution de dire qu'il ne pourrait reconnaître au milieu de plusieurs autres, l'employé qui a tenu le propos : il n'aura pas la témérité d'aller au-devant d'un désaveu écrit déjà au fond de sa conscience.

Mais si au contraire l'éventualité d'une confrontation ne lui cause aucun trouble, s'il accepte cette épreuve, ou mieux s'il la propose, il faut reconnaître de sa part, ou une profonde certitude, ou une étonnante audace. Eh bien, on le met en présence d'un employé ; Villion le reconnaît ; mais dit-il, c'est le commis qui lui a vendu le drap et non celui qui a tenu le propos. Rimbaux paraît et Villion n'hésite pas, c'est celui qu'il avait dépeint dans sa première déposition.

Villion, d'autre part, a indiqué lui-même le moyen de contrôler sa déposition; il a désigné deux personnes auxquelles il avait répété ce qu'il avait entendu : la dame Morin, et le témoin Fouquin; il leur a reproduit les paroles que vous connaissez et qui, si elles ont été prononcées, ont dû naturellement l'impressionner, car elles étaient loin d'être banales et de ne mériter qu'inattention et indifférence. Eh bien, il raconte à ses témoins ce qu'il a entendu, il raconte à quelle époque : est-ce depuis l'événement d'Auteuil? Non, c'est avant; c'est le 5 janvier ; le jour même où le propos a frappé son oreille, cinq jours avant la provocation envoyée au prince Pierre. Le témoin rentre chez lui apportant le mètre de drap qu'il vient d'acheter, il dit à la dame Morin: « Il pourrait bien y avoir avant peu quelque chose de nouveau, » puis il fait le récit que la dame Morin a reproduit devant vous, ainsi que le témoin Fouquin. Voilà, messieurs, trois dépositions qui sont étroitement liées ensemble, qui ne peuvent être disjointes, séparées; qui doivent avoir à vos yeux un sort commun, rester confondues dans la même suspicion, ou entourées de la même confiance.

C'est à vous de choisir. Si vous croyez à un frauduleux concert, à une méprisable connivence, effacez ces mensonges; qu'ils soient bannis de votre souvenir, comme leurs auteurs méritent d'être chassés de ce prétoire. Mais si vous ne pouvez croire à une si hardie imposture ; si dans les circonstances que nous venons d'examiner ; si dans l'attitude et dans l'accent des témoins, vous avez puisé l'opinion qu'ils sont sincères; oh! alors, vous mettez la main sur une trame ourdie contre le prince, et, dans ce cas, la provocation portée à Auteuil, qui nous paraissait, il y a un moment, si dépourvue de motif recevrait l'explication qui lui faisait défaut jusqu'ici.

Mais, messieurs, tout cela dût-il disparaître du procès; ces témoignages dussent-ils être écartés, est-ce que les circonstances de la provocation de Grousset n'en conserveraient pas moins un caractère étrange? Comment, voilà deux personnes qui pénètrent chez le prince; deux autres qui attendent dans la rue ; deux autres encore qui vont arriver! Fonvielle et Noir chez le prince, Grousset et Sauton dans la rue; Arnould et Millière sur la route d'Auteuil! Ceux qui entrent chez le prince sont chargés d'un cartel; ceux qui attendent en bas sont le provocateur et un de ses amis; ceux qui vont arriver apportent un autre défi! et tous, tous viennent du même bureau de journal! et ce journal est la *Marseillaise!* et les témoins de Grousset savent qu'ils vont être suivis de ceux de Rochefort, et les témoins de Rochefort savent qu'ils sont précédés de ceux de Grousset; et il y a cette autre nouveauté dans l'histoire de ces sortes d'affaires, que des seconds portent sur eux des armes cachées! Oh! messieurs, ce sont là des façons d'agir qu'il est difficile de tenir pour régulières et irréprochables. (Sensation.)

Et quel choix fait-on en envoyant Victor Noir à l'accusé! non pas que je veuille réveiller contre lui aucun fâcheux souvenir; car il a perdu la vie à Auteuil, et sa mort désarme les sévérités qu'il pourrait avoir encourues; mais sans tomber dans des récriminations qui seraient aujourd'hui cruelles, ne devons-nous pas, pour apprécier l'attitude que ce malheureux jeune homme a dû prendre vis-à-vis du prince, tenir compte, non-seulement de son âge et de son caractère prompt aux explosions, mais encore de l'exaltation qui lui était inoculée dans le milieu où il vivait, et surtout de la fiévreuse ardeur qu'il devait porter dans cette entrevue d'où il fallait absolument faire sortir un conflit qui empêchât ou ajournât la rencontre imminente avec Rochefort, car Victor Noir savait, je le répète, que les témoins de Rochefort allaient arriver; il fallait qu'un premier défi vînt rendre l'autre impossible, et l'excitation du jeune homme en recevait, vous le comprenez, un dernier et âcre stimulant!

Malheureuse victime! dont la mort doit être reprochée à d'autres encore qu'à l'accusé; nous en demandons compte à celui ci dans la mesure de sa responsabilité; mais le groupe exalté au milieu duquel vivait l'infortuné jeune homme n'est-il pour rien dans le tragique dénoûment d'Auteuil? Et d'une manière générale, n'est-ce pas là un de ces événements funestes fatalement engendrés par cette presse d'invective, de haine, qui redouble en ce moment même ses venimeux outrages à l'occasion de ce procès; par cette presse qui est un véritable danger pour les mœurs et le caractère de notre pays, et qui voudrait nous entraîner dans les excès des démocraties d'un autre continent sans nous en réserver les vertus et la grandeur. (Profonde sensation.)

Tenez, messieurs, ce qui nous étonne et nous attriste, c'est l'espèce d'importance à laquelle peut parvenir aujourd'hui ce qui est en soi si vulgaire et si subalterne. (Applaudissements.) L'histoire de notre pays, dans le siècle où nous avançons, a offert des circonstances politiques qui ont été marquées par des luttes passionnées, ardentes, où les paroles et les écrits se croisaient comme des épées, mais qui toujours se caractérisaient par les qualités nationales, par la verve chaleureuse ou brillante, par la véhémence élevée, par le talent, cette force qu'on admire, même lorsque c'est une flamme ennemie qui nous enveloppe et nous dévore ! (Applaudissements.)

Mais ce qui nous indigne aujourd'hui, c'est ce quelque chose de bas qui alimente une certaine publicité, et qui semble menacer, dans notre pays, non-seulement la paix sociale, mais avec elle l'élan intellectuel, l'esprit, le goût, la loyauté, ces choses si éminemment françaises, dont la source ne saurait chez nous tarir, mais qui ne peuvent dégénérer un instant, sans que l'on ressente au fond de l'âme une patriotique douleur. (Profonde sensation.)

Voilà, messieurs, les observations que nous avions à vous présenter sur les circonstances qui ont précédé le drame d'Auteuil ; nous devons maintenant pénétrer dans la scène elle-même et examiner la question sur laquelle votre attention s'est plus particulièrement concentrée, celle de savoir si le prince, comme le prétend Fonvielle, a frappé Victor Noir au visage avant de décharger sur lui son pistolet, ou si, au contraire le coup de feu a été provoqué par un acte de violence.

Nous déclarons immédiatement sur ce point que la version de l'accusé nous paraît avoir une grande consistance ; mais nous devons ajouter, en même temps, que l'agression de Victor Noir fût-elle établie, la responsabilité du prince ne saurait s'évanouir ; nous restons convaincu que des hommes impartiaux et justes comme vous l'êtes, ne voudront pas proclamer, dans un verdict solennel, qu'un outrage, même très-grave, peut, dans une société civilisée, justifier un meurtre. Sans doute votre sagesse déterminera la mesure dans laquelle un premier acte de violence a pu provoquer et atténuer l'homicide ; mais vous n'admettrez pas que l'emportement de l'accusé si grave qu'en fût la cause, ait pu impunément aller jusqu'à la suppression d'une vie humaine.

Voyons d'abord si Victor Noir a frappé le prince ou si, au contraire, comme le prétend Fonvielle, l'accusé a outragé sa victime avant de lui ôter la vie.

Cette seconde hypothèse, en dehors même des preuves

qui vont l'écarter, a pour elle, messieurs, bien peu de vraisemblance. Telle est cependant la déclaration de Fonvielle : J'affirme, a-t-il dit, que c'est le prince qui, après nous avoir injuriés, et sans provocation aucune de notre part, sans que nous eussions prononcé une seule parole qui pût le blesser, a frappé Victor Noir. Est-ce possible, cela ? Pourrait-on comprendre que, si Noir et Fonvielle s'étaient bornés, au nom d'un tiers, à interpeller le prince, celui-ci, sans provocation de leur part, eût tiré sur eux trois coups de pistolet ? Comment ! voilà l'accusé en présence de deux personnes chargées, il est vrai, d'une mission hostile, mais qui sont elles-mêmes inoffensives, et il fait feu sur elles sans motif ! Et avant de faire feu, il donne un soufflet ! Il tient le pistolet d'une main et de l'autre il frappe ! Il soufflète et il tue en même temps ! Mais ce seraient là des actes inouïs, insensés, incroyables ! Des actes, remarquez-le bien, ne répondant nullement à la disposition morale de l'accusé, quelque opinion qu'on veuille concevoir de sa violence : car il ne pouvait avoir d'autre pensée que de se réserver pour un duel avec Rochefort, et, par conséquent, de ne pas s'engager avec un autre adversaire, et à plus forte raison avec des témoins dont il déclinait le message. Il a pu avoir des torts envers ces témoins, nous les dirons dans un instant, mais non pas ceux qu'on lui attribue.

Évidemment il s'est produit dans cette entrevue un fait qui en a soudainement changé le caractère, et toutes les présomptions sont pour que l'incident ne soit pas venu de la part du prince, mais du côté de Victor Noir, de son exubérance de jeunesse, de sa confiance dans sa force physique, de la surexcitation que son entourage politique lui avait communiquée, et de son ardeur à rendre un premier duel inévitable avant que les témoins de Rochefort fussent arrivés à Auteuil.

Et puis, si, comme le prétend Fonvielle, le prince eût frappé Victor Noir, est-ce que celui-ci aurait laissé à son adversaire le temps de se reculer et de faire feu ? Est-ce qu'il ne se serait pas, à l'instant, précipité sur lui ? Est-ce qu'une lutte ne se serait pas engagée ? Comment ! Victor Noir, jeune, ardent, fort, impétueux, se serait laissé souffleter sans bondir sur l'agresseur ! Il aurait attendu avec impassibilité le coup de feu de l'adversaire ! Cela ne paraît pas possible !

Ce n'est pas possible de la part de celui qui était entré chez le prince avec les dispositions que vous savez ; de celui

qui, en descendant de voiture, avait jeté ces mots à un domestique du prince : « Pierre Bonaparte est ici ? » puis au
moment d'entrer dans le salon avait dit : « Il est là le
Bonaparte ? »

Le voilà en sa présence, il reçoit de lui un soufflet, et il
ne s'élance pas sur son adversaire, et il lui laisse le temps de
se reculer et de l'ajuster ! Je n'en puis rien croire. Ce n'est
pas ainsi que les choses se sont passées.

Mais au surplus, messieurs, sortons des présomptions et
des conjectures pour aborder les constatations matérielles et
arriver ensuite aux témoignages, d'après lesquels Fonvielle
lui-même a reconnu que Victor Noir a frappé le prince.

Les constatations matérielles ! elles sont concluantes. Il
s'agit de savoir lequel, de l'accusé ou de Victor Noir, a frappé
l'autre au visage. Or, l'un d'eux portait une contusion à la
joue, tandis qu'on ne pouvait découvrir sur celle de l'autre la
moindre trace de violence. Qui donc avait reçu le coup, si
ce n'est celui qui en portait l'empreinte ?

On vous a expliqué que si Victor Noir avait été l'objet
d'une voie de fait avant la sortie du salon, l'espace de temps
écoulé entre le moment du sévice et celui de la mort avait été
plus que suffisant pour que toute trace de violence eût pu se
révéler. D'autre part Fonvielle a prétendu, je reproduis ses
expressions, que le coup du prince avait été porté vigoureusement. Or, sur le visage de Victor Noir, rien absolument
rien. Le docteur Pinel n'a rien découvert ; un témoin, le
sieur Pignel, qui s'est trouvé là au moment de la mort de
Victor Noir, a examiné la figure de la victime ; elle n'offrait
aucune apparence de meurtrissure. MM. Tardieu et Bergeron, ceci est plus décisif, ont déclaré à leur tour que l'ex-
ploration la plus attentive ne leur avait permis de reconnaître
sur le visage aucune trace de coup récemment porté. Au
contraire, messieurs, l'existence d'une contusion sur la joue
du prince est indéniable.

Le sergent de ville Darleux a vu le prince immédiatement
après la scène ; voici ses déclarations : « Je suis la première
personne de la police ayant vu le prince après l'événement.
Il me dit que l'une des deux personnes qui s'étaient intro-
duites chez lui l'avait souffleté. Il me montra sa joue gauche,
et je remarquai qu'elle était plus rouge que l'autre, et même
dans la partie la plus rapprochée de l'oreille, je constatai la
trace d'un coup. »

Le docteur Morel a déclaré : qu'il avait vu le prince vers

deux heures et demie, et qu'il avait constaté sur sa joue gauche une très-forte rougeur avec une apparence de légère ecchymose et de gonflement. J'affirme, a dit M. Morel de la façon la plus énergique, que la trace de cette voie de fait était tout ce qu'il y avait de plus évident pour moi. Ajoutons, messieurs, que quelques naïvetés échappées à ce témoin et qui ont été trop soulignés par l'auditoire n'ont empêché personne de discerner dans sa déposition un grand fonds d'honnêteté.

Le docteur Pinel, invité par M. Morel à visiter le prince a constaté à son tour une ecchymose de la dimension d'une pièce de deux francs. Enfin d'autres personnes encore, MM. Casanova, de la Bruyère, Paul de Cassagnac, arrivés bientôt après, virent, comme les précédents témoins, la trace du coup reçu par l'accusé. Il n'y a donc pas de doute possible sur l'existence de la contusion.

Eh bien, quelle en avait été la cause?

Ici M. Pinel s'est livré à diverses hypothèses: Il m'est difficile d'expliquer, a-t-il dit, ce qui avait pu causer cette ecchymose. Le prince a pu se heurter en poursuivant Fonvielle contre le chambranle d'une porte, ou bien être blessé soit par le ricochet d'un projectile, soit par la projection d'éclats de bois ou de plâtras; il est impossible, ajoute M. Pinel, de choisir de préférence aucune de ces différentes hypothèses.

Telles ont été les explications de M. Pinel, je les aurais peut-être passées sous silence, si leur auteur ne les avait crues assez importantes pour être livrées à la presse longtemps avant l'ouverture de ces débats, et s'il n'avait accompagné ses communications aux journaux d'attaques dirigées contre M. Tardieu, et dans lesquelles M. Pinel a dérogé à la courtoisie qui lui est, je suppose, habituelle. Or, en ce qui concerne les causes de la contusion reçue par le prince, ma surprise serait grande si vous partagiez les perplexités de M. Pinel, et si vous hésitiez beaucoup entre les diverses conjectures qui ont mis la sagacité de ce docteur à une épreuve qu'elle n'a pu surmonter. (Sourires.)

Ce choc contre le chambranle d'une porte, ce ricochet d'une balle, cette projection d'éclats de bois ou de plâtras, tout cela me paraît singulièrement imaginaire; et je me demande si la conscience de M. Pinel ne s'est pas créé de trop ingénieux scrupules. Je n'ai aucune qualité pour porter sur les lumières de M. Pinel le jugement bien sévère qu'il a de son côté porté, dans une lettre rendue publique, sur le savoir de M. le docteur Tardieu. Je crois cependant pouvoir constater entre eux cette différence que M. Tardieu est un des hommes considérables de la science, tandis que M. Pinel le deviendra peut-être. (Sourires.)

En attendant cet avenir trop incertain, et après avoir entendu M. Pinel à l'audience, on se sent disposé moins à s'émouvoir qu'à sourire des façons dédaigneuses que M. Pinel a prises dans les feuilles publiques à l'égard de son éminent confrère ! (Sourires !)

Eh bien, messieurs, la trace d'un coup sur le visage du prince étant établie, que reste-t-il contre la version de l'accusé ? Il reste uniquement cette hypothèse qu'il se serait fait lui-même la meurtrissure qu'il attribue à l'agression violente de Victor Noir ! Son allégation ne serait qu'un vil mensonge, et il aurait eu recours à cette ignominieuse supercherie de se frapper lui-même afin de pouvoir dire que Victor Noir avait porté la main sur lui ! De telle sorte que le prince, après avoir tiré dans son salon sur deux personnes inoffensives ; après avoir fait feu trois fois, sans provocation, sans motifs, sans avoir été l'objet d'une menace, ou seulement d'une parole blessante, après avoir commis cette action inouïe, aurait immédiatement fabriqué, dans son esprit, le récit qu'il a fait aux premières personnes qui sont accourues ; et il aurait fortifié son mensonge de cette honteuse manœuvre consistant à se faire lui-même une blessure justificatrice.

Messieurs, s'il y a des esprits qui peuvent croire facilement ces choses, le mien n'est pas de ce nombre. Je retiens que, d'après Fonvielle lui-même, un soufflet a été donné par l'un des interlocuteurs, et je suis amené à penser que le coup a été reçu par celui qui en portait la trace, et non par celui qui ne la portait pas ; et, quand je considère tout à la fois les circonstances qui ont précédé l'entrevue, les dispositions morales des personnages, les vraisemblances, puis les constatations matérielles, je trouve que nous avons fait un grand pas dans la recherche de la vérité, sur cette partie de l'affaire.

J'arrive maintenant aux témoignages d'après lesquels Fonvielle aurait avoué que Victor Noir avait frappé l'accusé. D'abord les cinq sergents de ville que vous avez entendus ont déposé avec une grande mesure, avec le soin évident de rester scrupuleusement dans l'exactitude des faits, et il résulte de leurs déclarations : 1° d'une manière certaine, qu'il n'a pas été question, dans le récit de Fonvielle, d'un soufflet donné par le prince à Victor Noir; 2° que les cinq sergents de ville ont tous compris que Victor Noir avait frappé l'accusé.

Au surplus, messieurs, Fonvielle ne s'est pas borné, devant d'autres témoins, à exprimer par un geste l'acte de violence auquel s'était livré Victor Noir; il a déclaré formellement que son ami avait frappé le prince.

M. Mougouin, par exemple ; il avait raconté, à trois personnes qui ont déposé devant vous, qu'il tenait de Fonvielle lui-même que Victor Noir avait frappé le prince. Eh bien ! vous savez comment M. Mougouin, appelé à son tour devant la justice, a confirmé, sauf une légère modification, les paroles qu'avaient rapportées les trois témoins. Vous savez combien M. Mougouin s'est honorablement appliqué à ne point dépasser le degré de précision que lui permettaient ses souvenirs. Il entend le récit de Fonvielle vers deux heures vingt minutes, au moment où Fonvielle revenait du poste de police; celui-ci venait de faire aux sergents de ville le récit qui les avait laissés sous cette impression que Victor Noir avait frappé le prince.

Mais maintenant il n'y a plus, comme au poste de police, à interpréter des paroles et un geste ; Fonvielle dit et Mougouin entend que Victor Noir a donné un soufflet au prince, ou qu'il a été pour donner le soufflet. Et remarquez que cette forme dubitative se limite à la locution employée par Fonvielle, sans rien enlever à la fermeté du témoignage de Mougouin, car celui-ci affirme que Fonvielle s'est servi de l'une ou de l'autre expression.

A côté de cette déposition de Mougouin se placent les déclarations de Lechantre et de Vinviollet. Lechantre n'a déposé dans l'information que le 2 février; pourquoi? Parce qu'il a fait comme font trop souvent les personnes qui pourraient fournir des renseignements à la justice, et qui attendent qu'on les mette en demeure de les donner. Il avait été, comme d'autres marchands, interrogé sur le marché d'Auteuil par un commissaire de police ; mais ce fonctionnaire n'ayant fait aucune question relative à Fonvielle ou au transport de la victime, Lechantre, soit qu'il n'ait pas compris l'utilité de ce qu'il avait à dire, soit qu'il n'ait pas voulu prendre l'initiative d'une déclaration, n'avait pas parlé de ce qu'il avait entendu le 10 janvier.

Ce n'est que plus tard qu'un sergent de ville, ayant appris que Lechantre était de ceux qui avaient aidé à transporter Victor Noir dans la pharmacie, lui a demandé ce qui s'était passé, et quelles paroles avaient été prononcées en sa présence, et c'est alors que Lechantre a fait la déclaration qu'il a reproduite devant vous. Il aidait à porter le corps de la victime. Dans le trajet, il entendit derrière lui : « Il a tué mon ami, mais il a reçu un bon soufflet. » Lechantre ne voyait pas en ce moment Fonvielle ; mais, arrivé chez le pharmacien où Fonvielle montrait son paletot troué par une balle, en proférant des injures contre le prince, le témoin a parfaitement reconnu celui qui avait dit ces mots : « Il a tué mon ami, mais il a reçu un bon soufflet. » Fonvielle seul pouvait tenir ce langage, et c'est en effet sa voix que Lechantre a reconnue quelques instants après.

Ce n'est pas tout. Voici maintenant une déclaration non moins décisive et qui a ce caractère particulier d'avoir été faite à l'instant même, la 10 janvier, tout de suite après le drame : c'est la déclaration de Vinviollet. Lui aussi a entendu Fonvielle raconter : que le prince les avait reçus brutalement, lui et Victor Noir ; qu'il les avait injuriés, et que Victor Noir avait souffleté le prince. « Êtes-vous bien sûr de ce que vous avancez, » disait-on dans l'instruction à Vinviollet. « Je l'affirme, répondait-il, et je suis d'autant plus certain de ne pas me tromper que j'ai répété immédiatement à d'autres personnes les paroles prononcées par Fonvielle. »

Ces personnes désignées par Vinviollet étaient appelées à leur tour : l'une d'elles, ou deux d'entre elles, avaient retenu plus particulièrement le fait d'un soufflet donné au prince, sans se souvenir si Vinviollet avait ajouté qu'il tenait cette circonstance de Fonvielle lui-même. Mais d'autres témoins ont été, sur ce point, parfaitement affirmatifs et précis. Ainsi, le 10 janvier, entre quatre et cinq heures, Vinviollet rencontre le nommé Dane, et lui répète le récit qu'il lui dit tenir de Fonvielle ; de telle sorte que la déclaration faite par Vinviollet devant vous, messieurs, il la faisait le jour même de l'événement, vers cinq heures, et il la renouvelait aussi, dans la soirée du même jour, devant le sieur Périnet, qui la faisait aussitôt connaître à un commissaire de police.

Voilà, messieurs, des témoins nombreux, précis, et qu'on n'a pu réfuter autrement qu'en leur jetant l'épithète malsonnante de cohue.

D'autres témoins, il est vrai, affirment, au contraire, que

Fonvielle, dès le premier moment, a attribué la voie de fait à l'accusé. Pinel, Mortreux, Grousset, Sammazeuilh déposent qu'au moment où le corps de Victor Noir venait d'être apporté dans la pharmacie, Fonvielle a fait le récit dans lequel il a depuis persisté; et alors se présente cette observation, que si Fonvielle, avant même de se rendre au poste de police, a raconté que le prince avait frappé Victor Noir, il n'a pas pu ultérieurement renverser les rôles, au bénéfice de l'accusé, en présentant ce dernier comme ayant été frappé.

On pourrait répondre que s'il s'agissait ici d'une question d'antériorité entre les déclarations de Fonvielle, il faudrait placer au premier rang celle qu'a reçue Lechantre, car il a recueilli le propos de Fonvielle au sortir de la maison du prince, au moment où Victor Noir était transporté dans la pharmacie. Si l'on veut s'attacher à la première version de Fonvielle, nulle autre ne peut primer celle qu'a entendue Lechantre. Quant au témoin Mortreux, on pouvait lui opposer M. Natal, d'après lequel Mortreux aurait lui-même raconté d'après Fonvielle, que Victor Noir avait souffleté le prince. Vainement Mortreux a-t-il prétendu que Natal n'entendait pas le français et ne pouvait lui-même se faire comprendre.

Le témoin Natal a déposé avec une propriété et un bonheur d'expression, une insistance pénétrante et une lenteur lumineuse qui ont singulièrement déconcerté son contradicteur. En ce qui concerne Grousset, on ne saurait oublier à quel point il était engagé dans l'affaire.

M. Pinel lui-même paraît s'être départi de l'impartialité qui convenait à son rôle d'expert, et enfin M. Sammazeuilh a singulièrement tergiversé à l'audience.

Mais, messieurs, il ne faut jamais, dans les affaires criminelles, nier sans une évidence absolue la sincérité des témoins, et je suis disposé à penser que des déclarations qui paraissent s'exclure réciproquement peuvent en réalité coexister sans se proscrire nécessairement les unes et les autres, à l'exception toutefois du témoignage de Fonvielle. Et l'on en vient à se demander si ce dernier, après avoir laissé échapper des paroles sincères sous le coup de l'émotion produite par la mort de Victor Noir et le danger qu'il avait lui-même couru, n'a pas ensuite, au retour de sa présence d'esprit, composé un récit favorable à la cause qu'il défend. Je sais bien que Grousset, Mortreux, Sammazeuilh, Pinel, déclarent

11

avoir entendu Fonvielle raconter la scène dès son arrivée dans la pharmacie.

Mais, messieurs, ces témoins peuvent-ils être admis à préciser l'instant où Fonvielle leur a tenu le langage qu'ils rapportent? Songez donc au trouble, à la confusion, au saisissement qu'a fait éclater cette scène si profondément émouvante. Victor Noir sortant de chez le prince, s'affaissant; Fonvielle fuyant éperdu, poussant des cris; la victime rendant bientôt le dernier soupir; toutes les personnes présentes en proie à une émotion qui allait gagner Paris et la France entière, et qui se manifestait là à son point de départ, dans toute son intensité; comment voulez-vous qu'en de pareilles circonstances des témoins puissent affirmer que telles ou telles paroles ont été prononcées quelques minutes plus tôt ou plus tard, cela me paraît impossible! et alors je ne suis ni obligé de rejeter absolument les déclarations de Grousset, Mortreux et autres, ni bien moins encore de révoquer en doute la bonne foi, certaine à mes yeux, soit des cinq sergents de ville devant lesquels Fonvielle s'est expliqué au poste de police, soit des autres témoins qui, comme Vinviollet, Mougouin, Lechantre, ont entendu Fonvielle faire la version dont il refuse aujourd'hui d'avoir été l'auteur. C'est Fonvielle qui aurait fait deux récits contraires; au premier moment, le récit sincère, puis bientôt après, le récit composé! C'est lui qui après avoir été si troublé et si dépourvu de sang-froid et d'énergie en face du prince, s'est ensuite montré si intrépide dans des allégations hostiles à l'accusé. C'est lui qui avait dit antérieurement : quand il s'agit des Bonaparte et des bonapartistes le mensonge est une arme dont on peut se servir! C'était bien grave d'avoir dit cela; mais c'est bien autrement grave de l'avoir fait! d'avoir ainsi mis en pratique une théorie de déloyauté, et cela au détriment d'un accusé!

Maintenant, messieurs, est-ce à dire que la culpabilité du prince disparaît? Non, non! elle existe, elle est certaine, et pour que bonne justice soit faite, la condamnation encourue doit être prononcée! Le devoir de l'organe du ministère public, dans toute cause criminelle, est de déterminer, avec précision, les faits qui ont motivé la poursuite, et de proportionner exactement à leur gravité la portée de ses réquisitions. Il était donc obligatoire pour nous d'exprimer notre opinion sur la circonstance si considérable dans cette cause, d'une voie de fait qui aurait précédé les coups de feu. Mais ce serait abuser étrangement de cette circonstance, que d'en faire sortir non plus seulement une influence d'atténuation, mais une cause illégitime d'amnistie. (Sensation.)

Vous ne ferez pas cela, messieurs! Nous vous demandons de ne pas le faire! Si vous pensez qu'un acte de provocation soit constaté dans la cause, déclarez-le. La loi veut que le meurtre soit excusable s'il a été provoqué par des coups ou des violences graves envers les personnes. C'est là ce que l'on nomme un cas d'excuse légale, et lorsqu'une excuse de cette nature est admise, la peine encourue par l'accusé s'abaisse dans une proportion énorme. Mais c'est une immunité qui ne doit être concédée par des juges que lorsque les faits l'imposent à leur sentence. La loi, sans définir les caractères de la provocation, exige, pour qu'il en résulte une excuse, qu'elle ait été violente, et d'une violence telle, disait l'orateur du gouvernement dans la discussion du Code pénal, que le coupable n'ait pas eu au moment de l'action qui lui est reprochée, la liberté nécessaire pour agir avec réflexion. »

Vous direz, messieurs, si l'accusé s'est trouvé dans cette situation, et si sa culpabilité s'affaiblit à vos yeux dans la large mesure que détermine l'admission de l'excuse légale. Mais, messieurs, aller au delà, ce serait dire que l'accusé se trouvait dans un cas de légitime défense, ce qui n'est pas. La légitime défense est une cause de justification absolue de l'homicide ; mais qu'est-ce que la légitime défense? C'est la situation d'un homme qui est impérieusement contraint d'ôter la vie à un autre pour sauver la sienne.

Celui qui, en repoussant les coups d'un meurtrier, le frappe lui-même mortellement, ne commet point un acte punissable ; la défense dans ce cas n'a point excédé l'agression ; elle s'est proportionnée au danger de mort qui menaçait actuellement l'auteur de l'homicide. C'est là un droit naturel dont la conscience humaine se sent en possession et qu'elle a inscrit dans toutes les législations. La nôtre, à son tour, a proclamé qu'il n'y a ni crime, ni délit, lorsque l'homicide était commandé par la nécessité de la légitime défense de soi-même ou d'autrui. C'est la disposition de notre loi pénale. Mais, prenez garde, ce serait gravement en discréditer la sagesse et la justice que d'en faire l'abri complaisant d'un meurtre, qui aurait été la suite, non pas d'une défense nécessaire, mais bien d'un mouvement de passion. Ce qui caractérise la légitime défense, c'est sa nécessité ; c'est l'obligation impérieuse et urgente de défendre sa vie ;

c'est l'imminence du péril; c'est l'impossibilité de s'y soustraire autrement qu'en frappant l'agresseur.

Mais si, au lieu d'un danger pressant, c'est une simple
provocation qui a motivé l'homicide; si c'est un outrage,
une voie de fait, par exemple un soufflet, oh! alors celui qui
tue sous l'impression de l'offense donne la mort, non plus
par nécessité de pourvoir à la sûreté de son existence, mais
selon sa passion, selon sa colère, son emportement, sa vengeance! Il ne s'agit pas pour lui de se défendre contre un
agresseur, mais de le punir! Il usurpe le droit social; il
inflige une répression qui n'est pas mesurée par la justice,
mais cruellement exagérée par un entraînement de la volonté. Si même, dans ce cas, notre législation consent géné-
reusement à excuser l'homicide, elle n'a pas du moins la
faiblesse de le déclarer légitime!

Eh bien! messieurs, j'exprime la ferme conviction que c'est
le soufflet porté par la victime qui a déterminé le coup de feu
du prince. Le prince a tiré sur Victor Noir pour venger l'outrage qu'il venait de recevoir, et non pour défendre sa vie.
C'est l'indignation, la colère qui l'ont entraîné, et non la
crainte! Il l'a dit lui-même : « J'ai tiré sur celui qui m'avait
outragé. » Donc, ce n'était pas là un cas de légitime défense,
c'était un châtiment, une vengeance!

Cela est si vrai, messieurs, qu'il m'est impossible d'admettre que Fonvielle eût déjà son pistolet à la main lorsque
Victor Noir a frappé le prince, et par conséquent lorsque
celui-ci a fait feu. Le coup porté par Victor Noir l'a été soudainement sur une parole blessante; et, par conséquent, par
sa soudaineté même, le coup a précédé le moment où Fonvielle a pris son arme. Pour que ces deux actes eussent été
simultanés, il faudrait qu'ils eussent été concertés; il faudrait
que Fonvielle et Victor Noir se fussent entendus avant d'entrer, pour que l'un frappât le prince, tandis que l'autre aurait le pistolet au poing. Mais alors Fonvielle aurait d'a-
vance sorti son pistolet de l'étui dans lequel il était enfermé.
Il avait cette arme sur lui, parce qu'il la portait habituellement; il avait eu le tort de ne pas s'en démunir avant de se
présenter chez l'accusé, de même que celui-ci n'avait pas eu
raison de garder un pistolet dans sa poche pour recevoir les
témoins; mais des deux côtés existait cette regrettable habitude de porter une arme; et, je le répète, s'il fût entré dans
les projets, ou seulement dans les prévisions de Fonvielle,
qu'il aurait à faire usage de son pistolet, il n'aurait pas

manqué de le dégager de son étui, ce qu'il n'avait pas fait.

Faudrait-il alors supposer que si Fonvielle n'avait pas son revolver à la main, au moment même de la voie de fait, il l'a saisi du moins immédiatement et avant que l'accusé eût tiré sur Victor Noir? Mais, messieurs, songez donc à la rapidité avec laquelle le coup de feu a dû répondre au soufflet. Le prince est frappé, il recule de deux pas et il fait feu! Tout cela se suit de si près, que les deux actes, le soufflet et le coup de feu, sont pour ainsi dire simultanés. L'accusé avait la main sur son revolver; on le frappe au visage, il tire presque instantanément; et c'est alors, sur ce coup de feu, que Fonvielle se jette derrière un fauteuil, en saisissant son pistolet et en le dégageant de l'étui.

C'est ce qui résulte du récit qu'a accueilli de la bouche de l'accusé le témoin Balagna, l'un des premiers entrés chez le prince après l'événement : « Deux individus sont entrés chez moi, j'ai été frappé par l'un d'eux, sur lequel j'ai fait feu. Le prince ajouta que celui des deux sur lequel il avait fait feu était sorti par la porte où il était entré avec son ami, et que l'autre s'était caché derrière un fauteuil et qu'il l'avait aperçu armant un revolver et l'ajustant; qu'alors lui, le prince, se voyant ajusté, avait fait feu sur M. de Fonvielle. »

Le prince a encore ajouté : « Je n'ai tiré sur de Fonvielle que chaque fois qu'il m'a ajusté. »

Eh bien! comprendriez-vous, messieurs, que si Fonvielle eût eu son pistolet à la main au moment de la voie de fait, ce n'eût pas été pour contenir le prince, et par conséquent pour l'ajuster! Mais s'il n'ajuste, s'il ne vise, s'il ne menace le prince qu'embusqué derrière le fauteuil, c'est que là seulement il dispose de son arme! Donc, comme je vous le disais, Victor Noir frappe le prince, celui-ci répond par un coup de feu; aussitôt Fonvielle s'abrite derrière le fauteuil, s'armant d'un pistolet qu'il est obligé de sortir d'un étui. C'est le soufflet qui provoque le coup de pistolet tiré sur Victor Noir et non pas un danger de mort pour le prince! Le coup mortel n'est pas une suprême extrémité de salut, c'est avant tout un châtiment.

Pour qu'il en eût été autrement, il faudrait que le prince se fût abandonné à un sentiment de crainte démesuré, et il n'accepterait pas, je suppose, une hypothèse qui ferait une si large part à sa faiblesse et à son intimidation. Les qualités comme les défauts de son caractère protestent contre l'humilité d'une semblable excuse.

Le prince, abstraction faite de son énergie bien connue, ne pouvait pas ressentir plus d'effroi que n'en eût éprouvé toute personne raisonnable. Il était dans sa maison avec des serviteurs à sa portée; il ne pouvait pas redouter que deux personnes chargées d'un cartel, qui s'étaient fait annoncer, dont la présence était connue des domestiques, vinssent en plein jour l'assassiner. Il n'y avait pas jusqu'à l'arme elle-même, qu'il avait si malheureusement sur lui, qui ne fût un motif de sécurité; sa défense était assurée. Non, ce ne peut donc pas être sous l'influence d'une honteuse peur que le prince a tiré; il a voulu se faire justice à lui-même, effacer l'outrage reçu, même au prix d'un homicide!

Et si encore il eût donné la mort, alors que, sans aucune arme, il se fût précipité sur l'agresseur et l'eût saisi d'une telle étreinte qu'il l'eût jeté sans vie à ses pieds, il serait coupable encore; mais quelle différence entre cette situation et celle d'un homme qui tient un pistolet en réserve, qui a d'avance la main sur son arme, qui sait que, s'il en fait usage, ce sera la mort de l'adversaire, et qui en use, et qui tue! Cela est bien autrement grave! Que le meurtre ait été provoqué, soit; mais si la culpabilité s'atténue, elle ne s'évanouit pas.

Si le prince avait été déterminé à faire feu par la vue du pistolet, et par la pensée que sa vie était menacée, alors c'est sur Fonvielle qui il eût d'abord tiré. Le danger lui eût paru venir de la part de celui qui avait le revolver à la main, et non de celui qui n'était pas armé. L'accusé répond à cela qu'il a plus ressenti l'outrage que redouté le péril. Eh bien, d'abord, c'est ce que nous disons nous-même : c'est l'outrage et non le péril qui a déterminé le coup de pistolet. Puis nous ajoutons que si l'idée de péril se fût jointe à l'idée d'outrage, le prince, après avoir tiré sur Victor Noir, eût immédiatement déchargé un second coup sur Fonvielle, sans attendre de le voir derrière ce fauteuil s'efforçant d'armer son pistolet. Le prince a tiré sur Fonvielle lorsqu'il a pu croire à un danger ; or, il n'a tiré sur Fonvielle que lorsque celui-ci était derrière le fauteuil. Donc auparavant le péril n'apparaissait pas: donc encore on en revient à ce fait que l'outrage seul a motivé le premier coup de feu, c'est-à-dire que l'accusé a été provoqué, mais qu'il ne se trouvait pas dans un cas de légitime défense.

Voilà, messieurs, ce qui, suivant nous, est décisif, et ce qui doit vous déterminer à rendre le verdict de condamnation que nous réclamons, de votre justice.

Et, d'autre part, est-ce que l'accusé peut se rendre ce témoignage d'avoir montré la moindre prudence dans l'entrevue d'Auteuil, et de s'être imposé quelque contrainte pour éviter un conflit? Est-ce qu'il devait accueillir d'une façon si hautaine les témoins qui lui étaient envoyés? Sans doute, si le prince fût demeuré étranger à ces querelles de journaux dans lesquelles il s'est compromis, et que des porteurs de défi se fussent présentés pour le troubler dans sa paix et dans sa dignité, il eût pu refuser de les recevoir et les faire dédaigneusement éconduire.

Mais lorsque lui-même avait envoyé la veille deux lettres de provocation, l'une au directeur de la *Revanche*, l'autre au directeur de la *Marseillaise*, lorsqu'il méconnaissait ainsi les prescriptions de la loi, et qu'il se plaçait sous le régime conventionnel du duel, est-ce qu'il ne se créait pas l'obligation de se soumettre aux règles admises en ces sortes d'affaires, et notamment de recevoir avec modération les personnes chargées de lui proposer une rencontre? Il pouvait, il devait refuser de répondre à cette provocation; mais, dans le cas même d'un refus, les témoins n'avaient-ils pas droit à un autre accueil, et n'était-ce pas, je crois, un manquement aux habitudes de ce qu'on appelle le point d'honneur, que de les prendre eux-mêmes à partie? Qu'aurait-il pu penser, l'accusé, si un semblable accueil avait été réservé à son double cartel?

Eh bien, il est trop certain que le prince s'est servi d'expressions blessantes, quand ce ne serait que ce mot « manœuvres, » qu'il reconnaît avoir employé; de telle sorte que, si on ne peut pas dire qu'il ait créé la surexcitation, certainement préexistante des témoins, il lui a du moins fourni un prétexte d'éclater.

Il faut ajouter, d'après l'accusé lui-même, qu'au moment où il prononçait des paroles blessantes, il tenait le bras levé dans une attitude énergique. Sans doute, il ne faut pas abuser de cette déclaration de l'accusé et prétendre y trouver la preuve que celui-ci aurait frappé Victor Noir, ou que celui-ci n'a pu lui porter un coup. Cette partie du débat est, je crois, complétement élucidée; mais cette attitude que l'accusé reconnaît avoir prise n'était-elle pas, ou une menace, ou tout au moins une aggravation, une sorte d'accentuation irritante des paroles échappées de ses lèvres, et qui, par elles-mêmes, avaient quelque chose de provocateur. D'où la conséquence que l'accueil altier et offensant que les témoins recevaient dans le salon du prince, doit être considéré comme l'une des circonstances qui ont précipité les actes de violence.

Et puis en voyant les choses de plus haut, est-ce que l'intervention du prince dans une ardente polémique de journaux n'avait pas été une faute grave? Est-ce que cette intervention ne doit pas être rangée parmi les causes de l'événement d'Auteuil? Est-ce que l'écrit publié le 30 décembre était de nature à modérer la polémique engagée, ou au contraire à la surexciter? N'était-ce pas dans la situation du prince plus qu'une imprudence que de se mêler à un pareil débat? Est-ce que les plus hautes convenances ne lui déconseillaient pas cette lettre violente, ce langage de guerre civile, ces deux provocations en duel par lesquelles il préparait de si dangereux scandales? Avait-il le droit d'agir ainsi? n'était-ce pas manquer à ce qu'il se devait lui-même, à ce qu'il devait à son nom, à la paix publique, à l'État? Et lorsqu'on a l'honneur de se rattacher pour une part quelconque à de si grands intérêts, le sentiment qu'on en porte dans l'âme, ne doit-il pas y avoir poussé des racines si profondes que rien ne les en puisse arracher. (Profonde sensation.)

Oui, il y a là de graves défaillances qui sont loin d'atténuer l'acte que vous allez juger !

Prononcez donc, messieurs! Nous vous disions, en commençant, que tous ici nous devions nous placer dans la vérité judiciaire, sans l'exagerni la méconnaître! Nous renouvelons cet appel à vos consciences, le seul appel qui soit digne de vous et de celui qui vous parle. (Sensation.)

Si vous croyez que l'accusé ait provoqué par un acte de violence, que votre verdict lui en tienne compte. Mais aller au delà! Oh! non, ne le faites pas! Déclarer que dans cette cause n'apparaît aucun fait punissable; que l'action commise par l'acusé est innocente, dépouillée de toute responsabilité; que les circonstances de l'affaire, non-seulement excusent mais suppriment la culpabilité; qu'elles sont pleinement justificatives; que l'accusé a eu le droit d'accomplir ce qu'il a fait, et que la balle qui a frappé la victime au cœur a été l'instrument légitime de la mort d'un homme ! Oh! messieurs, ne dites pas cela! car vous ne seriez plus dans la vérité judiciaire. (Profonde sensation.)

Oh ! vous ne voudrez pas accorder à l'accusé une justification que la loi lui refuse ! vous ne voudrez pas l'affranchir arbitrairement de la responsabilité qui pèse sur lui ! Cette responsabilité, c'est son œuvre ; un homme est mort sur le seuil de sa demeure ! et il n'aurait pas perdu la vie, si le prince plus calme, plus digne, n'eût point cédé à un emportement funeste, et se fût élevé au-dessus d'une vengeance sans merci !

Jugez-le donc, non d'après les clameurs des uns ou les sympathies des autres, mais selon l'inspiration du devoir, et uniquement parce que vos esprits et vos cœurs seront restés jusqu'au bout inclinés vers la justice ! Prononcez selon votre conscience, au nom du pays que vous représentez, et je peux ajouter, sans exagération, en face de l'histoire ! (Applaudissements.)

Ce réquisitoire produit une profonde impression, et les dernières paroles de l'honorable magistrat sont suivies d'un mouvement prolongé d'émotion dans toutes les parties de l'auditoire.

Il est une heure, l'audience est suspendue. Elle est reprise au bout d'une demi-heure, et M. le président donne la parole à Me Émile Leroux, défenseur de l'accusé.

Plaidoyer de Me Leroux.

Messieurs les hauts jurés,
Messieurs de la Haute Cour,

Depuis le malheureux événement d'Auteuil, le prince est l'objet des attaques les plus violentes, des injures les plus grossières, des outrages les plus sanglants, sans pouvoir élever la voix pour se défendre. Le silence lui est commandé par sa position et le respect de la justice. Enfin, il lui est permis de faire entendre sa justification.

Choisi pour être son organe, j'éprouve le regret bien sincère de ne pas voir à ma place une gloire de notre barreau, un de nos éminents confrères dont la puissante parole aurait flétri la calomnie comme elle devait l'être, et aurait répondu au discours si éloquent que vous venez d'entendre. Mais le prince, fort de son innocence, confiant dans votre justice, n'a voulu pour défenseur que son avocat habituel, qui avait eu l'honneur d'être son collègue à l'Assemblé constituante et législative.

J'ai hésité à accepter cette grave mission ; je craignais l'insuffisance de mes forces, mais il m'a semblé que le devoir commandait, et qu'il y avait dans la voix d'un homme accusé qui fait appel à votre dévouement quelque chose d'impérieux qui ne permet pas de repousser la confiance dont il vous honore.

En arrivant à cette barre, j'ai pris la résolution d'écarter toute politique de ce procès et de défendre le prince comme je défendrais le plus humble des citoyens.

C'est du reste son vœu, car son premier cri, après le fatal événement, a été de faire un appel à la justice du pays, écartant tous les priviléges attachés à sa qualité de prince. C'est devant la Cour d'assises ordinaire qu'il demandait à comparaître.

La loi s'est opposée à la réalisation de ce vœu, le prince s'est incliné. Sa confiance est égale et ses espérances sont les mêmes devant l'une et l'autre juridiction. Vous serez, comme les jurés ordinaires, inaccessibles aux passions qui s'agitent autour de nous, aux considérations de quelque nature qu'elles soient.

Une seule pensée dominera vos esprits, le désir de faire bonne justice. Pour y arriver, il faut écarter l'appel fait à la vengeance par les parties civiles, et rechercher avec calme où est la vérité. Je vous y aiderai, messieurs, dans la limite de mes forces, et je le ferai avec modération, avec respect, non-seulement pour la cour, mais encore pour les témoins et mêmes pour les parties civiles, pour les accusateurs si violents du prince Pierre Bonaparte.

Je ne veux pas suivre leur exemple. Il faudra cependant que je vous fasse connaître non-seulement les faits, mais le caractère des hommes qui y ont pris part. Je dois d'abord m'occuper de l'accusé dont la vie entière a été incriminée avec tant de colère. Lorsqu'un homme se voit accusé de telle sorte et comme le plus méprisable des hommes, lorsqu'on lui jette à la tête ces mots : aventurier, canaille, assassin, lorsqu'on crie : à mort ! sur lui, je ne puis pas comprendre que cet homme, fût-il le plus calme, puisse conserver son sang-froid sous le coup d'accusations aussi injustes.

Voilà, messieurs, ce que je voulais dire avant d'arriver à l'examen de la vie de l'accusé, tout incriminée par la partie civile. Pierre Bonaparte, messieurs, il est connu : c'est le fils de Lucien Bonaparte, qui était membre du conseil des Cinq Cents, président de ce conseil, ministre, ambassadeur en Es-

pagne, et qui, en 1804, s'est retiré dans sa propriété de Canino, en Italie. Plus tard, prisonnier en Angleterre, il s'est
retiré en Italie, et c'est là qu'est né le prince en 1816.

Je ne vous ferai pas l'historique de la vie du père de l'accusé qui avait d'abord un grand amour de la liberté, une
grande indifférence pour les honneurs, et pendant que ses
frères allaient s'asseoir l'un sur le trône de Naples, l'autre
de Westphalie, lui il vivait en simple particulier. Ces sentiments, il les a transmis à son fils. Comme son père, Pierre
Bonaparte aime la liberté; comme son père, Pierre Bonaparte dédaigne les honneurs, et ce n'est pas parce que c'est
un aventurier qu'il ne fréquente pas les Tuileries, mais c'est
parce que, républicain, il aime toujours la liberté, cette liberté qui ne peut régner qu'avec l'ordre, cette liberté que
nous devons tous désirer pour le bonheur du pays, non pas
cette liberté qui n'est que la licence, comme certains la pra-
tiquent.

Pierre Bonaparte vit dans la solitude. Il habite, comme on
vous l'a dit, non pas un palais, mais une simple maison à la
campagne; il passe là son temps entre les plaisirs de la chasse
et la littérature. Je n'ai pas à vous parler de ses œuvres, mais
il y en a quelques-unes qui pourraient être revendiquées à
tous les titres.

Lorsqu'on lui impute d'avoir été, en Colombie, l'objet d'une
expulsion, on le calomnie. Voici la preuve de ce que j'avance
et que j'apporte à vos consciences. C'est une lettre du consul
général des États-Unis. L'honorable défenseur donne lecture
d'une lettre constatant que le prince s'est conduit comme il
devait le faire pendant tout le temps qu'il est resté dans l'armée de la Colombie.

Il revient en Italie. Laissez-moi vous dire les attaques dont
il a été l'objet dans la *Marseillaise*. Ainsi on publiait à la date
du 17 janvier ce récit qui a été répété depuis trois jours:
On dit que l'assassin Bonaparte a été condamné à mort en
Italie pour cause politique.

Voici la vérité sur ce prétendu crime politique: « Pierre
Bonaparte, après avoir violé ou séduit une jeune fille, les
deux frères de la victime vinrent lui demander réparation.
Il prit un revolver qu'il avait dans sa poche — celui du 10
janvier peut-être — et il les assassina. » Voilà ce qu'on a
osé écrire dans la *Marseillaise*. La vérité, il faut que je vous
la dise; la voici: La cause de la condamnation de Pierre
Bonaparte a bien été une cause politique, et j'oppose à celle

indiquée par l'article que je viens de lire une pièce officielle que je ferai passer sous les yeux des jurés. Cette pièce provient du nonce apostolique. (Le défenseur donne lecture de cette pièce.)

Mᵉ Leroux expose les faits relatifs aux affaires d'Italie et de Colombie, combattant les articles de la *Marseillaise*. Il arrive à l'entrée du prince à l'Assemblée nationale.

Je sais, messieurs, qu'il y eut un jour malheureux pour le prince, jour dont on a parlé à l'audience; il est très-vrai que le prince s'est laissé emporter à un mouvement de vivacité dans la salle de l'Assemblée envers un de ses collègues. Mieux que personne je puis dire quelques mots de la scène qui s'est passée, car, messieurs les jurés, j'avais l'honneur d'être membre de cette Assemblée et j'étais présent. Je ne veux dire quoi que ce soit de désagréable pour M. Gasté, mais ce qu'il faut constater, c'est que cet outrage, l'Assemblée en a atténué la portée autant qu'il pouvait l'être et que le prince ne s'est laissé entraîner à ce mouvement de vivacité qu'après avoir été insulté par M. Gasté qui l'avait traité d'imbécile; et j'ajouterai qu'il ne s'agissait même pas de lui, mais de l'attaque dirigée contre sa famille, contre le chef de cette famille, et l'on comprend parfaitement quel a pu être l'entraînement du prince en face de ces attaques, et que l'on peut trouver là une excuse pour justifier sa vivacité.

Et il fut condamné seulement à 200 francs d'amende.

Il y a une autre affaire dont on a fait grand bruit dans la *Marseillaise*. Toujours la calomnie! Le défenseur rappelle l'affaire du voyage du prince à Marseille, dans le cours duquel un voyageur voulut entrer de vive force dans un wagon que le prince avait loué pour lui et ses amis. La preuve que les torts n'étaient pas de son côté, c'est que M. Ozelli a fait les excuses les plus humbles et les plus formelles.

Le prince a été nommé chef d'escadron sur la demande du poëte Béranger; ce fut M. Louis Blanc qui fit les démarches et annonça la nomination.

Enfin, l'attaque la plus grave, celle qui l'a blessé le plus vivement dans ses sentiments de Français, c'est cette accusation soutenue dans la *Marseillaise* du 22 janvier, c'est l'accusation d'avoir fui devant l'ennemi.

Messieurs, en Algérie, le prince, qui était envoyé comme commandant de la légion étrangère, comment y est-il entré? C'est un fait qui a son importance. Il y est entré à la recommandation d'un nom aimé, celui du poëte Béranger, qui était alors membre de l'Assemblée constituante, et, sur sa recommandation ce fut Louis Blanc qui fit les démarches. Je ne vous lirai pas sa lettre, mais je l'ai là, dans un petit volume. Au sujet de cette affaire, le prince a été l'objet des insultes les plus révoltantes, et on a porté la plus grave des atteintes à ses sentiments; on a dit qu'il s'était conduit comme un lâche, qu'il avait fui devant l'ennemi. Voilà ce qu'on disait dernièrement dans la *Marseillaise* : « Le nommé Pierre Bonaparte a déserté devant l'ennemi. » Voilà ce qu'on disait d'un homme qui a toujours fait preuve de courage.

Me Leroux donne lecture de plusieurs lettres adressées au prince. Une lettre de Lamartine, en 1854, et une lettre de M. Crémieux.

Me Leroux établit ensuite que la presse, une certaine presse, a été violente contre l'accusé. Il aime la liberté, mais que le pays se rappelle les paroles d'un homme qui, lui aussi, aimait la liberté. En 1830, il s'était passé un grand fait, la révolution de Juillet : on instruisait le procès des ministres. A cette époque aussi la presse injuriait les accusés ; des placards étaient affichés sur les murs du Luxembourg, portant : « A mort! à mort! comme on criait à mort contre l'accusé. Armand Carrel s'écriait: « Les accusés sont sacrés, attendez que la Haute Chambre ait jugé. Vengez par la loi mais non contre la loi; la violation de la loi tue celui qui s'y livre. »

Voilà donc expliqués les antécédents faits au prince par une certaine presse. Interrogez maintenant Auteuil! les habitants savent ce qu'il était et comme il a vécu depuis qu'il y habite, bon, calme, affable, excellent père de famille, doux malgré ses goûts guerriers. Il a reçu d'un grand poëte et d'un grand citoyen, Lamartine, et d'un avocat illustre, cher aux républicains, je dis même aux irréconciliables, M. Crémieux, des hommages qui n'étaient pas sans prix. Il ne pensait pas alors devoir se trouver en butte aux outrages, sans mesure, d'une presse passionnée et ne respectant rien.

Je ne parlerai pas de M. de Fonvielle, ou du moins je ne dirai qu'une chose, c'est qu'il a mené la vie qu'on a reprochée à Pierre Bonaparte, et qu'on flétrissait, injustement à à mon sens de la qualification d'aventurier. M. de Fonvielle a servi à l'étranger ; il a des antécédents que je ne connais pas. Ce n'est point là, ce n'est point dans un fait qu'on lui impute que je place la défense du prince.

L'accusé. Cervoni est un homme honorable, il est parti du service avec la médaille militaire.

Me Leroux. C'est parfaitement vrai ; mais je le répète, je n'insisterai pas. Ce que je dois faire, par exemple, c'est dire un mot du jeune homme, dont je retrouve la vie dans un volume anonyme que j'ai là entre les mains. Je n'ai pas l'intention de savoir ce qu'il était et ce qu'il a été, mais j'ai le droit d'examiner ses antécédents au point de vue du caractère.

Des journaux ont publié le récit d'une agression violente de Victor Noir contre un M. de Stamir, devant le café de Suède. Il figurait dans la querelle de M. Lullier et de M. de Cassagnac. En 1868, eut lieu le procès Rochette. Vous savez le fait objet du procès et qui eut un certain retentissement. Victor Noir allait avec Rochefort chez l'imprimeur Rochette et, après avoir acheté une canne, il se rendait complice de la voie de fait violente de M. Rochefort. Que venaient-ils faire ? forcer l'imprimeur à se battre, et l'imprimeur fut frappé parce qu'il opposait un refus. Messieurs les jurés, rappelez-vous cette circonstance quand vous apprécierez la visite faite au prince Pierre par Victor Noir et de Fonvielle. Il y a enfin ce fait de Bordeaux que je ne veux pas exagérer, mais qui a sa gravité. Dans une lettre de M. Maillard, lettre récente, je lis une appréciation qui me prouve que Victor Noir était une bonne nature, soit, mais emportée et violente.

Me Leroux rappelle les circonstances qui précédèrent l'arrivée à Auteuil des témoins de Rochefort. Il est une règle, et je renverrai M. Grousset au code de Chateauvillard : « Quand une collection d'individus se croit offensée, l'offenseur a au moins le choix du combattant, de celui de tous les individus avec lequel il doit se battre pour réparer l'offense faite à la réunion entière. » Or, M. Grousset n'avait aucun pouvoir spécial, et il n'a été désigné par personne pour faire ce qu'il a fait.

Vous vous rappelez les assertions du témoin Villion et de tous ceux à qui, dès le 5 janvier, il rapportait les propos qu'il avait entendus dans la maison Prud'homme. Les commis de cette maison nient aujourd'hui, c'est vrai, mais ils nient avec un certain embarras. M. Tomasi répondit, mais ne demanda pas raison, et ce sont M. Grousset et d'autres rédacteurs de la *Marseillaise* qui se fâchent et qui envoient des témoins. C'est l'honneur du prince Pierre Bonaparte que nous venons défendre à cette barre. Permettez-moi donc d'insister immédiatement sur ce point.

Le lendemain matin Rochefort eut connaissance de la lettre du prince; il chercha ses témoins. Je ne voudrais pas laisser croire que je soupçonne le courage de Rochefort, il a fait ses preuves, mais il avait juré de ne pas se battre. Quelle invraisemblance y a-t-il à ce qu'il ait voulu que Grousset se battît; que les témoins de Grousset contraignissent le prince à se battre en le souffletant? Pourquoi donc tout ce monde armé autour de la maison du prince? Grousset qui ne devait pas être là; Sauton, Arnould, Millière? Pourquoi les témoins de Rochefort se dirigent-ils chez le prince le même jour? Le prince ne pouvait cependant régler deux duels le même jour, le 10 janvier.

On a pénétré violemment dans ce domicile, dans ce lieu inviolable. Comment ont-ils été reçus? Le prince était dans son salon, en robe de chambre; il passa dans sa chambre; on lui en a fait un reproche : il aurait dû être vêtu plus convenablement. Il a l'habitude d'avoir des armes sur lui : il est Corse; dans son pays, les femmes elles-mêmes ont des armes! Le prince en a surtout chez lui, parce qu'il a un tir dans son jardin. Comment les faits se sont-ils passés? Il y a sur ce point diverses hypothèses. Et remarquez qu'il y a doute; l'accusation ne fait pas la lumière.

Me Leroux rappelle la version du prince.

Comment admettre que le prince, continue Me Leroux, ait pu donner un soufflet de la main gauche et ait tiré un coup de la main droite?

Je trouve que les déclarations du prince sont seules vraisemblables. D'ailleurs, n'oubliez pas que M. de Fonvielle n'a pas toujours dit la même chose.

Me Leroux discute la scène telle qu'elle a été racontée par l'accusé et M. de Fonvielle. Quant au soufflet, il en a été donné un, c'est évident : or, la figure de Victor Noir ne portait aucune trace de violence. Le docteur Morel, le docteur Pinel, Morleux témoin important, arrivé à deux heures moins cinq, Balagna, ont constaté les traces du coup sur la figure du prince le jour même : MM. de Cassagnac, de Casanova, de Grave, les ont vues les jours suivants. Du reste M. le procureur général, dans sa haute impartialité, a reconnu l'évidence de ce fait.

Maintenant, dans un ordre d'idées, les autres témoins, Lechantre, Champagne, Natal et d'autres ont entendu de

Fonvielle dire : « Il a tué mon ami, mais il a reçu un bon soufflet. » J'ai entendu développer un système qui, je l'avoue, m'a douloureusement étonné, c'est celui auquel on faisait allusion par cette citation: « Paris vaut bien une messe, un soufflet vaut bien un acquittement. » Il se détruit lui-même, puisqu'il est en dehors de la vraisemblance et qu'il est démenti par les circonstances de la cause.

Me Leroux explique que le soufflet a été donné par Victor Noir et réfute les arguments avancés par les avocats de la partie civile relativement aux gants et au chapeau de Victor Noir, puis il discute les questions de légitime défense et de provocation. Le prince Pierre a été outragé, attaqué dans son corps et dans son honneur. Il a cédé à un entraînement trop naturel. Qu'on imagine sa situation.... Quoi! chez lui, attaqué par deux hommes dont un est armé, souffleté lui Français, lui vieux soldat, lui prince !... Qu'on se mette à sa place. Pour moi je le déclare, je ne répondrais pas de moi en pareille circonstance. La légitime défense est incontestable soit vis-à-vis de Victor Noir, soit vis-à-vis de Fonvielle. Le défenseur rappelle des faits graves où il y a eu acquittement d'accusé dans des circonstances presque analogues.

En terminant, j'éprouve le besoin de protester de toute mon énergie contre l'appel fait au jugement que le peuple aurait porté sur les funérailles de Victor Noir. On a osé vous dire que deux cent mille consciences avaient prononcé la condamnation du prince. Je ne sais si le nombre des assistants n'était pas considérablement exagéré, comme tout ce qui sort de la plume de certains journalistes. Mais ce que je sais, c'est qu'il y avait plus de curieux que de véritables partisans de la démonstration politique. Ce que je sais encore, c'est que dans ces sortes de réunions la passion prend plus de part que la raison, et je suis convaincu que personne n'a entendu préjuger ce grand procès. Dans tous les cas, ceux qui auraient condamné sans entendre ne sont pas des juges, mais des imprudents et des téméraires.

C'est à vous, messieurs les jurés, qu'il appartient de prononcer, et vous le ferez avec fermeté et indépendance; vous ne vous laisserez déterminer que par le sentiment de la justice. Vous resterez sourds à toutes considérations politiques, quoi qu'en disent certains organes de la presse, dont je ne partage pas les craintes.

Non, il n'est pas vrai qu'un simple particulier, à la place du prince, serait acquitté, tandis que lui sera condamné!

Pourquoi? parce qu'il est est prince? Une pareille distinction serait faite dans ce pays où l'égalité est proclamée partout et qui aspire à la liberté?

Rappelez-vous ces belles paroles de M. le président :

« Il y a en France un sentiment plus jaloux encore que celui de la liberté c'est le sentiment de l'égalité. »

L'égalité! elle n'existe donc pas pour tous? Les temps sont donc bien changés? Autrefois, on invoquait l'égalité contre la famille princière; aujourd'hui, ce sont les princes qui demandent l'égalité des citoyens. Vous ne la refuserez pas, messieurs, au Prince Pierre Bonaparte; s'il eût été acquitté devant un jury ordinaire, il le sera par vous comme s'il était un simple citoyen.

Le prince ne revendique que la loi commune. Est-ce que la justice a ses préférences ou ses antipathies? Non! non! la conscience publique protesterait. Élus du suffrage universel, vous représentez la nation tout entière dans ces grandes assises, et votre dernier mot sera digne de la haute mission qui vous est confiée. Pour moi, ce dernier mot ne doit pas être l'admission de la provocation. Pour le prince, ce n'est pas une question de réduction de peine qui s'agite ici. C'est l'honneur qu'il veut sauver. C'est l'acquittement que vous prononcerez, parce qu'il n'y a pas d'intention coupable, qu'il y a au contraire légitime défense.

Après la plaidoirie de Me Leroux, M. le président demande aux avocats des parties civiles s'ils ont l'intention de répliquer.

Me Floquet répond que ni les plaidoiries, ni l'éloquent réquisitoire de M. le procureur général n'ont ébranlé sa conviction; qu'il croit devoir se borner à déclarer qu'il maintient ses conclusions dans leur intégrité.

Plaidoyer de Me Demange

M. le président. Me Demange, vous avez la parole.

Me Demange, un des défenseurs du prince Pierre, s'exprime ainsi:

A cette heure il reste un malheur à déplorer, il n'y a plus de crime à punir, et cependant le prince veut que je me lève et que je vous parle. Après une voix autorisée qui s'est fait entendre pour lui, il veut qu'une voix plus jeune, plus passionnée peut-être vienne faire entendre une démonstration. Je m'adresse donc à votre attention bienveillante, car je comprends que, par suite de ces longs débats, votre fatigue doit être grande.

Permettez-moi donc de dire quelques mots pour que vos consciences puissent retenir un dernier cri de l'innocence de l'accusé. Nous avons ici des adversaires, les uns ardents jusqu'à l'outrage, qui viennent nous demander la tête du prince Pierre Bonaparte; nous en avons un autre dont la parole élevée a vivement impressionné vos esprits, M. le procureur général.

Messieurs les jurés, je n'ai plus rien à vous dire du prince; vous le connaissez tout entier, et maintenant vous savez qu'on l'avait calomnié (se tournant vers les bancs de la partie civile): vous qui revendiquez l'égalité, vous qui prétendez être les apôtres de la liberté, vous avez la plus sainte des causes, celle de la défense.

Pendant que le prince était à la Conciergerie, les injures les plus graves ont été insérées contre lui dans les journaux: de même ici, depuis huit jours, on l'a accablé. Si vous avez voulu vous venger, soyez satisfaits. Pour un homme de cœur et d'honneur comme est le prince, il n'y a pas de souffrance plus terrible que celle que vous lui avez fait supporter; vous avez dit que Noir était un martyr, et le prince vous l'avez martyrisé.

M. le procureur général adressait ce reproche au prince Pierre Bonaparte: « Vous n'auriez pas dû, lui disait-il, vous mêler à ces querelles de journalistes. » Ah! oui, messieurs, il faut le regretter, nous n'aurions pas un grand malheur à déplorer si le prince n'avait pas écrit à M. Della Rocca, mais il avait ressenti l'insulte faite à sa famille. Il avait voulu vivre, lui, dans le calme; il n'était pas enchaîné au rivage des grandeurs; mais depuis un an on insulte la famille Bonaparte, non pas seulement les hommes, mais les femmes et un enfant. Il a épuisé la coupe de l'injure. Vous pouvez porter contre lui l'accusation que vous voudrez, mais je suis convaincu que les hommes de cœur ne peuvent pas le condamner.

Voilà donc un des auteurs de la scène d'Auteuil. Le second, c'est Victor Noir. On vous appelé avec beaucoup d'amertume, le témoignage pour nous prouver que sa nature était bonne; je suis heureux que sa famille ne soit pas ici, non pas pour attaquer la mémoire de ce jeune homme, mais on a dit qu'il était bon, honnête, que sa moralité et sa probité étaient à toute épreuve.

Je n'aurais pas voulu, devant cette famille, dont vous avez-vu la grande douleur, qui n'a pas pu davantage suppor-

ter l'audience et a été chercher dans la retraite le calme nécessaire à une douleur vive; je suis heureux, dis-je, qu'elle
ne soit pas là quand je vais parler du caractère de Victor
Noir. Vous vous rappelez les témoins qui sont venus dire
qu'il avait des querelles dans les cafés, vous vous rappelez
qu'on vous a dit qu'une personne, parlant dans un café de
M. de Cassagnac, qui est le point de mire d'un certain parti,
Noir allait s'élancer, si on ne l'avait retenu, sur celui qui
avait prononcé le nom de Cassagnac. Dans l'affaire Rochette,
c'est Noir qui va acheter la canne.

Mᵉ Leroux s'attache à démontrer que Victor Noir était
d'un caractère irascible, se laissant aller volontiers à la violence. Il raconte l'affaire Rochette; la visite à l'imprimerie
faite par MM. Rochefort et Victor Noir, et cherche à démontrer l'analogie qui existerait entre cette visite et celle faite
par MM. de Fonvielle et Victor Noir chez l'accusé.

Il raconte ensuite avec beaucoup de détails les diverses
péripéties du drame d'Auteuil et prétend établir que si M. de
Fonvielle n'a pas été tué, ce n'est que par un pur mouvement de générosité de la part de l'accusé.

Maintenant, dit-il, y a-t-il une trace du soufflet sur la figure de Pierre Bonaparte? Plusieurs personnes l'ont vue;
M. Morel l'a constatée. Je conçois l'hilarité que la franchise de son langage a pu exciter, et même les plaisanteries
émises à ce sujet par mes confrères, mais enfin je connais
M. Morel; c'est un homme honorable, et il faut admettre la
vérité de sa déclaration. MM. Pinel, Balagna, Cassagnac ont
constaté cette ecchymose sur l'apophyse mastoïdienne, la
rougeur est donc un fait admis par des témoins incontestables
et par M. le procureur général; de telle sorte que voilà,
selon moi, la preuve la plus évidente la plus manifeste pour
démontrer que le soufflet a été donné, reçu et a laissé une
trace parfaitement visible.

On nous rapporte l'opinion de M. Lux, mais on m'a soumis un travail qui renverse complètement la théorie émise
par ce docteur. La couleur de la plaie rosée, selon le mémoire qui m'a été remis, d'après la violence des coups, d'a-
près la finesse de la peau, et la trace d'un coup peut devenir
jaune au bout de huit jours, tandis qu'un autre aura cette
teinte le second jour. On ne peut donc pas certifier d'une
manière précise à quelle date un coup aurait été reçu.

Du reste, le docteur Morel avait vu l'accusé le matin de
l'événement, et il aurait remarqué la trace de ce coup si elle

avait été d'une date antérieure ; le coup a donc été donné lors de la visite de Fonvielle et de Victor Noir, car alors il faudrait faire une supposition qui me semble tout à fait inadmissible, c'est que le prince aurait pu trouver immédiatement après la lutte une personne assez complaisante pour lui donner un soufflet.

Mᵉ Leroux examine ensuite de quelle manière le coup a dû être porté : si c'est avec la main fermée, ou avec la main à demi fermée. Le point fermé aurait laissé une contusion très-forte, et il conclut en s'appuyant sur quelques exemples, que le coup a dû être donné avec la paume de la main.

Quant au chapeau, et son existence à la main de Victor Nori, Mᵉ Leroux nie complétement que la victime ait tenu son chapeau à la main tout le temps qu'il a été en présence du prince. Quelques témoins prétendent d'abord qu'il avait son chapeau sur la tête, mais suivant le défenseur de l'accusé, on pourrait admettre, et en cela il s'appuie sur la déposition de M. Tardieu, que quoique Victor Noir fût blessé à mort, il aurait eu la force de le prendre sur le meuble pour s'enfuir.

Le prince, s'écrie Mᵉ Leroux, était à l'état de légitime défense, c'est là notre théorie, et c'est ce que je vais justifier, je l'espère, de la manière la plus complète.

Qu'est-ce que c'est que la légitime défense ? M. le procureur impérial vous l'a indiqué. M. Faustin Hélie la définit de la manière la plus claire, et sur ce point tous les auteurs sont d'accord. Quand on est menacé d'un danger sérieux, il n'est pas nécessaire d'attendre que l'agresseur porte le premier coup, on peut le prévenir.

Eh bien, le prince avait reçu un soufflet, et en face de lui il se trouvait un homme, un pistolet à la main. L'existence du pistolet n'est pas contestable, quand Victor Noir a donné un soufflet à l'accusé, celui-ci a vu Fonvielle tirer un pistolet de sa poche ; et ce qui vous dépeint le caractère plein d'honneur, de loyauté de l'accusé, c'est qu'il vous dit : « Je n'ai songé d'abord qu'à me venger de l'outrage que je venais de subir. »

Reportez-vous, messieurs, je vous en supplie, — c'est là qu'est l'argument décisif de ce procès — à la manière dont les choses se sont passées. Si M. de Fonvielle n'eût pas tiré son pistolet au moment où le prince recevait le soufflet, jamais il n'aurait eu le temps de le tirer de sa poche, car il aurait été tué par le prince qui n'avait que deux pas à faire pour tirer à bout portant; il est donc parfaitement impossible, comme le prétend M. de Fonvielle, que celui-ci ait pu se saisir de son pistolet et l'armer pendant que l'accusé tirait sur Victor Noir, et dès cet instant se trouve pour le prince l'état de légitime défense.

Mais non, disent M. le procureur général et la partie civile. Pourquoi l'accusé n'a-t-il pas tiré sur M. de Fonvielle?

Ma réponse a déjà été faite, si l'accusé avait tiré sur Fonvielle, Victor Noir l'attaquait et le terrassait, et puis il n'a pensé qu'à venger son honneur.

Maintenant, apprécions la prétendue tentative de meurtre sur la personne de M. de Fonvielle.

Il y a ici une chose importante à considérer, c'est l'intention. L'intention coupable est la pensée constante, dominante d'une certaine action, mais si cette intention, cette pensée naît subitement, si l'homme est entraîné par une exaspération subite, l'intention coupable n'existe plus.

Pour bien apprécier la conduite du prince, il faut se placer dans sa position, il faut le voir en face de Victor Noir l'outrageant, et il faut surtout le voir en face d'un homme qui le menace chez lui avec un pistolet.

Mais si je me trouvais dans une position semblable, si deux hommes venaient dans mon cabinet menacer mon existence, s'ils venaient m'outrager, je vous le déclare, je ferais comme le prince, car il est impossible qu'un homme placé dans une situation pareille ne se laisse pas aller à un mouvement aussi prompt de colère.

A l'égard de Fonvielle, le débat est encore beaucoup plus facile au point de vue de la défense du prince. M. de Fonvielle a dit qu'il avait voulu seulement intimider le prince, mais il y a un fait certain, c'est qu'on a trouvé le pistolet armé entre ses mains ; il a dit lui-même qu'il avait ajusté l'accusé, celui-ci l'a vu, a fait feu sur lui, et là encore Pierre Bonaparte s'est trouvé à l'état de légitime défense.

L'accusé était en légitime défense vis-à-vis de Fonvielle, et il était encore à l'état de légitime défense vis-à-vis de Victor Noir, de telle sorte, messieurs les jurés, qu'il ne s'agit pas dans ce procès d'une question de provocation. La question de provocation ne peut être soumise à vos délibérations qu'autant que la culpabilité est déclarée, c'est-à-dire qu'avant que vous vous prononciez sur la question de provocation, il faut que vous résolviez affirmativement les deux questions principales.

Il y a encore la question de concomitance des deux actes; je ne veux pas y insister parce que la concomitance n'est en aucune manière établie dans ces circonstances.

Pour qu'il y ait concomitance, il faut que ces deux faits soient distincts, il ne faut pas qu'ils se confondent; un coup de feu tiré sur un homme, un second coup tiré immédiatement après sur son compagnon ne constituent pas ce qu'on appelle la concomitance; les auteurs sur ce point sont tous d'un même avis : pour qu'il y ait concomitance, il faut deux faits complétement distincts l'un de l'autre.

Y a-t-il intention coupable, c'est-à-dire volonté de tuer après réflexion?

Non, ici c'est le premier mouvement qui a entraîné l'accusé.

Me Leroux cite quelques précédents judiciaires et entre autres il propose à la haute cour de suivre l'exemple d'un conseil de guerre qui a prononcé l'acquittement dans les conditions suivantes :

En 1852, dit-il, il se passait à Châlons une scène qui a quelque analogie avec celle qui se passait dans le salon de l'accusé le 10 janvier dernier.

Un jeune lieutenant avait des relations avec une dame de la ville mariée à un général. Ce jeune homme était en permission et devait partir dans un prochain délai. Rendez-vous avait été pris avec la dame pour les adieux : c'était pendant une soirée. Le général conçut quelque soupçon, et alla s'embusquer dans un cabinet armé d'un fusil à deux coups.

Le jeune officier s'en aperçut et se tint caché jusqu'au moment où il crut qu'il pourrait fuir sans danger; mais malgré ses précautions, il fut vu du général et entendit un coup de feu retentir derrière lui, néanmoins sans en être atteint. A tout hasard, rentré chez lui le lieutenant chargea ses deux pistolets. Le lendemain matin, le général se présenta à son domicile, il était sans armes, et n'ayant qu'une canne, il en assena un coup sur la tête du jeune homme, celui-ci riposta aussitôt par un coup de pistolet, atteignit le général, et le poursuivant jusque dans l'escalier, il le tua.

Voilà des faits bien autrement graves que ceux qui se sont passés dans cette affaire. Ce fut Berryer qui plaida dans cette affaire et le conseil de guerre prononça l'acquittement, parce que qu'il y avait eu de ces outrages sanglants qu'un homme de cœur ne peut souffrir.

Ah! j'ai entendu dire ici, et j'ai même vu dans certains journaux que certaines inquiétudes pourraient naître dans l'esprit de ceux qui s'intéressent à l'avenir du prince, on disait que des considérations pouvaient peser dans la balance et que si le prince était un simple particulier, l'acquittement serait fait à l'instant même. Non! messieurs les jurés, de telles considérations ne sauraient vous retenir; car vous êtes les représentants indépendants de ce pays.

Nous ne sommes plus au temps où le peuple demandait l'égalité pour les princes, les princes n'ont donc plus le droit de demander à être considérés comme de simples particuliers; l'égalité doit exister pour tout le monde dans le sanctuaire de la justice, c'est pour cela que nous avons plaidé cette cause avec la certitude de l'acquittement. Soyez bien convaincus, que cet acquittement, nous ne vous le demanderions pas si nous ne pensions pas qu'il fût juste.

M. le président. — La partie civile demande-t-elle à répliquer.

Mᵉ Floquet. — La plaidoirie de la défense n'a ébranlé aucune de mes convictions; je maintiens donc mes conclusions devant messieurs les jurés.

Mᵉ Demange. — Messieurs les jurés, la défense est complète; seulement il reste un malheur à déplorer et il n'y a plus de crime à punir. Cependant le prince veut que je me lève et que je vous parle après avoir entendu la voix autorisée de mon honorable confrère; il veut qu'une voix plus jeune, aussi convaincue, plus passionnée peut-être, vienne faire entendre une dernière protestation.

J'ai été touché cependant des reproches de M. le procureur général à l'adresse du prince, il lui disait : « Il faut avoir un sentiment plus complet de sa dignité, il n'aurait pas dû se mêler à ce courant de journalistes. » Ah! messieurs, oui, il faut le regretter; sans cela nous n'aurions pas ce malheur à déplorer.

Si le prince Bonaparte n'avait pas écrit cette lettre à M. Della Rocca..., mais que voulez-vous, c'est qu'il a le culte de sa famille, comme vous le disait mon confrère.

Il n'était pas entouré des grandeurs, mais il voyait tous les jours insulter les femmes, les enfants de cette famille; enfin il avait épuisé la coupe amère des injures, et sur ce point, je suis bien convaincu que les hommes de cœur ne le blâmeront pas.

Le second acteur est M. Victor Noir, et ce n'est pas aujourd'hui, à cette audience, que je voudrais attaquer la mémoire de ce jeune homme. On l'a dit bon, loyal, généreux; on a dépeint sa probité. Je ne veux pas lui contester ces qualités, mais je suis heureux aujourd'hui que sa famille ne soit pas ici, car, dans sa grande douleur, elle n'a pas pu davantage supporter toutes les épreuves de l'audience.

Oui, je comprends son chagrin, et je ne veux dire qu'un mot du caractère de la victime; vous avez entendu les dépositions de plusieurs témoins, et tous se sont accordés à dire qu'il était violent.

Il y avait un troisième acteur, M. de Fonvielle. Je n'ai à rien dire de lui, ni de sa probité, ses amis hier l'ont mis à couvert de toute atteinte, et j'accepte cette garantie.

Il est vrai que j'aurais pu dire : « Je n'accepte pas votre parole, » quand il a témoigné. Mais je ne puis m'empêcher de penser que le lendemain de la mort de Victor Noir, il a juré sur sa tombe de le venger, qu'il s'est écrié : « Pauvre ami, je te vengerai, je te le jure. » Il a donc fait le serment de la vengeance, de la haine, et quand il est venu ici nous parler, quand il a juré de nous parler sans haine, j'ai dit, il a fait là un grand effet, mais c'est trop! Non! non! Voyez-vous on a de la conscience dans le cœur, mais on ne peut pas avoir l'impartialité de la conscience, et il me semble impossible qu'il ait pu parler selon sa conscience. M. le procureur général a dit : « C'est un ennemi, ce ne peut être un témoin. »

Suivons donc de Fonvielle et Victor Noir chez le prince. Ils ont eu l'intention de s'y présenter en gentilshommes, et sur ce point on nous racontait que Victor Noir avait fait une toilette recherchée, comme si la toilette faisait le gentilhomme, et pourtant ils demandent en entrant : « Est-ce ici que demeure le Bonaparte? » Mais quand on est loyal on ne va pas remplir une pareille mission en étant porteur d'armes, et qu'est-ce qui n'est pas plus significatif ici? Ne voyons-nous pas de suite, je ne dirai pas l'existence de complot, mais percer cet espoir de scandale, cette espérance d'avoir le droit de mettre, le lendemain, dans la *Marseillaise* qu'un Bonaparte avait été souffleté, avoir le droit de le traiter de lâche. Ah! sans doute, et j'en suis convaincu, ils ne croyaient pas que cette démarche aurait un résultat aussi sanglant, et qu'ils envoyaient ce malheureux jeune homme à la mort, je ne peux pas croire qu'ils auraient ainsi sacrifié ce malheureux Victor Noir.

Le prince a été frappé par Victor Noir ; c'est l'évidence pour le ministère public, c'est aussi l'évidence pour vous, on ne voulait que frapper le prince ; on voulait l'injurier, et la seule preuve que j'en veux, c'est que, cinq jours avant, des témoins entendaient parler de ce projet. Victor Noir, qui avait toujours un poing au service de ses amis, devait frapper le prince, et M. de Fonvielle avec son pistolet devait le tenir en respect ; ce n'est pas l'opinion de M. le procureur général, mais il y a une parole avec laquelle il faut compter, c'est la parole de l'accusé, c'est le propos tenu par lui, à tous les témoins, à Coffinet, à Balagna, à tous, il a dit : « J'ai tué, parce que j'ai été frappé ; » mais le procureur nous dit : « Ce n'est pas lui qu'il devait tuer, c'est sur Fonvielle qu'il devait tirer, pourquoi ne l'a-t-il pas fait? « Ah ! je vous demande pardon, mais qu'est-ce que cela peut faire à la légitime défense ? » M. de Fonvielle avait un pistolet à la main, cela est prouvé et cela seul me suffit pour établir la légitime défense.

Je n'avais cependant pas besoin de l'établissement, je l'ai fait, je le répète, c'est parce que je veux rendre hommage à la vérité ; je l'ai fait pour le prince.

Maintenant je pose la question plus nette que le ministère public ne l'a fait : Un homme est venu, et a frappé, le prince l'a tué. Ah! messieurs, il faut comprendre ici le sentiment de la dignité outragée, et je puis le dire... Oui! je dois même le dire, l'accusé est d'une famille plus sensible qu'une autre aux injures.

Je crois que la défense est complète. Oui, il y a un malheur à déplorer, mais il n'y a plus un crime à punir. Ce n'est pas au prince qu'il faut demander compte de la mort du malheureux Victor Noir. Ah! messieurs, ceux qui l'ont envoyé à la mort, ce sont ses amis, et on comprend l'ardeur qu'ils mettent à poursuivre leur vengeance, car ils ont la conscience terriblement bourrelée de remords.

Maintenant, messieurs, à vous de prononcer, et, comme je vous le disais nous avons confiance en vous ; je remets à des hommes d'honneur et de cœur le sort du prince Pierre, je sais que vous n'exigez pas des hommes des vertus que l'humanité ne peut avoir. Les Bonaparte sont des hommes politiques, quand il le faut, ils savent défendre les intérêts

du pays; et je remets entre vos mains le sort du prince
Pierre avec confiance parce qu'il n'a jamais forfait à l'honneur. (Tonnerre d'applaudissements.)

Audience du 27 mars 1870.

L'audience est ouverte à midi dix minutes.

M. le président. — Accusé, avez-vous quelque chose à
ajouter pour votre défense?

L'accusé. — MM. les hauts jurés, parmi les calomnies
de l'ignoble *Marseillaise*, il en est une à laquelle il n'a pas
été catégoriquement répondu.

Il n'est pas vrai que j'aie blessé qui que ce soit en Amérique. L'incident auquel on a fait allusion s'est passé en
présence de mon cousin, aujourd'hui Empereur des Français, et il attesterait au besoin que ni lui, ni moi, nous n'a-
vons subi un emprisonnement.

J'aurais bien d'autres choses à ajouter, mais ce serait dans
un ordre d'idée concernant la politique en général. Ma situation de famille et mes sentiments s'y opposent ; la défense
a déjà effleuré ce point, mais quant à moi, je ne puis à
présent le développer davantage.

Par la calomnie absurde dont je viens de parler tout à
l'heure, vous pouvez juger des autres, qu'on sache seulement que si je ne parle pas davantage, ce n'est ni par inep-
tie ni par crainte, car ma conscience est tranquille.

On a dit aussi que deux cent mille personnes, — il m'est
avis qu'il faut en rabattre, — assistaient au convoi de Victor
Noir, eh bien, je dois constater que de ces deux cents mille
personnes, les neuf dixièmes au moins étaient des curieux.
La population parisienne a trop de bon sens pour qu'il en
soit autrement; du reste je ne loue pas ces curieux d'avoir
grossi ces rassemblements.

Messieurs les hauts jurés, permettez-moi de vous assurer
encore une fois, dans cette circonstance solennelle, que je
n'ai dit que la vérité, rien que la vérité; jamais je ne m'en
suis départi d'une seule ligne, car je n'ai affirmé que les
particularités dont j'étais absolument sûr; maintenant, messieurs, le haut jury appréciera. (Un très-petit nombre de
personnes font entendre des applaudissements.)

Résumé du Président.

M. le président. — Huissier, veillez à ce que personne dans la salle ne donne des signes d'approbation ou d'improbation.

Messieurs les hauts jurés, la loi nous impose de résumer cette affaire devant vous. Je dois appeler votre attention sur les propos tenus dans ces audiences, les moyens de la défense ; il est vrai que l'attention religieuse que vous avez apportée à ces débats suppléerait seule à ce résumé presque inutile ; mais il permettra aux passions ardentes qui se trouvent réunies dans cette salle, de se calmer, et vous donnera la latitude de vous recueillir en vous-mêmes pour rendre votre verdict.

Nous ne rentrerons pas dans le récit des faits que vous connaissez déjà, cependant permettez-moi de vous rappeler en quelques mots les différents systèmes qui ont été exposés devant vous, les points de vue principaux des adversaires, cela vous servira de point de départ pour l'examen des questions que vous aurez à résoudre.

Vous savez que le 10 janvier dernier, quatre personnes descendaient à Auteuil, vers une heure et demie de l'après-midi, dans une voiture de place.

C'étaient des journalistes, Paschal Grousset, Sauton, Victor Noir et Ulric de Fonvielle.

Quel motif les amenait à Auteuil? M. Paschal Grousset prétendait avoir été injurié dans un article de journal signé par l'accusé ; il voulait obtenir une réparation, et il avait choisi, pour lui servir de témoins, Victor Noir et M. de Fonvielle. Ces deux témoins entraient dans la maison, et pendant ce temps Paschal Grousset et Sauton restaient à la porte, établissant ainsi une espèce de croisière dans la rue.

Peu d'instants après, on vit apparaître Victor Noir, pâle, se soutenant à peine, et tombant pour ne plus se relever ; il avait la poitrine percée par une balle. Presque au même moment, M. de Fonvielle sortait de la maison ; il paraissait très-ému, il avait les cheveux en désordre, et criait : « A l'assassin!

Que s'était-il passé à l'intérieur de cette maison? Comment ce meurtre et cette tentative de meurtre s'étaient-ils accomplis, quelles en étaient les circonstances? Cela est assez difficile à savoir, car des trois personnes qui devaient figurer dans cette scène, l'une d'elles, Victor Noir, n'existait plus, quant aux deux autres elles étaient dans une position qui rendait leurs dépositions on ne peut pas plus suspectes, et en effet, elles faisaient des récits contradictoires.

Le prince reconnaît bien avoir tiré trois coups de feu mais il prétendait ne l'avoir fait que dans un état de légitime défense.

M. de Fonvielle prétendait que les choses s'étaient passées autrement, qu'ils s'étaient présentés très-poliment chez le prince, que celui-ci les avait grossièrement insultés, et que, sans provocation aucune, il avait tiré sur eux et tué Victor Noir.

Ce double récit présenté à la justice, lui imposa le devoir de conduire l'instruction avec un soin extrême, et cette mission fut confiée à un magistrat d'un mérite éminent et d'une grande expérience Tous les témoins entendus dans ces dernières audiences, n'ont fait que répéter ce qu'ils avaient déjà dit dans les dépositions entendues dans le cours de l'instruction.

En ce moment, les positions respectives des parties se dessinent très-nettement devant vous. La partie civile dénie énergiquement toute provocation de sa part et elle dénie en même temps le cas de légitime défense pour l'accusé.

Le procureur impérial, avec une impartialité manifeste, reconnaît la provocation de la part de la partie civile, mais il n'admet pas la légitime défense pour l'accusé, et en même temps il déclare que la provocation ne peut pas soustraire l'accusé à la peine qu'il a méritée, parce qu'il n'était pas dans le cas de légitime défense, quoi qu'en dise la défense qui prétend que l'accusé n'a fait que se défendre d'une agression qui mettait ses jours en péril.

L'examen de ces trois systèmes qui ont été présentés devant vous, aboutit à l'examen de ces deux questions. Y a-t-il eu provocation ? Y a-t-il eu légitime défense ? Examinons d'abord avec impartialité la thèse soutenue par la partie civile.

M. le président passe rapidement en revue et sans'appréciation aucune les dépositions des divers témoins, et, ajoute-t-il, parmi ces témoignages, beaucoup sont révoqués, peut-être à tort, par la partie civile, mais elle a beaucoup insisté sur ce qu'elle appelle les témoins muets, c'est-à-dire le chapeau, les gants et le paletot.

Il est à regretter qu'elle se soit laissé aller à de malheureux mouvements de colère contre l'accusé, et j'ai eu la douleur, en présence de ces attaques contre le prince, d'être obligé d'intervenir pour la rappeler au respect dû à tout accusé.

Voilà quelles ont été les explications présentées au nom de la partie-civile. On a dit aussi que le coup n'aurait pas été donné ; à ce sujet, je me bornerai à vous rappeler la parole éloquente et impartiale de M. le procureur général, je ne veux pas vous reproduire ses arguments, mais, comme il le dit, sur ce point deux versions se sont produites, et il est impossible de supposer qu'une personne complaisante ait pu se prêter à une pareille supercherie.

M. le procureur général vous a dit que de ces deux versions produites sur les événements du 10 janvier, ni l'une, ni l'autre ne devait inspirer une confiance entière. Le prince est accusé, et c'est déjà une cruelle expiation pour lui que de ne pouvoir pas imposer sa déclaration comme irrécusable.

M. de Fonvielle est animé contre le prince d'une haine ardente, et vous savez quels cris se sont fait entendre ces jours derniers, c'est donc un ennemi, non un témoin, il est loyal, certainement, mais malgré lui, il doit interpréter les faits en faveur de son ami, la victime du 10 janvier.

Mais, dit M. le procureur général, le prince a été provoqué. Oui il a été provoqué, il a reçu un outrage, mais sa vie n'était pas en danger, il n'était pas placé dans le cas de légitime défense, ce cas n'existe pas pour lui.

Il y a eu provocation, mais pour qu'il n'y ait pas une condamnation sévère, il ne faut pas qu'il y ait eu violation de ce principe sacré qui protége l'existence humaine, et pour que ce principe soit franchi, il faut que la vie soit menacée. La provocation peut atténuer la peine, mais jamais elle n'a amené l'impunité.

Sur ce point, M. le procureur général, avec la plus grande loyauté, n'a pas hésité un seul instant, il vous a dit qu'il y avait eu provocation de la part de la partie civile, mais aussi qu'il n'y avait pas eu légitime défense pour l'accusé, et il a requis l'application de la loi. Il vous a fait ressortir cette conclusion de tous les témoignages que vous avez entendus.

En effet, il est bien difficile de dénier la véracité de tous les témoins qui ont été entendus dans ces débats, le soufflet a bien été donné par Victor Noir, car comment admettre que tant de témoins se soient entendus préalablement pour forfaire à leur conscience ?

La version du prince est vraisemblable, celle de M. de Fonvielle est inadmissible. Seulement, le prince n'a cédé qu'à un mouvement de vengeange, il n'a songé qu'à venger son honneur outragé, et quand il a frappé à mort Victor Noir, il ne se défendait pas, la loi ne le reconnaît pas en ce moment à l'état de légitime défense.

Quant à Fonvielle, il n'a jamais eu l'intention de menacer le prince, il n'a fait que se soustraire à sa poursuite, et quand il s'est armé, il n'avait aucune intention de se servir de son arme. Evidemment quand il a vu tomber son ami, il a compris le danger, il s'est réfugié derrière un fauteuil, il a essayé d'armer son pistolet, mais il n'est pas croyable qu'il ait tiré son pistolet pendant que le prince visait Victor Noir. Il n'a fait que se dérober aux coups du prince qui le poursuivait pour le déloger, suivant l'expression de celui-ci.

D'un autre côté, il n'est pas possible que le prince ayant son pistolet dans sa poche, ait pu croire un seul instant sa vie en danger ; son adversaire n'a pas tiré sur lui, il a fui, il n'a fait que se dérober à ses attaques, et jamais il n'a pris une attitude offensive envers le prince.

Le ministère public dit donc que dans cette affaire, il y avait bien provocation, mais non un danger réel pour l'accusé, et même dans le cas d'une provocation à domicile, on ne peut admettre ce cas de légitime défense. Les susceptibilités du point d'honneur ne peuvent donc trouver leur place ici ; et la loi a réglé les conditions dans lesquelles la vie humaine est en danger, et de même qu'elle a réglé les lois pour la défense, elle a fixé les lois pour la réparation.

Les défenseurs de l'accusé prenant ensuite la parole après l'éloquent réquisitoire de M. le procureur général, après ce réquisitoire si grave, si sincère, se sont tenus loin de toutes les exagérations dont vous avez été témoins. Ils se sont attachés à repousser l'ardeur des attaques de la partie civile dans les différentes accusations portées contre le prince. Ils ont montré le caractère véritable de Victor Noir et de Fonvielle, ils vous ont montré le véritable but de cette visite, et ils ont conclu que l'on voulait insulter le prince comme on avait été insulter chez lui l'imprimeur Rochette.

Je remets donc maintenant entre vos mains, MM. les hauts jurés, le jugement de cette difficile affaire, difficile à élucider au milieu de ces passions ardentes qui remplissent cette atmosphère, à vous maintenant, messieurs, de remplir cette mission, et je suis sûr que vous la remplirez, dégagés de toutes préoccupations extérieures.

Vous avez à répondre sur les questions suivantes :

Pierre Bonaparte est-il coupable d'avoir, le 10 janvier 1870, à Auteuil, près Paris, commis un homicide volontaire sur la personne de Victor Noir?

Cet homicide volontaire a-t-il été suivi d'une tentative d'homicide volontaire sur la personne de Ulric de Fonvielle, tentative ci-dessous spécifiée?

Question résultant des débats :

Pierre Bonaparte a-t-il été provoqué par des coups et violences graves envers sa personne ?

Pour la question de provocation nous vous devons une explication. Cette question si vous la résolvez par la négative, ce serait un résultat qui serait contraire à l'accusé, et par suite il faudrait que cette détermination soit prise à la majorité de vingt voix.

Si vous écartiez la question de provocation, si vous prononciez qu'il n'y a pas eu de provocation, il n'y a pas à exprimer de majorité. Vous dites simplement : « Il n'y a pas eu provocation. »

Pour la légitime défense, comme l'état de la légitime défense enlève la culpabilité, et que vous êtes interrogés uniquement sur la question de culpabilité, vous résoudrez en même temps la question de légitime défense.

Le haut jury entre en délibération à une heure un quart.

Les questions posées au haut jury sont les suivantes :

Première question

Le prince Pierre Bonaparte est-il coupable d'avoir commis en janvier 1870, à Auteuil, un homicide volontaire sur la personne de Victor-Salmon Noir?

Deuxième question

Cet homicide a-t-il été accompagné d'une tentative de meurtre ci-dessous spécifiée?

Troisième question

Le prince Pierre Bonaparte a-t-il été provoqué à commettre cet homicide par des coups et des violences de la part de Victor Noir?

Quatrième question

Le même prince a-t-il commis une tentative de meurtre sur M. Ulric de Fonvielle, laquelle n'a manqué son effet que par une circonstance indépendante de sa volonté?

Cinquième question

Cette tentative a-t-elle été accompagnée du meurtre ci-dessus spécifié?

Sixième question

Le prince Pierre Bonaparte a-t-il été provoqué à commettre cette tentative par des coups ou violences sur sa personne par M. de Fonvielle.

Déclaration du Jury.

A trois heures moins cinq minutes la Cour entre en séance et le président recommande à l'auditoire de s'abstenir de toute marque d'approbation ou d'improbation.

Le chef du jury se lève et prononce les paroles suivantes :

Sur mon honneur et ma conscience, devant Dieu et devant les hommes, la déclaration du haut jury est :

Sur la première question, non !

Sur la quatrième question, non !

Le président. — Au nom de la Cour, nous président :

Attendu que l'accusé n'est pas coupable des faits qui lui sont imputés, le déclarons acquitté, et ordonnons qu'il soit mis immédiatement en liberté s'il n'est détenu pour autre cause.

Requête de la partie civile.

M° Laurier. — Je demande la parole.

Le prince Pierre Bonaparte. — Monsieur le président, ne puis-je sortir?

M. le président. — Non, restez.

Le prince Pierre Bonaparte. — Est-ce une obligation?

M. le président. — Oui.

Le prince Pierre Bonaparte. — Quoique libre ?

M. le président. — Asseyez-vous à côté de votre avocat.

Le prince Pierre Bonaparte. — Je voudrais sortir par la grande porte, pour prouver que je n'ai pas peur des gens de la *Marseillaise*.

M. le président. — Silence, la parole est à la partie civile.

Me Laurier dépose au nom de Louis Noir des conclusions tendant à ce que le prince Pierre Bonaparte soit condamné comme dommages-intérêts aux dépens.

Me Bernheim, avoué dépose des conclusions demandant au nom de M. Salmon-Noir père, cent mille francs de dommages-intérêts et la condamnation du prince aux dépens.

Voici le texte de ces conclusions :

« Plaise à la cour,

« Attendu que le 10 janvier 1870, Pierre Bonaparte a donné la mort à Salmon dit Noir ;

« Qu'en enlevant aux concluants un fils aimé, Pierre-Napoléon Bonaparte leur a également enlevé l'appui moral et le soutien matériel de leur vieillesse ;

« Que les concluants n'ont aucune fortune, que le père de famille, après avoir péniblement et honorablement élevé ses enfants, se voit, sur ses vieux jours, atteint d'une maladie grave qui l'a empêché d'assister aux débats de la haute cour et privé d'un fils dont la carrière a été prématurément et violemment brisée par le meurtre dont il a été victime ;

« Que la petite et modeste industrie à laquelle Salmon s'est consacrée jusqu'au moment où la maladie l'a saisi, ne peut désormais suffire aux besoins et à l'existence des constituants ;

« Que la situation de la mère de famille serait plus triste encore et plus besogneuse, si M. Salmon père venait à être enlevé à la tendre affection de Mme Salmon ;

« Par ces motifs,

« Condamne Pierre-Napoléon Bonaparte à payer aux demandeurs à titre de dommages-intérêts la somme de cent mille francs, fixe la durée de la contrainte par corps, et le condamne aux dépens. »

Il joint aux conclusions les pouvoirs que lui a donnés M. Salmon-Noir et un certificat de médecin constatant que celui-ci n'a pu, pour cause de maladie, se rendre à l'audience.

Le prince Pierre Bonaparte. — Plutôt donner deux cent mille francs à des familles pauvres! (Murmures.)

M. le président. — Vous n'avez pas la parole.

Le prince Pierre. — Monsieur le procureur général, suis-je libre?

M. le procureur général. — Oui, mais vous devez attendre ici que je signe l'ordre de vous laisser sortir.

M. le président. — Maître Bernheim, vos conclusions devraient être signées par un avoué de Tours.

Mᵉ Coursières, avoué, signe les conclusions qui sont remises entre les mains de la cour.

Mᵉ Leroux. — Je demande à conférer avec mon client avant de répondre.

M. le président. — Parfaitement. L'audience est suspendue. Vous constituerez avoué.

Mᵉ Leroux se retire dans une salle voisine de la salle d'audience pour conférer avec le prince et son avoué. Le prince paraît en proie à une très-vive exaltation.

L'audience est suspendue à trois heures.

A trois heures et demie, l'audience est reprise et Mᵉ Salomon, avoué du prince Pierre, donne lecture des conclusions repoussant les conclusions de la partie civile, attendu que le jury a déclaré le prince non coupable et que les attaques dont il a été l'objet à l'audience même de la part de la partie civile sont une compensation suffisante. Le prince, toutefois, se réserve de donner aux pauvres de la ville de Tours une somme de vingt mille francs.

M. le président. — La partie civile n'a pas d'observation à présenter?

Mᵉ Floquet. — Aucune, monsieur le président.

Mᵉ Bergognié, substitut du procureur général. — Nous n'avons pas à intervenir dans la discussion de la quotité des dommages intérêts; mais il est évident que le prince, s'il n'est pas *coupable* de la mort de Noir, n'en est pas moins responsable et qu'il doit être condamné à des dommages-intérêts.

La cour se retire pour délibérer. Le prince n'est pas rentré à l'audience avec son avocat. Il est sorti par une porte latérale où l'attendait la princesse avec quelques amis et est rentré à l'hôtel de l'Univers escorté par une foule considérable.

Pendant que la cour délibère, un des jurés raconte que le verdict a été rendu par dix-huit voix contre dix-huit.

A quatre heures cinquante minutes l'audience est reprise.

La Haute-Cour reprend séance. Le prince Pierre Bonaparte n'est pas présent.

M. Le président donne lecture, au milieu d'un profond silence, de l'arrêt suivant :

« La Haute Cour, statuant sur la demande en dommages-intérêts formée par les époux Salmon et par Louis Salmon, dit Noir ;

« Ouï les défenseurs des parties en leurs conclusions et M. le procureur général en ses réquisitions ;

« Attendu qu'aux termes des articles 358, 359, 360 du Code d'instruction criminelle, la Cour, après l'acquittement de l'accusé, est compétente pour statuer sur les dommages-intérêts prétendus par les parties civiles, pourvu d'une part que sa décision ne remette pas la culpabilité en question et ne contredise en aucune manière la déclaration du jury et que de l'autre elle trouve sa base dans les circonstances mêmes qui ont été l'objet de l'accusation.

« Attendu, en fait, que s'il résulte de la déclaration du jury que le prince Pierre Napoléon Bonaparte n'est pas coupable des crimes de meutre et de tentative de meurtre qui lui étaient imputés, cette déclaration n'implique pas la négation du fait matériel qui, au contraire, a été costamment reconnu par l'accusé ;

« Attendu que les circonstances dans lesquelles le fait s'est produit, notamment l'attitude du prince et les paroles qu'il a prononcées au début de la scène, assignent à ce fait, quoique dépouillé de toute criminalité, le caractère d'une faute rentrant dans les termes de l'article 1582 du Code Napoléon ;

« Attendu que par cette faute le prince Pierre-Napoléon Bonaparte a causé aux parties civiles un préjudice dont il est dû réparation et dont la Cour a les éléments d'appréciation ;

« Par ces motifs,

« Condamne le prince Pierre-Napoléon Bonaparte à payer aux époux Salmon la somme de vingt-cinq mille francs à titre de dommages-intérêts ;

« Condamne lesdits époux Salmon et Louis Salmon, dit Noir, aux dépens envers l'État du procès criminel ;

« Condamne le prince, à titre de dommages-intérêts, à rembourser aux dites parties civiles le montant desdits frais ainsi que ceux faits par eux.

« Et condamne le prince Pierre Bonaparte à tous les frais

« l'incident civil, en ce compris les coût, enregistrement et signification du présent arrêt. »

Un mouvement prolongé suit la lecture de cet arrêt.

M. le président. — La session de la Haute Cour est close. L'audience est levée.

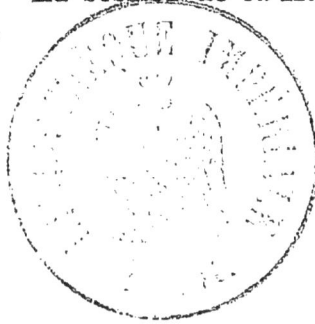

FIN.

Imprimerie générale de Ch. Lahure, rue de Fleurus, 9, à Paris.

www.ingramcontent.com/pod-product-compliance
Lightning Source LLC
Chambersburg PA
CBHW061019280326
41935CB00009B/1019